广视角·全方位·多品种

权威·前沿·原创

皮书系列为
"十二五"国家重点图书出版规划项目

中国场外交易市场发展报告
（2012~2013）

ANNUAL REPORT ON CHINA'S OTC MARKET DEVELOPMENT
(2012-2013)

主　编／高　峦
副主编／钟冠华

图书在版编目(CIP)数据

中国场外交易市场发展报告.2012~2013/高峦主编.—北京：社会科学文献出版社，2013.3
（资本市场蓝皮书）
ISBN 978-7-5097-4388-1

Ⅰ.①中… Ⅱ.①高… Ⅲ.①证券交易－资本市场－研究报告－中国－2012~2013 Ⅳ.①F832.51

中国版本图书馆CIP数据核字（2013）第048750号

资本市场蓝皮书
中国场外交易市场发展报告（2012~2013）

主　编／高　峦
副主编／钟冠华

出 版 人／谢寿光
出 版 者／社会科学文献出版社
地　　址／北京市西城区北三环中路甲29号院3号楼华龙大厦
邮政编码／100029

责任部门／经济与管理出版中心（010）59367226　　责任编辑／王玉山
电子信箱／caijingbu@ssap.cn　　　　　　　　　　责任校对／王伟涛
项目统筹／恽　薇　王玉山　　　　　　　　　　　　责任印制／岳　阳
经　　销／社会科学文献出版社市场营销中心（010）59367081　59367089
读者服务／读者服务中心（010）59367028

印　　装／北京季蜂印刷有限公司
开　　本／787mm×1092mm　1/16　　　　印　张／20.75
版　　次／2013年3月第1版　　　　　　　字　数／333千字
印　　次／2013年3月第1次印刷
书　　号／ISBN 978-7-5097-4388-1
定　　价／79.00元

本书如有破损、缺页、装订错误，请与本社读者服务中心联系更换

▲ 版权所有　翻印必究

资本市场蓝皮书编委会

学术顾问（按姓氏音序排列）

曹凤岐　岑章志　陈宗胜　邓天佐　杜　强
高铁生　郭　峰　李　力　李有星　连启华
刘纪鹏　祁　斌　强　力　盛学军　万国华
王有强　王子卿　文先保　吴晓求　肖　伟
曾筱清　张　保　张承惠　周道炯　周德文
周立群　周清利　周友苏　周正庆　左海聪

主　编　高　峦

副主编　钟冠华

编　委（按姓氏音序排列）

陈向聪　方传磊　傅　穹　高　峦　韩家清
洪振东　惠建军　蒋大兴　蓝　冰　李有星
彭　虹　强　力　秦川川　王作云　肖　伟
薛智胜　杨东峰　张承惠　郑　鈜　钟冠华
周友苏

主要编撰者简介

高 峦 男，1955年生，天津人，毕业于天津财经大学国际经济贸易系，经济专业研究生学历，高级经济师。1990年7月至1991年7月在英国伦敦大学伦敦政治经济学院做访问学者，学习西方经济学。历任天津市发展和改革委员会外经处、市场处处长，天津市外国投资服务中心项目部部长，天津市经济体制改革研究所所长等职。现任天津产权交易中心党委书记、主任，北方产权交易共同市场理事长，中国企业国有产权交易机构协会会刊《产权导刊》主编。编著《资产证券化研究》、《中国场外交易市场发展报告（2009～2010）》、《中国场外交易市场发展报告（2010～2011）》和《中国场外交易市场发展报告（2011～2012）》等书，并在各种期刊公开发表关于产权、金融、资本市场等方面的论文30余篇。

钟冠华 男，1962年生，湖北鄂州人，华中科技大学博士生。曾任河南省产权交易中心副总裁、河南省股权登记托管交易中心总经理、天津产权交易中心投资银行部部长。现任天津产权交易中心副主任、天津股权交易所执行总裁。编著《中国场外交易市场发展报告（2009～2010）》、《中国场外交易市场发展报告（2010～2011）》和《中国场外交易市场发展报告（2011～2012）》等书。

摘 要

加快建设和发展我国场外交易市场，逐步完善多层次资本市场体系，是拓宽中小微型企业融资渠道的重要举措，也是我国今后一段时期金融改革与发展的一项重要任务。目前，场外交易市场的顶层设计还不明晰，场外交易的法律地位仍未明确，立法规范层次较低，立法与监管严重滞后，《证券法》、《公司法》中存在诸多限制场外交易市场发展的规定，等等，这些问题已明显制约了场外交易市场的发展。另外，近两年部分交易机构出现了诸多违规行为，侵害了相关主体的合法利益，扰乱了金融市场秩序，引起了国家的高度关注。国务院于2011年11月发布了《国务院关于清理整顿各类交易场所切实防范金融风险的决定》（国发〔2011〕38号），对各类交易场所进行清理整顿。随后，出台了《国务院办公厅关于清理整顿各类交易场所的实施意见》（国办发〔2012〕37号）、《非上市公众公司监督管理办法》（证监会第85号令）和《关于规范证券公司参与区域性股权交易市场的指导意见（试行）》（证监会公告〔2012〕20号）等文件，进一步规范各类交易场所的发展和场外市场股权转让行为。可以说，中国场外交易市场的立法工作拉开了序幕。

要进一步推动场外交易市场的持续、健康、稳定发展，立足市场实践建立健全我国场外交易市场法律制度，已是目前亟须研究解决的重大课题。基于这样的背景，资本市场蓝皮书课题组确定了今年的选题。继《中国场外交易市场发展报告（2009~2010）》、《中国场外交易市场发展报告（2010~2011）》和《中国场外交易市场发展报告（2011~2012）》出版之后，我们今年又编写了以"中国场外交易市场立法与实践"为主题的第四本资本市场蓝皮书——《中国场外交易市场发展报告（2012~2013）》。

本书的主要内容由五大部分组成。第一部分是总报告，第二部分至第四部分分别是综合篇、借鉴篇和专题研究篇，第五部分是2012年中国场外交易市场大事记。

总报告共包括四节内容。第一节对现时期我国场外交易市场发展面临的国内外宏观经济环境以及相关政策文件、重大事件和市场外部需求等进行了较为详细的解读,并分析了"新三板"、天津股权交易所及其他几个发展较快的区域性场外股权交易市场的发展现状;第二节从文献综述和立法的经济学分析两个角度,深入探讨我国场外交易市场立法的理论基础,分析了我国场外交易市场立法实践现状和存在的主要问题;第三节对境外场外交易市场立法历程进行了简要梳理和多维度对比分析,总结了其对我国场外交易市场立法的几点启示;第四节从场外交易市场的立法原则和着眼点等方面,提出了建立健全我国场外交易市场法律制度的政策建议。

第二部分综合篇由三篇文章组成。第一篇《资本市场、产权市场与场外交易市场的政策边界》以资本市场、产权市场以及相关概念的研究为基础,从理论视角出发考察了多层次资本市场的内涵,分析了产权市场与资本市场的关系以及场外交易市场在多层次资本市场体系中的地位,并通过政策梳理探讨了场外交易市场的边界问题。第二篇《我国场外交易顶层设计的思考——兼论区域金融中心建设与场外交易发展的对接》指出,我国场外交易自证券市场发展伊始就客观存在,现行的场外交易是指独立于证券交易所系统并带有明显区域特色的交易市场,可分为三板市场和区域性股权交易市场两大板块。场外交易要获得大的发展,需要来自顶层设计的突破和推进。第三篇《差异化场外市场建设的法律思考——基于全国市场与区域市场差异化的二维角度》指出,根据我国场外交易市场的运行情况以及我国数量众多的中小企业与经济发展不平衡的现实,不可忽视场外区域市场的建设,而应建设一个包括全国性代办股份转让系统、天津股权交易所、区域股权交易所、区域产权市场、地方产权市场在内的差异化场外市场。

第三部分借鉴篇由三篇文章组成。分别是《台湾兴柜市场的法律实践及对大陆资本市场的借鉴》、《美国场外交易市场介绍及对我国的启示》和《场外交易市场做市商的监管机制设计》。前两篇分别通过梳理分析台湾地区、美国场外市场的立法实践经验,提出了对我国场外交易市场立法的启示;第三篇通过深入分析美国、台湾地区做市商制度的设计机制,提出了建立我国场外交易市场做市商制度的建议。

第四部分专题研究篇是围绕本书主题进行深入研究的六篇专题文章。它们分别是《非上市公众公司治理的路径选择——以市场监管与公司自治的制度衔接为视角》、《商法思维下的场外交易市场做市商制度构建》、《试论我国场外交易市场监管模式的完善》、《论我国证券场外交易市场信息披露制度及其完善》、《论场外交易的场内化——非理性地方竞争对证券交易场所的负面影响》和《论场外交易市场的融资服务功能及制度设计》。这六篇文章从公司治理、做市商制度、监管机制、信息披露、功能定位等不同角度论述了场外交易市场立法过程中应该考虑的主要问题，并提出了具有针对性的建议。

Abstract

To speed up the construction and the development of our country's OTC market and perfect our country's multi-level capital market system gradually is not only an important action to broaden the financing channels of the medium, small and micro businesses, but also a vital task for our country's financial reform and development. At present, the top design and the legal status of our country's OTC market are still not very clear, as well as the lagging problems of legislation and supervision are serious, and there are many restrictive regulations in the securities law and the company law. These problems have obviously restricted the OTC market's development. In addition, many irregularities have appeared in some exchanges, which have infringed upon the lawful rights and interests of related subjects, and disturbed the order of financial market. So the government pay high attention to this condition. To screen and rectify all kinds of exchanges, the State Council have issued "A Decision to Screen and Rectify All Kinds of Exchanges and Guard Against Financial Risk" (No. 38 [2011] Issued by the State Council). Later on, to further standardize the development of all kinds of exchanges and the behavior of OTC market, the related departments have issued " The State Council Implementation Opinions on Screening and Rectifying All Kinds of Exchanges" (No. 37 [2012] Issued by the General Office of the State Council), "The Instruction Opinions on Regulating the Securities Company to Participate in Regional Equity Market's (Trial Implementation) " (No. 20 [2012] Announced by China Securities Regulatory Commission) and "The Measures to Supervise Non-Public Companies" (The Order of No. 85 Issued by China Securities Regulatory Commission). We can say that the curtain of the legislation of China's OTC market has been opened.

With the gradual development of the OTC market, it's an urgent subject to establish and perfect the legal system of our country's OTC market which is based on the market practice so as to provide legal protection and support for the OTC market to develop continuously, healthily and stably. Based on the Annual Report on China's OTC Market Development (2009 – 2010), (2010 – 2011) and (2011 – 2012), we launch the Annual Report on China's OTC Market Development (2012 – 2013), which is the fourth one, and its topic is "The legislation and practice of China's OTC market".

This book consits of five parts. The first part is General Report, the second one to fourth one are respectively Comprehensive Papers, Reference Papers and The Special Papers, and the fifth part is The Events of China's OTC Market in 2012.

General Report consits of four sections, the first section interpretates and analyzes the domestic and abroad macro economic environment, related polices, important events and the external market demand, and also analyzes the status of our country's OTC market; The second quarter further discusses the theoretical foundation of legislation of over-the-counter market from two point of view— literature review and the economics analysis, and also analyzes the present situation and the main problems we have faced in the process of the legislation of OTC market; The third quarter has briefly comed the legislation process on foreign over-the-counter market, and made some comparative analysis from multidimensional dimensions, and summarized some revelation to our country; The fourth section puts forword several suggestions which are on the basis of the legislation experience of overseas OTC markets to establish and perfect the legal system of our country's OTC market.

Comprehensive Papers consit of three atticles, the first one is The Policy Boundary Among Capital Market, Property Rights Market and OTC Market, which based on the research of the content of capital markets, property rights market and other related concepts, this paper investigates the meaning of multi-level capital market from the perspective of multi-level capital market theory, and analyzes the relationship between the property rights market and the capital market, as well as analyzes the status of OTC market in the multi-level capital market system. At last, this paper discusses the border issues of over-the-counter market through policy combing. The second one is The Thinking on the Top-Level Design of China's OTC Market, the authors point that OTC market existed impersonally from the start of the development of the stock market. Current OTC is a stock market with obvious regional characteristics, which is independent of the stock exchange system.

We can divide it into two parts, the third market and regional equity transaction market. Were OTC to get a big development, it should break through and improve on design from the top-level. The third one is The Thinking on the Laws about Differential Construction of OTC Market. Based on the facts that the operation of china's over-the-counter market, and relationship bettween a large number of small and medium-sized enterprise and the economic development is not balanced, this article point that we can not ignore the construction of regional market, and we should build a discrepant market which includes national agency share transfer system, Tianjin equity exchange, regional equity exchange, regional property rights market and the local property rights market.

Referance Papers consit of three atticles, namely, The Legal Practices of Taiwan OTC Market and Its Reference to Mainland Capital Market, An Introduction to US OTC Market and Its Enlightenments on China, The Supervision Mechanism Design of the OTC Market Maker. The first two papers respectively analyzes the legislation practice experience of Taiwan and the United States OTC markets, and give the revelation to our country OTC market legislation; Through the deep analysis of the market maker system design mechanism of United States and Taiwan OTC market, the third one paper puts forward to some suggestions to establish market maker system in China.

The Special Papers consit of six atticles, namely, The Path Choice of Non-Listed Public Company Governance—Perspective on the Convergence of System of Market Supervision and Corporate Autonomy, The Construction of OTC Market Maker System under Commercial Law Thinking, A Study on the Improvement of the OTC Supervision Mode, A Study on China's Securities of OTC Market Disclosure System and Its Consummation, A Study on the Internalization of OTC — The Negative Impact of the Irrational Competition of the Local for Securities Exchange, A Study on the Financing Service Functions and Systems of the OTC. The six articles discuss the main problems should be considered in the process of legislation from different angles, such as corporate governance, market maker system, supervision mechanism, the information disclosure and the function orientation and so on, and put forward the corresponding suggestions.

目录

BⅠ 总报告

B.1 立足市场实践建立健全我国场外交易市场法律制度 …………… 001
    导　言 ……………………………………………………………… 002
    一　我国场外交易市场的发展环境与发展现状分析 …………… 003
    二　建立健全我国场外交易市场法律制度的理论和实践基础…… 021
    三　境外场外交易市场立法经验梳理与启示 …………………… 030
    四　建立健全我国场外交易市场法律制度的政策建议 ………… 044

BⅡ 综合篇

B.2 资本市场、产权市场与场外交易市场的政策边界 ……………… 052
B.3 我国场外交易顶层设计的思考
    ——兼论区域金融中心建设与场外交易发展的对接 …………… 064
B.4 差异化场外市场建设的法律思考
    ——基于全国市场与区域市场差异化的二维角度 ……………… 088

BⅢ 借鉴篇

B.5 台湾兴柜市场的法律实践及对大陆资本市场的借鉴 …………… 115

B.6 美国场外交易市场介绍及对我国的启示 ………………………… 134

B.7 场外交易市场做市商的监管机制设计 …………………………… 153

BⅣ 专题研究篇

B.8 非上市公众公司治理的路径选择
——以市场监管与公司自治的制度衔接为视角 …………… 174

B.9 商法思维下的场外交易市场做市商制度构建 …………………… 193

B.10 试论我国场外交易市场监管模式的完善 ……………………… 211

B.11 论我国证券场外交易市场信息披露制度及其完善 …………… 224

B.12 论场外交易的场内化
——非理性地方竞争对证券交易场所的负面影响 ………… 239

B.13 论场外交易市场的融资服务功能及制度设计 ………………… 255

BⅤ 大事记

B.14 2012年中国场外交易市场大事记 …………………………… 270

BⅥ 附件：法律法规

B.15 国务院关于清理整顿各类交易场所切实防范金融风险的
决定（国发〔2011〕38号）………………………………… 279

B.16 国务院办公厅关于清理整顿各类交易场所的实施意见
（国办发〔2012〕37号）…………………………………… 283

B.17 关于规范证券公司参与区域性股权交易市场的指导意见
（试行）（中国证券监督管理委员会公告〔2012〕20号）……… 288

B.18 非上市公众公司监督管理办法（中国证券监督管理
委员会第85号令） ………………………………………… 292

B.19 关于发布《证券公司开展中小企业私募债券承销业务试点办法》
的通知（中证协发〔2012〕120号） ……………………… 303

B.20 后　记 ……………………………………………………… 308

CONTENTS

B I General Report

B.1 Based on the Market Practice to Establish and Perfect the Legal
System of China's OTC Market / 001
   Introduction / 002
   1. The Analysis on the Development of the Environment and
      Current Situation about China's OTC Market / 003
   2. The Basic Theory and Practice to Establish and Perfect the Legal System of
      China's OTC Market / 021
   3. The Legislation Experience of Oversea OTC Markets and its Enlightenment
      to China / 030
   4. The Policy Recommendations on Establishing and Perfecting the Legal System of
      China's OTC Market / 044

B II Comprehensive Papers

B.2 The Policy Boundary Among Capital Market, Property Rights
Market and OTC Market / 052

B.3 The Thinking on the Top Level Design of China's OTC Market
—*Related to the docking of the construction of the regional financial center
and the development of OTC market* / 064

B.4 The Thinking on the Laws about Differential Construction of OTC Market
　　—Two-dimensional point of view based on the discrepancies between national and regional market / 088

BⅢ　Referance Papers

B.5 The Legal Practices of Taiwan OTC Market and Its Reference to Mainland Capital Market / 115

B.6 An Introduction to US OTC Market and Its Enlightenments on China / 134

B.7 The Supervision Mechanism Design of the OTC Market Maker / 153

BⅣ　The Special Papers

B.8 The Path Choice of Non-Listed Public Company Governance
　　—Perspective on the Convergence of System of Market Supervision and Corporate Autonom / 174

B.9 The Construction of OTC Market Maker System under Commercial Law Thinking / 193

B.10 A Study on the Improvement of the OTC Supervision Mode / 211

B.11 A Study on China's Securities of OTC Market Disclosure System and Its Consummation / 224

B.12 A Study on the Internalization of OTC
　　—The Negative Impact of the Irrational Competition in the Local for Securities Exchange / 239

B.13 A Study on the Financing Service Functions and Systems of the OTC / 255

CONTENTS

Ⅳ V The Events Papers

B.14 The Events of China OTC Market in 2012 / 270

Ⅳ Ⅵ Attachment:Laws and Regulations

B.15 A Decision to Screen and Rectify All Kinds of Exchanges and Guard Against Financial Risk Issued by the State Council (No.38[2011]Issued by the State Council) / 279

B.16 The State Council Implementation Opinions on Screening and Rectifying All Kinds of Exchanges (No. 37 [2012] Issued by the General Office of the State Council) / 283

B.17 The Instruction Opinions on Regulating the Security Companies to Participate in Regional Equity Market's (Trial Implementation) (No.20 [2012] Announced by China Securities Regulatory Commission) / 288

B.18 The Measures to Supervise Non-Public Companies (The Order of No.85 Issued by China Securities Regulatory Commission) / 292

B.19 A Notification of "The Pilot Measures about Security Companies to Carry Out Underwriting Business of Private Placement Bond about Small and Medium-Sized Enterprise " (No. 120[2012] Issued by Securities Association of China) / 303

B.20 Postscript / 308

总 报 告

General Report

B.1
立足市场实践建立健全我国场外交易市场法律制度

高峦 方传磊 惠建军 马丽[*]

摘　要：

　　加快建设和发展我国场外交易市场，逐步完善多层次资本市场体系，是拓宽中小微企业融资渠道的重要举措，也是今后一段时期我国金融改革与发展的一项重要任务。目前，场外交易市场的顶层设计还不明晰，场外交易的法律地位仍未明确，立法层次较低，立法与监管严重滞后，《证券法》、《公司法》中存在诸多限制场外交易市场发展的规定，等等。这些问题已明显制约了我国场外交易市场的发展。进一步推动场外交易市场持续、健康、稳定发展，立足市场实践建立健全我国场外交易市场法律制

---

[*] 高峦，天津产权交易中心党委书记、主任，高级经济师；方传磊，天津股权交易所副总裁；惠建军，天津产权交易中心，天津财经大学金融学博士研究生；马丽，天津财经大学金融学硕士研究生。

度，已是目前亟须研究解决的课题。本文从分析我国场外交易市场的发展环境和发展现状入手，在深入探讨场外交易市场立法现状和存在问题的基础上，借鉴境外场外交易市场立法经验，提出了建立健全我国场外交易市场法律制度的政策建议。

关键词：

　　场外交易市场　监管　法律制度　中小微企业

导　言

2012～2013年，中国场外交易市场在发展中规范，在规范中得到了进一步发展，这在中国场外交易市场建设的进程中，具有重要意义。

近年来，全国各地纷纷设立各类交易所（机构），如文化产权、股权、金融资产、林权、矿权、排放权和各类商品交易所等，目前我国各类交易所已达1000余家。整体上讲，这些交易所的建设实践与探索，为各类要素的高效流转搭建了平台，促进了中小微企业融资，在优化资源配置、提高资源利用效率方面发挥了重要作用。但是，部分交易所也出现了诸多的违规行为，侵害了相关主体的合法利益，扰乱了金融市场秩序，引起了国家的高度关注。国务院于2011年11月发布了《国务院关于清理整顿各类交易场所切实防范金融风险的决定》（国发〔2011〕38号），对各类"交易场所"进行清理整顿，并于2012年7月正式发布了《国务院办公厅关于清理整顿各类交易场所的实施意见》（国办发〔2012〕37号），进一步明确了清理整顿的范围、政策界限、措施和工作要求。随后，证监会出台了《关于规范证券公司参与区域性股权交易市场的指导意见（试行）》（证监会公告〔2012〕20号），基本上框定了区域性股权交易市场的业务探索边界。经过近一年的清理整顿，场外交易市场的各项规章管理制度不断完善，各项业务在规范中得到进一步发展。

当前，加快建设和发展我国场外交易市场，是拓宽中小微企业融资渠道，逐步完善多层次资本市场体系的重要举措，也是我国金融改革与发展的一项重要任务。2012年11月8日，胡锦涛在党的十八大报告中明确提出：

"要加快发展多层次资本市场。"十八大会议期间，中国证监会主席郭树清表示："要把发展多层次资本市场放在突出地位，目前资本市场除主板、创业板外，扩大试点新三板正式推出后，融资量对股市有巨大推动作用，接下来继续推动这个市场，并允许各地发展区域性股权转让市场，以多样化的投资机构、投资工具，为多样化的处于不同发展阶段的企业，包括个人创业提供支持。"

可喜的是，探索符合中国国情、满足市场需求的场外交易市场实践，始终没有间断，并积累了一定成绩和经验。遗憾的是，如何建设中国的场外交易市场，建设怎样的场外交易市场，依然是决策者、理论界、实务界正在思考研究探索之中的问题。至今，场外交易市场的顶层设计还不明晰、场外交易的法律地位仍未明确、立法规范层次较低、立法与监管严重滞后、《证券法》和《公司法》中存在诸多限制场外交易市场发展的规定，等等。这些问题已明显制约了场外交易市场的发展。进一步推动场外交易市场持续、健康、稳定发展，立足市场实践建立健全我国场外交易市场法律制度，已是目前亟须研究解决的重大课题。

一 我国场外交易市场的发展环境与发展现状分析

（一）现时期我国场外交易市场的发展环境分析

1. 宏观经济环境分析——国际金融危机影响继续深化

受国际金融危机影响，世界经济企稳中面临"二次探底"风险。2007年爆发并重创美国银行业的次贷危机，迅速蔓延到整个欧洲银行系统进而席卷全球，引发了国际金融危机，而且加速了欧元区主权债务危机的爆发，严重阻碍了世界经济增长，也影响了正处于转变经济发展方式关键时期的中国。更令人担忧的是，持续四年多的国际金融危机的影响仍未结束，欧洲债务危机不断"发酵"，世界经济仍未走出阴霾，大有"二次衰退"之势。

可以说，2008年发生的国际金融危机给世界和中国经济的发展带来了严重影响,由于世界范围内经济不景气,中国的外贸出口型企业受到了严重的打击,大量小型、微型企业在这次危机中由于需求下降、资金链断裂而倒闭,国内经济发展出现了下滑趋势。2012年第三季度,我国国内生产总值同比增长7.4%,增速比第二季度回落了0.2个百分点,这已是中国经济连续第七个季度出现增速下降。因此,这次危机也引起了国内理论界和实务界对中国金融发展的认真反思:一是在鼓励金融创新的同时,要注重金融风险的防范,特别是系统性金融风险的防范,切实提高风险防范能力和水平;二是要进一步完善我国金融体系,提高金融服务实体经济的能力,坚持金融经济发展服务实体经济发展的理念,要大力发展实体经济,为虚拟经济的发展和创新奠定基础并提供空间;三是要加快转变经济的发展方式,特别是在需求结构方面,由主要依靠投资、出口拉动向依靠消费、投资、出口协调拉动转变。

在内外部经济困难增多的情况下,中国政府采取了一系列政策措施。其中,加快发展多层次资本市场,拓宽企业融资渠道,解决中小企业融资困难,特别是小型、微型企业融资困难,促进小微企业发展,是防止经济继续下行的重要措施之一。客观上,这次危机导致的宏观经济环境的变化以及业界对本次金融危机反思后形成的共识,都是影响我国多层次资本市场建设和发展的重要因素。

2. 政策环境分析——相关政策文件和重大事件解读

(1) 对国务院38号文、37号文的解读

目前,我国各类交易所达1000余家。整体上讲,这些交易所的建设实践与探索,在促进中小微企业融资和要素流转等方面发挥了重要作用。但是,部分交易所的违规行为,严重扰乱了金融市场秩序,特别是天津文化艺术品交易所和河南技术产权交易所等交易所的不规范交易行为,引起了国家的高度关注。国务院于2011年11月24日正式发布了《国务院关于清理整顿各类交易场所切实防范金融风险的决定》(国发〔2011〕38号,以下简称"38号文"),对各类"交易场所"进行清理整顿,指出了各类"交易场所"存在的乱象与潜在风险,提出了清理整顿的工作机制与基本规范,明确了一系列禁止性行为(见表1)。

表1 国发〔2011〕38号文主要内容

名 称	使用"交易所"字样,须经国务院或金融管理部门批准,或由省级人民政府在征求联席会意见前提下批准
权益交易	1. 不得将任何权益拆分为均等份额公开发行; 2. 不得采取集中竞价、做市商等集中交易方式进行交易; 3. 不得将权益按照标准化交易单位持续挂牌交易; 4. 投资者买卖时间间隔不得少于5个交易日; 5. 权益持有人累计不得超过200人
商品交易	不得以集中竞价、电子撮合、匿名交易、做市商等集中交易方式进行标准化合约交易
其他市场	保险、信贷、黄金等金融产品交易,必须经国务院相关金融管理部门批准设立

资料来源:《国务院关于清理整顿各类交易场所切实防范金融风险的决定》(国发〔2011〕38号)。

国务院出台的38号文虽然对各类交易场所的发展设置了诸多限制,但同时也明确了创新股权转让业务的探索边界,使现行法规政策框架下的股权业务探索有章可循,有据可依。另外,此次清理整顿不同于20世纪90年代末对产权市场与报价系统的清理整顿。90年代末的清理整顿采取了"一刀切"的方式,国务院办公厅转发证监会关于《清理整顿场外非法股票交易方案》的通知(国办发〔1998〕10号)明确提出,"擅自设立的证券交易场所要立即关闭",属于涉嫌通过将股权或产权拆细进行证券交易的市场都先后在清理过程中关闭。

而38号文指出,"各类交易场所要建立健全规章制度,严格遵守信息披露、公平交易和风险管理等各项规定,提高投资者风险意识和辨别能力,切实保护投资者合法权益","建立对各类交易场所和交易产品的规范管理制度"。由此可见,此次清理整顿是规范与清理并重,规范对金融改革创新具有探索意义和价值、具有代表性的典型市场,清理在设立程序与业务模式上不合规的新型金融要素市场。虽然许多新型金融要素市场将在清理整顿中被关闭,但设立的政策依据较为充分、运作相对规范的新型金融要素市场将在健全制度、完善监管、规范模式的前提下继续试点探索。

经过一段时期的清理整顿,国务院于2012年7月12日正式发布了《国务院办公厅关于清理整顿各类交易场所的实施意见》(国办发〔2012〕37号,以下简称"37号文"),进一步明确了清理整顿的范围、政策界限、措施和工作要求(见表2)。

表2 国办发〔2012〕37号文主要内容

类别	主要内容
清理整顿范围	包括从事权益类交易、大宗商品中远期交易以及其他标准化合约交易的各类交易场所,包括名称中未使用"交易所"字样的交易场所,但仅从事车辆、房地产等实物交易的交易场所除外
政策边界	1. 不得将任何权益拆分为均等份额公开发行。任何交易场所利用其服务与设施,将权益拆分为均等份额后发售给投资者,即属于"均等份额公开发行"。股份公司股份公开发行适用公司法、证券法相关规定 2. 不得采取集中交易方式进行交易。"集中交易方式"包括集合竞价、连续竞价、电子撮合、匿名交易、做市商等交易方式,但协议转让、依法进行的拍卖不在此列 3. 不得将权益按照标准化交易单位持续挂牌交易。"标准化交易单位"是指将股权以外的其他权益设定最小交易单位,并以最小交易单位或其整数倍进行交易。"持续挂牌交易"是指在买入后5个交易日内挂牌卖出同一交易品种或在卖出后5个交易日内挂牌买入同一交易品种 4. 权益持有人累计不得超过200人。除法律、行政法规另有规定外,任何权益在其存续期间,无论在发行还是转让环节,其实际持有人累计不得超过200人,以信托、委托代理等方式代持的,按实际持有人数计算 5. 不得以集中交易方式进行标准化合约交易。"标准化合约"包括两种情形:一种是由交易场所统一制定,除价格外其他条款固定,规定在将来某一时间和地点交割一定数量标的物的合约;另一种是由交易场所统一制定,规定买方有权在将来某一时间以特定价格买入或者卖出约定标的物的合约 6. 未经国务院相关金融管理部门批准,不得设立从事保险、信贷、黄金等金融产品交易的交易场所,其他任何交易场所也不得从事保险、信贷、黄金等金融产品交易
监管	1. 各类交易场所已设立的分支机构,按照属地管理原则,由各分支机构所在地省、自治区、直辖市人民政府(以下称省级人民政府)负责清理整顿 2. 名称中未使用"交易所"字样的各类交易场所的监管办法,由各省级人民政府制定 3. 从事权益类交易、大宗商品中远期交易以及其他标准化合约交易的交易场所,原则上不得设立分支机构开展经营活动。确有必要设立的,应当分别经该交易场所所在地省级人民政府及拟设分支机构所在地省级人民政府批准,并按照属地监管原则,由相应省级人民政府负责监管
设立审批	凡新设交易所的,除经国务院或国务院金融管理部门批准的以外,必须报省级人民政府批准;省级人民政府批准前,应取得联席会议的书面反馈意见

资料来源:《国务院办公厅关于清理整顿各类交易场所的实施意见》(国办发〔2012〕37号)。

37号文的出台标志着清理整顿工作取得了阶段性成效。37号文对"交易所"、"权益类交易"、"大宗商品中远期交易"、"标准化合约"、"均等份额公开发行"、"集中交易方式"、"持续挂牌交易"、"标准化交易单位"等概念内涵进行了较为详细的界定,使清理整顿的范围和对象更加明确具体。

立足市场实践建立健全我国场外交易市场法律制度

总体上讲,此次清理整顿的主要对象是,变相开展类期货交易的商品交易市场、贵金属交易市场,以及利用证券交易机制进行艺术品份额化交易的文化艺术品交易所,对场外股权交易市场影响较小。由于之前有"不得拆细、不得连续、不得标准化"的限制性规定,股权交易所对政策依托更为充分,出现的问题也较少。多数股权交易所采取了相应的规避措施,未进行公开发行与交易,权益持有人基本未突破200人。但是在交易制度上,37号文明确指出,不得采取集合竞价、连续竞价、电子撮合、匿名交易、做市商等交易方式,可以采取协议转让、依法拍卖等方式,目前,交易所采取的做市商制度、混合做市商制度与37号文的规定相抵触。理论界和实务界普遍认为这一规定不符合场外交易市场的发展要求和实际需要,如国务院发展研究中心金融研究所所长张承惠多次指出,场外交易市场应引入做市商制度。从国内外学者对市场的实证分析研究结果看,引入做市商制度能有效提高市场的流动性和稳定性。

此次清理整顿的重点在于完善监管模式,以及根据控制风险的要求对交易方式做出适当调整。从37号文可以明显看出,对证监会的监管权力进行下放,采取了属地监管原则。清理整顿的目的在于使各类交易所规范运营、健康发展,投资者的利益得到保护,从而有效防范金融风险。通过本次清理整顿,天津、重庆等主要地区的股权交易所得到了进一步发展,待时机成熟后,股权交易所的模式将会在全国范围内推广,然后,以规范化运营的区域性场外股权交易市场为基础,建设全国性场外股权交易市场,最终建成全国统一监管与地方监管相结合的双层次场外股权交易市场。

(2)对证监会20号公告的解读

2012年8月23日,证监会正式下发了《关于规范证券公司参与区域性股权交易市场的指导意见(试行)》(证监会公告〔2012〕20号,以下简称20号公告),20号公告的出台具有重要意义,将在推动区域性股权交易市场健康发展,引导证券公司规范参与区域性股权交易市场的相关业务,从而更好地为中小微型企业提供股权交易和融资服务等方面发挥重要作用,也是我国多层次资本市场建设与发展的重要里程碑。

第一,20号公告第一次以官方文件的形式承认区域性股权交易市场是多层次资本市场的重要组成部分。并指出,区域性股权交易市场对于促进企业特

别是中小微企业股权交易和融资,鼓励科技创新和激活民间资本,加强对实体经济薄弱环节的支持,具有不可替代的作用。

第二,对区域性股权交易市场进行了界定。区域性股权市场是为市场所在地省级行政区域内的企业特别是中小微企业提供股权、债券的转让和融资服务的私募市场。从界定中可以看出,其服务范围是本省行政区划内,① 服务对象主要是中小微企业,融资形式是私募融资,交易品种既包括股权也包括其他有价证券,市场的基本功能是提供企业股权、债券的转让和融资服务。这里特别指出,业务服务范围的行政区划,易导致地方保护主义,从而导致场外市场行政区划性资源垄断,不利于资源优化配置。

第三,明确了场外股权交易市场的监管机构,即由省级人民政府监管。中国证监会及其派出机构依据38号文、37号文及相关配套政策为区域性市场提供业务指导和服务。中国证券业协会应当制定自律规则,对参与区域性市场的证券公司进行自律管理。这与37号文规定的交易所属地监管原则是一致的,是证监会下放监管权力的具体体现。

第四,区域性股权交易市场概念的提出,为全国性股权交易市场的建设留下了空间。经过一段时期探索,根据区域性股权交易市场的建设经验,并结合我国场外股权市场的具体实践成果,适时确立全国性场外股权交易市场,构建双层递进的场外股权交易市场体系。

第五,20号公告明确指出,证券公司参与区域性市场,可以有两种方式:一是仅作为区域性市场会员开展相关业务;二是作为区域性市场的股东参与市场管理并开展相关业务。目前,证券公司是业务综合性强、客户资源丰富的金融机构。证券公司参与区域性市场业务,一方面可以为区域性市场的发展提供客户资源、人才和业务经验支持;另一方面,允许证券公司参股区域性市场,有利于提高市场的资金实力和管理水平,有利于区域市场的可持续发展。但是,从目前区域市场的发展情况看,还需要出台鼓励证券公司参与区域市场的

---

① 20号公告同时规定,区域性市场原则上不得跨区域设立营业性分支机构,不得接受跨区域公司挂牌。确有必要跨区域开展业务的,应当按照37号文要求分别经区域性市场所在地省级人民政府及拟跨区域的省级人民政府批准,并由市场所在地省级人民政府负责监管。该规定易导致地方保护主义,从而导致场外市场行政区划性垄断。

业务措施,从而提高其参与的积极性。

(3) 对新三板扩容的解读

2012年8月,经国务院批准,中国证监会决定扩大中关村科技园区非上市股份有限公司股份报价转让系统(即"新三板")的试点范围,首批扩大试点除北京中关村科技园区外,新增上海张江高新技术产业开发区、武汉东湖新技术产业开发区、天津滨海高新区三个试点区,并将按照"总体规划,分步推进,稳妥实施"的原则,设立全国中小企业股份转让系统,逐步将条件比较成熟的园区纳入试点范围,为试点园区的非上市股份公司提供股份报价转让等服务。新三板扩容引起各方高度关注,有人认为扩容带来了新的投资机会;有人提出新三板扩容后应提高市场流动性和监管要求;也有人担心新三板扩容会对股市产生新的冲击。① 本文特对新三板扩容事件作以下简要分析解读。

首先,新三板扩容将带来更多投融资机会。新三板的扩容将会促进民间投资和中小企业发展,为其带来投融资的新机遇。目前,由于创业板的进入门槛较高,众多的中小微企业难以达到上市条件,所以就失去了利用股票市场进行直接融资的渠道。而新三板则定位于为成长型、创新型中小企业提供股份转让和定向融资服务。在新三板挂牌企业数量增加的同时,挂牌企业股东人数的突破也将增加股权转让的流动性,退出渠道也将更加顺畅。

其次,新三板不会对二级市场的投资者产生直接影响。新三板不具备发行功能,它并不是在社会上招收新股本,而是挂牌企业进行资产重组,盘活其资产存量。它是对A股市场以及其他公开发行市场的准备和补充,因此它的扩容对A股市场不会形成大的冲击。并且,按照现有制度安排,当前仅允许机构投资者(如法人、信托、合伙企业)以及挂牌前的自然人股东或定向增资等持有公司股份的自然人进行投资,因此,不会导致二级市场投资者分流的现象。

再次,"新三板"的扩容是多层次资本市场建设取得突破性进展的重要环节。转让系统成立后,"新三板"将由此前的试点进入常规发展阶段。"新三板"定位于为成长性、创新性中小企业提供股份转让和定向融资服务,这将有利于加强对经济薄弱环节的支持,促进科技型中小微企业发展,同时可以将

---

① 曹凤岐:《应明确新三板市场定位》,《经济参考报》2012年8月14日。

显著提高直接融资比重的政策落到实处。①

最后,"新三板"扩容取得阶段性进展。一是在法律层面上,《非上市公众公司监督管理办法》出台,并将于2013年1月1日开始正式实施;二是在制度方面,有关市场准入与退出、信息披露要求、交易制度等环节的各项制度正在制定和完善;三是2012年8月22日,全国中小企业股份转让系统有限公司(即"新三板公司")获得国家工商总局的核准登记,预计于2013年初正式运行。

但是,也要认识到,"新三板"扩容过程中还面临着诸多困难,如在准入门槛标准确定、交易制度设计、信息披露制度等方面都还未成熟,如过快推进能否达到预期效果,还需要从顶层设计角度审慎考虑。

3. 市场需求环境分析——中小微企业发展离不开高效的场外交易市场

中小微企业是我国经济最具活力的部分,在国民经济中占据举足轻重的地位,是我国GDP的主要贡献者,创造就业岗位的主力军,科技创新的生力军。然而,中小微企业同时也是弱势群体,长期以来没有得到足够的重视,在政策资源、市场资源配置过程中一直未得到公平待遇。

目前,我国正处于经济转型升级关键时期,在这一过程中,中小微企业,特别是科技型小微企业的重要作用将日益凸显,从这一现实出发,国家制定了一系列促进中小微企业发展的举措,中小微企业面临着大好发展机遇。但同时与中小微企业相伴而生的创新与创新转化能力不强、资金实力薄弱、抵御风险能力差、管理方式落后、治理机制不健全等先天不足,约束了中小微企业的发展质量与速度。

从中小微企业在我国实体经济中的地位和发展中面临的困难看,我国大中小微企业的数量结构层次,在客观上需要一种以场外交易市场为基底的正金字塔形的资本市场体系与之匹配。但我国资本市场的主板、中小板、创业板与场外交易市场的构建,却出现了"倒金字塔"形。因此,进一步完善多层次市场体系建设,特别是加快场外交易市场建设,为不同风险特征的筹资人和不同风险偏好

---

① 参考资料:《"新三板"展现中国速度、折射经济"转方式"加快》,《证券日报》2012年11月20日。

的投资人提供多样化的金融产品，差异化的投融资服务以及高效、灵活、低成本的交易机制，是解决中小微企业融资困难的一个重要途径，是中小微企业发展对资本市场建设的客观需要，也是实体经济发展对金融创新的现实要求。

（二）我国场外交易市场的发展现状分析

目前，我国场外交易市场主要包括：代办股份转让系统、各地股权交易所、各地的产权市场和交易商柜台交易市场。① 本文主要对代办股份转让系统、天津股权交易所及其他几个主要股权交易市场的发展现状进行分析②。

1. 代办股份转让系统

代办股份转让系统，俗称三板，它是以具有代办股份转让资格的证券公司为核心，为非上市公众公司和非公众股份有限公司提供规范股份转让服务的股份转让平台。目前在该系统下设有两个系统：一是证券公司代办股份转让系统（"旧三板"），主要挂牌企业为原 STAQ 和 NET 系统挂牌公司和退市公司；二是中关村科技园区非上市股份有限公司股份报价转让系统（"新三板"），主要挂牌企业为中关村科技园区高科技企业。

（1）市场基本运行情况

2010 年初，中国证监会主席尚福林提出"制定代办股份转让系统扩大试点具体方案，加快场外市场建设"，由此，拉开了新三板扩容的序幕。2012 年 9 月 7 日，新三板扩大试点正式启动，首批共有 8 家企业挂牌。2012 年，挂牌公司数量快速增加（见图 1），截至 2012 年 11 月底，在代办股份转让系统正式挂牌的公司共 160 家，备案挂牌的企业有 6 家，总股本达 49.6248 亿股，成交笔数 534 笔，成交股数 7009 股，成交金额 4.5682 亿元，实现向创业板转板上市的企业 6 家，向中小板转板上市的企业 1 家。③

---

① 学术界对我国场外交易市场的界定看法不一，此处引用的是国务院发展研究中心金融研究所所长张承惠的观点。对场外市场范围的讨论在此不再赘述，本文只对发展较快、影响较大的代办股份转让系统和各地股权交易所的现状进行分析。
② 从目前的整体发展情况看，天津股权交易所和代办股份转让系统具有代表性，本文对二者的制度建设和市场探索情况作了较为详细的分析，对其他股权交易所只作了概括性的分析。
③ 资料来源：股份转让信息披露网站，http://bjzr.gfzr.com.cn/bjzr/index.html，2012 年 11 月 28 日登录。

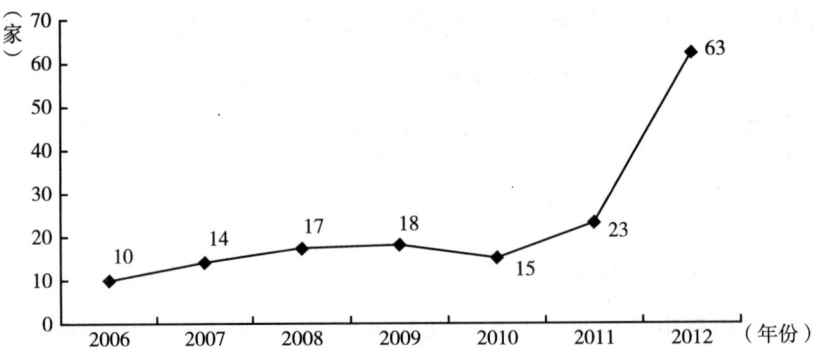

图1　2006年至2012年11月底新三板每年新增挂牌企业数量

资料来源：股份转让信息披露网站，http://bjzr.gfzr.com.cn/bjzr/index.html，2012年11月28日登录。

（2）准入门槛相对较高

目前，新三板实行公司挂牌备案制度，由主办券商向中国证券业协会推荐备案，协会对备案文件进行形式审核。新三板要求企业存续期满两年，属于获得认证的中关村科技园区的高新技术企业，主营业务突出，并具有持续经营能力等，对具体的财务指标要求相对宽松，没有利润、净资产和股本等指标的具体要求。就主办券商而言，新三板的主办券商兼做挂牌企业的推荐人，主办券商必须满足新三板规定的标准：一是最近年度净资产不低于人民币8亿元，净资本不低于人民币5亿元；二是具有20家以上营业部，且布局合理。① 新三板也对投资者的资质加以限制，采取了合格投资人制度，新三板目前只允许投资机构和发行过程中认购股份的自然人股东进行投资。

（3）主办券商交易制度独具特色

新三板市场的交易制度在"旧三板"模式的基础上建立了独特的"股份报价转让制度"，即主办券商制度。具体来讲，一方面是议价制度：新三板市场采取一对一议价制度，委托方式分为意向委托、确认委托和定价委托，实行逐步全额非担保交收，协议成交，最低交易单位为3万股，通过深圳A股股票账户参与报价转让；另一方面是结算制度：新三板市场采取两级结算制，即

---

① 资料来源：高峦主编《中国场外交易市场发展报告（2011~2012）》，社会科学文献出版社，2012，第231页。

主办券商同系统进行结算，投资人再与主办券商进行结算，投资人需向主办券商支付佣金。

（4）行业协会主导下的自律监管

新三板市场实行行业协会主导下的自律监管模式，即在中国证券业协会主导下，由北京市政府相关部门和深圳证券交易所分别提供行政和技术层面支持的自律监管模式。其中，中国证券业协会制定运行规则，监督证券公司代办股份转让业务活动和信息披露等事项，并通过审查文件、备案登记等制度，对挂牌企业及其股份报价转让进行直接监督；北京市政府相关部门对挂牌企业的资格进行确认，并在企业挂牌后持续对其进行督导；深圳证券交易所对该市场提供技术层面上的支持并进行监管。

（5）四年间7家企业成功转板①

转板，是指企业不公开发行新股，从场外股权交易市场直接转到主板、中小板、创业板或海外等市场上市，上市之后再进行配股和增发新股。在转板制度下，企业可以不经过首次公开发行（IPO）的程序，就能从场外市场直接到交易所申请上市，无须通过证监会进行发行审核。目前我国还没有建立正式的转板制度。近几年，新三板市场共有7家挂牌企业从市场退市后，经过重新IPO流程审核实现中小板和创业板上市（见表3）。

表3　新三板市场实现中小板、创业板上市的企业

时间	转板上市家数	企业名称	转板上市市场
2009年	2	久其软件*和北陆药业	中小板、创业板
2010年	1	世纪瑞尔	创业板
2011年	2	佳讯飞鸿和紫光华宇	创业板
2012年	2	博晖创新和东土科技	创业板

*久其软件于2009年8月11日在中小板上市。

资料来源：股份转让信息披露网站，http://bjzr.gfzr.com.cn/bjzr/index.html，2012年11月28日登录。

2. 天津股权交易所

2006年国务院在《关于推进天津滨海新区开发开放有关问题的意见》

---

① 由于我国还未建立完善的转板机制，这7家企业都是经过重新IPO流程审核实现转板。

（国发〔2006〕20号）中提出："鼓励天津滨海新区进行金融改革和创新；在金融企业、金融服务、金融市场和金融开放等方面的重大改革，原则上可安排在天津滨海新区先行先试。"2008年3月，国务院在《关于天津滨海新区综合配套改革试验总体方案的批复》（国函〔2008〕26号）中，进一步明确提出："天津要以金融体制改革为重点、办好全国金融改革创新基地，加快健全资本市场体系和金融服务功能，要为在天津滨海新区设立全国性非上市公众公司股权交易市场创造条件。"在此政策背景下，天津股权交易所（以下简称"天交所"）经天津市政府批准，于2008年9月成立运营。2009年10月，经国务院同意批复的《天津滨海新区综合配套改革试验金融创新专项方案》（发改经体〔2009〕2680号）中指出："支持天津股权交易所不断完善运作机制，规范交易程序，健全服务网络，拓展业务范围，扩大市场规模。充分发挥市场功能，为中小企业和成长性企业提供高效便捷的股权投融资服务。"四年多来，天交所按照市场化的原则，以"贴近市场需求创新，立足市场服务生存，借助市场机制发展，培育市场自治约束"为理念，对场外交易市场建设进行了大量有益的实践探索与市场创新，并取得了明显的成效。

（1）市场基本运行情况

天交所积极探索场外交易市场建设，为科技型、成长型中小企业融资服务，并以此促进中小微企业快速、规范、健康成长。截至2012年12月底，天交所已累计有来自全国26个省区市247家企业挂牌交易，市值规模超过230亿元，已累计为各类优秀中小企业完成277次股权私募融资，直接融资额达46.34亿元，平均市盈率为8.61倍（见表4）。从挂牌企业的区域分布来看，呈现分布相对集中和分布广泛兼有的特点。山东、河北、河南、福建、湖南、江苏、天津、山西8省市的挂牌企业达208家，约占总挂牌企业的84.2%，其他39家挂牌企业分别分布在广西、黑龙江、新疆等18个省区市（见图2）。从挂牌企业时期分布来看，天交所自运行以来，前三年完成129家企业挂牌，2012年全年完成118家企业挂牌。天交所经过一段时期的探索和经验积累，已进入快速发展阶段。今后，天交所将为更多中小微企业提供更加高效、便捷、优质的服务。

表4　天交所市场基本运行情况

挂牌企业家数	总市值	业务覆盖范围	直接融资额	合格投资人	注册报价商	平均市盈率
247家	230亿元	26个省区市	46.34亿元	16222个	99家	8.61倍

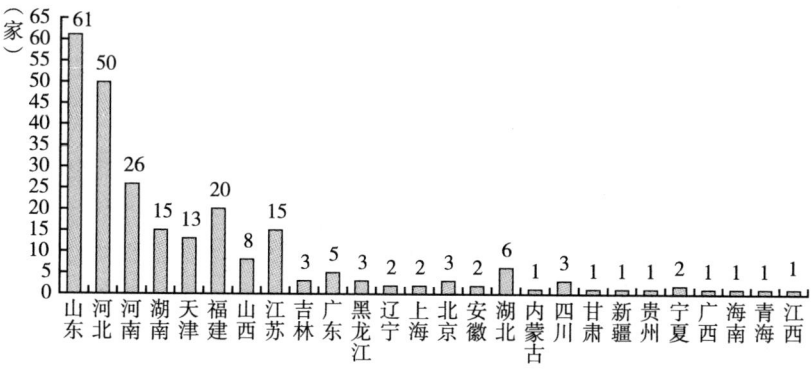

图2　天交所挂牌企业区域分布情况

资料来源：天津股权交易所网站，http：//www.tjsoc.com/web/data1.aspx#gpqysl。

(2) 准入门槛相对较低

从挂牌企业的准入条件来看，天交所要求企业存续期满两年，具有较高成长性，根据市场的不同层次，对挂牌企业的资质有不同的、具体的财务指标要求（见表5）①。

在天交所挂牌企业的推荐人为经天交所认定的保荐机构，主要包括两类，即在天交所注册并取得做市商资格的机构和金融机构（如银行、证券公司、信托公司等）。其资质应满足：一是具有较强的投资分析能力；二是通过证券从业资格考试的专业人员不少于5名；三是执业律师、注册会计师至少各一名；四是公司或公司的核心管理人员具有培养、督导企业或向资本市场输送优秀企业的良好记录；五是内部设置专门的保荐业务部门，有完善的尽职调查制度、信息披露制度、企业督导制度；六是天交所规定的其他条件。

---

①　高峦主编《中国场外交易市场发展报告（2011~2012）》，社会科学文献出版社，2012。

表5 天交所挂牌企业财务指标要求

全国市场	公司股本总额不少于1000万元
	最近两年连续盈利;最近两年净利润累计不少于1000万元,或最近一年净利润不少于500万元,营业收入不少于5000万元;最近一期末净资产不少于2000万元,且不存在未弥补亏损
区域市场	公司股本总额不少于1000万元
	最近两年连续盈利;最近两年净利润累计不少于500万元,或最近一年净利润不少于300万元,营业收入不少于3000万元;最近一期末净资产不少于1000万元,且不存在未弥补亏损
科技创新板全国板	公司股本总额、净资产均不少于1000万元
	最近两年连续盈利;最近一年营业收入增长率不低于20%;最近两年税后净利润不少于300万元,营业收入不少于2000万元
	战略投资者对企业投资额不少于500万元
科技创新板区域板	公司股本总额、净资产均不少于500万元
	最近一年主要产品毛利率不低于40%,最近两年营业收入累计不少于1000万元,且持续增长;或最近一年税后净利润不少于100万元,净资产收益率不低于15%;或最近两年连续盈利,税后净利润增长率不低于30%
	公司经营管理计划显示,未来两年公司营业收入与净利润将持续增长
	战略投资者对企业投资额不少于100万元

天交所合格投资人分为两类,即机构投资人和自然人投资人。天交所投资人注册的具体要求见表6。由于天交所采取的是双层次递进式的市场结构,所以天交所根据投资人投资的市场不同制定了相应的准入标准,机构投资人可以投资全国层次市场和区域层次市场,自然人投资人只能投资本区域层次的市场。

表6 天交所投资人注册条件

合格机构投资人须具备的条件	具有天交所要求投资能力的法人企业、合伙企业及其他经济组织
	法人企业实缴注册资金不得低于100万元人民币;合伙企业及其他经济组织自由净资产总额不得低于100万元
	具有固定的经营场所和必要的设施
	具有健全的组织机构和严格的财务管理制度
	具有比较成熟的投资经验、较高的风险识别能力和风险承受能力
	天交所规定的其他条件
自然人投资人须具备的条件	具有完全民事行为能力
	企业挂牌交易前,已经在企业投资入股成为原始股东的自然人,或个人金融资产在10万元以上的其他自然人投资者
	投资知识和风险识别能力测试总分达到80分以上

资料来源:作者根据天津股权交易所资料编制。

(3) 双层递进式市场结构体系更加完备

在市场结构模式建设方面,天交所以市场需求为导向,以资本为纽带,以统一入市标准、统一交易规则、统一交易系统、统一信息披露、统一市场监管的"五统一"制度为基本要求,构建双层递进式市场结构,并通过设立传统行业板、科技创新板和矿业板等多板块,对不同类型企业进行分类,将全国各地的区域分市场整合在一起(见图3)。双层递进式的市场架构包括全国市场层次和区域市场层次。全国市场面向全国范围内的企业和投资者,因而对挂牌企业的准入门槛要求较高,对投资人的要求较低;区域市场面向区域范围内的企业和区域内投资者及区域外机构投资者,因此对挂牌企业的准入门槛较低,对投资人的要求较高。

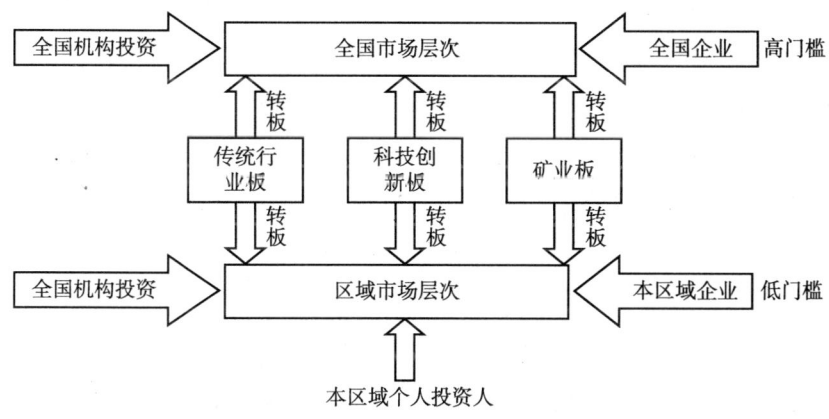

图3 天交所双层递进式市场结构体系

资料来源:天津股权交易所网站:http://www.tjsoc.com/web/about.aspx。

(4) "小额、多次、快速、低成本"融资模式符合中小微企业的特点

天交所根据中小企业、科技创新型企业的特点,以商业信用为基础,创新性地推出了"小额、多次、快速、低成本"的融资模式。"小额"体现在每次融资一般在1000万~3000万元;"多次"体现在一年可多次发行;"快速"体现在1~3个月可完成融资,目前,3个月完成融资的挂牌企业占总挂牌企业的90%以上;"低成本"体现在融资成本仅是上市成本的1/3~1/5(见表7)。该融资模式在解决中小企业融资难方面发挥了积

极的作用。截至 2012 年 12 月底,天交所已成功为 247 家企业实现各类融资超过 46 亿元。

表7 天交所市场的融资特点

特 点	特 点 描 述	特 点	特 点 描 述
小 额	融资规模一般为 1000 万~3000 万元	快 速	融资所需时间一般为 2~3 个月,短则 1 个月
多 次	一年可多次发行	低成本	融资成本是公开市场融资的 1/3~1/5

资料来源:作者根据天津股权交易所网站(http://www.tjsoc.com/web/about.aspx)相关资料编制。

(5)市场孵化功能充分发挥——多家挂牌企业主要财务指标达到创业板上市要求

目前,天交所已经建立了自身的转板制度:当较低层次市场的挂牌企业达到天交所规定的标准后,可以转板到天交所较高层次的全国市场,若高层次全国市场的企业资质下降,将转到天交所较低层次区域市场。从天交所的孵化功能来看,截至 2012 年 8 月底,天交所共有 81 家挂牌企业主要财务指标达到创业板上市要求(其中符合中小板上市标准的 22 家),其中已有 16 家企业摘牌,启动到创业板、主板或海外上市的程序。

(6)积极探索混合型做市商交易制度

在交易制度方面,天交所创造性地引入了集合竞价、做市商双向报价和协商定价相结合的混合型做市商交易制度,这一制度既有利于发挥做市商活跃市场、稳定市场的功能,又能通过集合竞价、协商定价牵制做市商报价,有效防止做市商对市场价格的操纵,使市场价格更为合理;在结算制度方面,天交所采用投资者直接跟系统进行结算的方式,而没有采用新三板的两级结算制度,从而节省了支付给做市商的佣金。天交所先进的全电子化交易系统,保证了交易信息及时发布,保证了通信和资金结算安全高效顺畅进行。

(7)分层次、多元化自律监管制度确保天交所规范发展

天交所依托政府支持,与相关机构紧密合作,积极探索建立"统一制度下的分层次、多主体共同参与监管的自律监管模式"。其监管机构包括两个层级:一是天津市政府;二是天交所、相关地方政府和专家审核委员会。其中,天津市政府主要对天交所进行行政监管,具体由天津市政府金融办公室来执

行；天交所通过制定规章制度对市场进行自律监管，挂牌企业所在地政府协助天交所对挂牌企业进行监管，由专家审核委员会负责对拟挂牌企业进行审核。

3. 其他场外股权交易市场

（1）重庆股份转让中心

2009年12月27日，根据国务院（国发〔2009〕3号文）关于"加快发展多层次的资本市场，适时将重庆纳入全国场外交易市场体系"的要求，经重庆市人民政府批准，重庆股份转让中心正式挂牌，主要为企业挂牌服务。由重庆市金融工作办公室直属管理。截至2012年10月底，挂牌企业达65家，推荐机构2家，注册报价商27家。① 重庆股份转让中心对挂牌企业的准入要求较低，并未对挂牌企业有盈利的要求，只要求有持续经营能力，存续时间两年，注册资本金500万元，主营业务突出即可。与挂牌企业相对宽松的条件相比，该中心对投资者制定的准入条件则要严格很多。挂牌公司股份转让只面向特定的投资者，即个人投资者须具备一年的证券投资经验，并拥有20万元资产，并且通过了重庆股份转让中心的风险测试方可入场交易。②

（2）上海股权托管交易中心

上海股权托管交易中心于2010年7月19日成立，经上海市人民政府批准设立，归属上海市金融服务办公室监管。2012年2月15日，上海股权托管交易中心正式开业运行，截至2012年11月底，累计挂牌企业数量达29家，实现股权融资5.6亿元，实现债权融资15.5亿元。推荐机构会员34家，专业服务机构会员63家。③

（3）齐鲁股权托管交易中心

齐鲁股权托管交易中心于2010年12月成立，是依据国家"蓝黄"两大经济区发展战略的政策规定，按照山东省委、省政府"完善发展全省性股权交易市场"的战略部署，开展全省性股权交易市场建设试点的要求，正式建立的山东省非上市公司股权托管转让平台。运行两年来，齐鲁股权托管交易中

---

① 资料来源：重庆股份转让中心网站。
② 资料来源：《21世纪经济报道》2010年10月28日。
③ 资料来源：上海股权托管交易中心网站，http://www.china-see.com/my_con.jsp?aid=958&cid=146&fid=134。

心得到快速发展，截至2012年11月底，齐鲁股权托管交易中心的挂牌企业已达82家，市值近72亿元，托管企业达192家，托管总股本超过50亿股，托管挂牌企业辐射全省12个市，中介机构达184家。①

（4）武汉股权托管交易中心

武汉股权托管交易中心成立于2011年11月，是经湖北省人民政府批准，由武汉光谷联合产权交易所有限公司作为主发起人，湖北省宏泰国资经营公司、湖北省科技投资集团有限公司等单位共同组建的非上市公司股权托管交易平台。服务对象主要是当地"非上市、非公众、高成长性"（"两非一高"）企业。截至2012年11月22日，该中心托管企业149家，挂牌企业16家。实现股权转让6136.1155万股，实现股权融资额达1.61亿元。②

（5）广州股权交易中心

2012年8月9日，广州股权交易中心正式开业运营。该中心经广东省人民政府批准，由广州国际控股集团有限公司、广东粤财控股有限公司、广州凯得控股有限公司三大国有控股公司设立。广州股权交易中心按照"定位高、覆盖宽、交易活"的思路筹建，按照"无门槛、有台阶、先挂牌、后收费，远利益、避风险、同呼吸、共成长"的原则运营。截至2012年11月底，挂牌企业达107家，推荐机构会员24家，专业服务机构会员46家，实现增资扩募交易总额1.2388亿元。③

（6）浙江股权交易中心

2012年9月3日，浙江股权交易中心注册成立。11月21日该中心挂牌发行报喜鸟集团有限公司私募债，期限两年，票面利率略高于1年期银行贷款利率，筹集资金1亿元。本次报喜鸟私募债从申报到成功募资，仅用不足1个月。这是该中心成功发行的第一单私募债券。此单私募债的成功发行，不仅丰富了浙江股权交易中心的交易品种，而且开创了我国场外股权交易市场服务中小企业融资的新模式。

---

① 资料来源：齐鲁股权托管交易中心网站，http://zbotc.com/，2012年11月29日登录。
② 资料来源：武汉股权托管交易中心网站，http://www.whsre.com/xmxx.aspx?typeId=1。
③ 资料来源：广州股权交易中心网站，http://china-gee.com/index.html。

二 建立健全我国场外交易市场法律制度的理论和实践基础

（一）相关理论研究综述

1. 对场外交易市场法律地位的研究

杨俊（2008）①通过对2005年《证券法》的解读，认为该法关于证券发行、上市、交易等方面的规定仅适合场内交易市场，对层次较低而容量巨大的场外市场而言，缺乏明确的可操作的法律支持。他提出在构建多层次资本市场体系时，应尽快出台相关法律、法规，对低层次市场，特别是场外交易市场的法律性质、交易方式、功能定位、上市标准、监管制度等问题作出明确规定，为我国多层次证券市场体系提供基本的法律支持。李响玲、周庆丰（2010）②通过对我国场外交易市场立法现状的分析，提出必须进一步完善相应的法律制度，明确场外交易市场的法律地位和性质。夏斌、张承惠等（2012）③认为促进场外交易市场快速健康发展的前提是在法律上明确其合法地位，并提出规范和发展市场要完善法律法规，明确场外股权交易市场的监管归属，整合现有资源，构建有层次的场外股权交易市场体系。

2. 对场外交易市场挂牌公司准入门槛的研究

万金波（2006）④认为我国的场外交易市场应分为高级场外证券市场和次级场外证券市场。高级场外证券市场的准入标准应当低于证券交易所，而次级场外证券市场准入门槛应比高级场外证券市场更低。刘静静（2008）⑤认为在

---

① 杨俊：《我国证券场外交易市场的立法现状及监管制度研究》，《广东培正学院学报》2008年第3期。
② 李响玲、周庆丰：《试论我国场外交易市场法律制度的完善》，《证券市场导报》2010年第9期。
③ 夏斌、张承惠等：《规范和发展我国场外股权交易市场》，《发展研究》2012年第7期。
④ 万金波：《美国场外证券市场法律制度及其对中国的启示》，厦门大学硕士学位论文，2006。
⑤ 刘静静：《美国场外交易市场发展模式对我国的启示》，《华北金融》2008年第9期。

场外交易市场挂牌上市的中小企业，尤其是高科技中小企业准入门槛总体应大幅低于沪深交易所上市条件，但在设立初期，挂牌条件应相对严格，待市场成熟后再适当放宽挂牌条件。李学峰、秦庆刚、解学成（2009）①通过对国外7个有代表性的场外交易市场公司上市门槛进行对比分析得出，各国的场外交易市场对公司上市设定门槛不同程度地低于场内交易市场，认为这是场外交易市场构建过程中的基本原则和一般规律。胡改蓉（2011）②认为我国现行法律对非上市股份公司股权流转的规定过于笼统和原则，缺乏可操作性，直接影响了非上市股份公司股权流转的安全和效率。

3. 对场外交易市场监管模式的研究

蔡莉妍（2009）③认为证券市场的场外交易活动是非常复杂、分散的市场活动，单靠国家证券监督管理机构的管理，其力量有限，必须建立自律性的管理组织来加强管理，主张采取自律监管与政府监管相结合的监管模式。吴晔（2011）④认为在场外交易市场的发行制度方面，应引入类似上市公司首次公开发行新股的保荐人制度。保荐人制度可为场外交易市场的非上市公司发行股份提供护航者、监督者。王君（2012）⑤认为在后金融危机时代，我国面临经济转型和产业结构升级，大量的中小型企业急需融资，大力发展证券场外交易市场是现实的需要。对于我国证券场外交易市场，既要加强监管，又要避免过度监管而影响市场的活跃度。

4. 对场外交易市场交易制度的研究

张承惠（2012）⑥认为场外交易市场的制度建设应有别于场内交易市场：（1）场外交易市场适合采用做市商制度。（2）场外交易市场可以创新性地采用特殊的交易制度，如经纪商或自营商的溢价成交方式、混合型做市商交易制度。

---

① 李学峰、秦庆刚、解学成：《场外交易市场运行模式的国际比较及其对我国的启示》，《学习与实践》2009年第6期。
② 胡改蓉：《非上市股份公司股权合法流转的路径分析》，《上海金融》2011年第8期。
③ 蔡莉妍：《论我国场外交易市场的法律监管现状及其对策》，《经济与法》2009年第4期。
④ 吴晔：《我国场外交易市场监管法律制度初探》，华东师范大学硕士学位论文，2011。
⑤ 王君：《证券场外交易市场监管法律问题研究》，安徽大学硕士学位论文，2012。
⑥ 此内容根据2012年9月25日国务院发展研究中心金融研究所所长张承惠在天津股权交易所举办的"中国场外交易市场立法与实践研讨会"上的发言整理而成。

(3) 必须建立合格投资人制度。李学峰、秦庆刚、解学成（2009）研究发现多数国家场外交易市场在交易制度方面采取了竞争做市商与竞价制度相结合的混合型做市商制度。认为混合型做市商制度不仅可以弥补竞价交易制度下可能发生的流动性不足，特别是大宗交易困难的缺陷，还可以克服做市商制度经常表现出的效率低下、成本较高、损害投资者利益等弊端。刘道远（2010）①认为证券交易制度的改革和完善处于资本市场法律体系改革和完善的核心地位，从多层次资本市场法制演进的视角，完善信息披露规则、确立强制性做市商制度、改进现有证券报价制度，是资本市场法制完善的根本所在。阮婷婷（2010）②通过对美国和台湾场外市场的交易制度的研究，得出混合型交易模式一般在高层次的场外交易市场中使用，而在比较低层次的市场中由于企业尚未发展成熟，证券价值比较低，交易可能不活跃的因素，一般采用做市商制度的结论。

5. 对场外交易市场信息披露制度的研究

刘静静（2008）③认为应该充分吸收和借鉴目前深沪证券交易所信息披露管理方面的经验，对场外市场挂牌交易的上市公司实行更为严格的信息披露管理制度，可以要求所有做市商和挂牌企业建立自己的网站，确保市场信息披露的及时、准确、完整，提高场外交易市场的信息透明度。李响玲、周庆丰（2010）④通过对我国场外交易市场立法现状的分析，提出必须及时制定场外交易市场的信息披露制度，构建场外交易市场的监管体系。曲小杰（2012）⑤认为信息披露的主体应该包括证券发行公司、证券商、做市商和保荐人。并且对做市商和保荐人的信息披露要求，应比挂牌企业更加全面和严格。并提出了信息披露的标准：一要定量分析，便于投资者比较选择；二要做市商和保荐人既要披露自身的信息，还要披露挂牌企业的信息；三要掌握信息披露的度，兼顾规范发展和市场的活跃度。

---

① 刘道远：《多层次资本市场改革语境下证券交易制度研究》，《法学论坛》2010年第1期。
② 阮婷婷：《我国证券场外交易市场》，天津大学硕士学位论文，2010年5月。
③ 刘静静：《美国场外交易市场发展模式对我国的启示》，《华北金融》2008年第9期。
④ 李响玲、周庆丰：《试论我国场外交易市场法律制度的完善》，《证券市场导报》2010年第9期。
⑤ 曲小杰：《我国场外交易市场监管法律制度研究》，中国政法大学硕士学位论文，2012年3月。

（二）建立健全我国场外交易市场法律制度的经济学分析

由于高风险性和低流动性是场外交易市场的主要特点，而目前我国又处于场外交易市场初步探索阶段，相关法律法规的缺失导致该市场在设立、运行和监管等环节缺乏制度安排。这就为监管者和场外交易市场的交易主体之间提供了非合作博弈的可能，使场外交易市场的监管难度加大。本文通过研究存在场外交易市场相关法律法规监管和不存在相关法律法规监管两种情况下，融资主体与投资主体之间的博弈，分析加快场外交易市场立法的重要性。由于二者之间存在信息不对称，本文采用非完全信息的静态博弈，即静态贝叶斯博弈，进行研究分析。

1. 博弈的基本模型

（1）融资主体分为两种：优质企业和劣质企业，企业对投资者提供资金的运用有两种策略：守约（按事先约定的目标使用资金）和违约（未按事先约定的目标使用资金）。投资主体也有两种策略选择：继续投资和退出投资。

（2）当融资主体违约时，如果投资者继续投资，那么会给投资者带来损失 S，如果投资者退出投资，可获得正收益 R，退出投资时进行股份转让等需要付出成本 A，所以投资者的收益减去支付成本为 $(R-A)$，且 $R-A>S$，融资主体因违约需支付违约金 C。

（3）当融资主体守约时，如果投资者选择继续投资，那么融资主体和投资者分别获得正常收益 W、Y；如果投资者选择退出投资，那么融资主体的收益为 W，投资者的收益为 $(Y-A)$。

（4）当融资主体违约时，如果投资者选择继续投资，那么投资者的收益为 $(Y-S)$，优质企业获得高额收益 W_1，劣质企业获得 W_2，且 $W<W_1<W_2$；如果投资者选择退出投资，优质企业的收益为 (W_1-C)，劣质企业的收益为 (W_2-C)，投资者的收益为 $(Y+R-A)$。

（5）在该博弈中，信息不完全使得投资者必须预测企业的类型，投资者依据融资主体是优质还是劣质决定是否继续投资，但是投资者不知道企业的品质到底是优还是劣，海萨尼提出通过引入"自然"概念解决这一问题。海萨尼转换即通过自然选择企业类型，实现不完全信息向完全信息的转换。本文假定：市场中优质和劣质企业各占一半；企业违约的概率为 p，守约的概率为

$(1-p)$；投资者继续投资的概率为 θ，退出投资的概率为 $(1-\theta)$。

（6）根据上面假定分析，可得到如下不存在场外交易市场相关法律法规情况下投资者和融资主体之间的博弈支付矩阵（见图4）和存在场外交易市场相关法律法规情况下投资者和融资主体之间的博弈支付矩阵（见图5）。其中，不存在场外交易市场相关法律法规时投资者退出投资需付出成本为 A，融资主体因违约需支付违约金 C；存在场外交易市场相关法律法规投资者退出投资需付出成本为 A'，融资主体因违约需支付违约金 C'。

图4　不存在场外交易市场相关法律法规情况下的支付矩阵

融资主体		投资者			
		继续投资(θ)		退出投资($1-\theta$)	
	守约($1-p$)	W	Y	W	$(Y-A)$
	违约(p)	W_1（或 W_2）	$Y-S$	W_1-C（或 W_2-C）	$(Y+R-A)$

图5　存在场外交易市场相关法律法规情况下的支付矩阵

融资主体		投资者			
		继续投资(θ)		退出投资($1-\theta$)	
	守约($1-p$)	W	Y	W	$(Y-A')$
	违约(p)	W_1（或 W_2）	$Y-S$	W_1-C'（或 W_2-C'）	$(Y+R-A')$

2. 混合策略的纳什均衡求解

（1）对于不存在场外交易市场相关法律法规时的支付矩阵，求解融资主体的期望收益 U_r：

$$U_r = 1/2[(1-p)\theta W + (1-p)(1-\theta)W + p\theta W_1 + p(1-\theta)(W_1-C)] + \\ 1/2[(1-p)\theta W + (1-p)(1-\theta)W + p\theta W_2 + p(1-\theta)(W_2-C)] \quad (1)$$

将(1)式对 p 求一阶导，可得到：$U' = -W + 1/2(W_1+W_2) - C + \theta C \quad (2)$

令（2）式等于零，可得投资者是否继续投资的最优选择概率：

$$\theta = 1 - (W_1+W_2-2W)/(2C) \quad (3)$$

投资者的期望收益 U_t：

$$U_t = [\theta(1-p)Y + \theta p(Y-S) + (1-\theta)(1-p)(Y-A) + (1-\theta)p(Y+R-A)] \quad (4)$$

将(4)式对 θ 求一阶导,可得到:$U' = A - p(S+R)$ (5)

令（5）式等于零,可得融资主体是否违约的最优选择概率：

$$p = A/(S+R) \quad (6)$$

（2）对于存在场外交易市场相关法律法规时的支付矩阵,可得投资者是否继续投资的最优选择概率：

$$\theta = 1 - (W_1 + W_2 - 2W)/(2C') \quad (7)$$

融资主体是否违约的最优选择概率：

$$p = A'/(S+R) \quad (8)$$

3. 混合策略的纳什均衡分析

当存在场外交易市场相关法律法规,股权投融资的交易行为有了进一步保障时,不仅提高了融资企业的股权流动性,而且信息披露机制和相关融资企业的挂牌准入规定降低了投资主体在退出投资时的支付成本,即 $A > A'$；此外,当存在场外交易市场相关法律法规时,融资主体将会为其违约行为付出更高成本,即 $C' > C$。因此,当存在场外交易市场相关法律法规时,比较（3）式和（7）式可知,投资者选择继续投资的概率会增加；比较（6）式和（8）式可知,融资主体选择违约的概率会降低。

由上述博弈论理论分析,我们可以确定加快建立我国场外交易市场的相关法律法规对融资企业和投资者之间的合作具有重要促进作用。当然,场外交易市场相关法律法规的建立对场外交易市场中存在的其他博弈主体也是意义重大的,这些博弈主体包括：一是中央政府和地方政府之间的博弈。虽然在建立多层次资本市场体系的认识上中央政府和地方政府是一致的,但是中央政府考虑的是整个资本市场的持续、稳定、健康和有序的发展,而地方政府更多关注局部短期利益,因此,二者之间存在着非合作博弈的可能。二是地方政府之间的博弈。各地方政府作为相对独立的主体,为提升当地经济发展速度和综合竞争力,都在大力发展当地场外交易市场,争取在本地设立全国性场外交易市场,这种激烈的竞争不仅造成重复性的资源浪费,还使场外交易市场的监管难度加大。三是市场参与主体和政府之间的博弈。地方政府对市场参与主体的监管程度和参与主体是否违规操作是相互依赖的。当地方政府加强监管时，市场可能在严格的管制下迅速萎缩，当地方政府放松监管时，市场便会秩序混乱，使得地方政府对场外交易市场的监管陷入两难境地。

信息经济学与市场失灵理论均为加快建立我国场外交易市场相关法律法规提供了科学的理论基础。只有在法律法规的约束框架下，才能够促使市场参与主体、地方政府和中央政府这些场外交易市场所涉及的主体采取积极的行动措施，才能实现建立健康、高效、有序的场外交易市场，合力建设我国多层次资本市场体系的共同目标。

（三）我国场外交易市场立法实践现状及存在的主要问题分析

1. 我国场外交易市场的立法实践现状分析

（1）市场探索实践已经充分展开

四年多来，天交所在相关金融监管部门的指导和帮助下，在各地方政府的大力支持下，持续加强日常管理，完善内部管理制度、交易规则和交易程序。目前市场各项制度规则已经比较合理、完善，制定了包括规章制度、业务规则、工作流程、操作手册、文件指引共5大类计213项，如《天津股权交易所挂牌交易管理（暂行）办法》、《天津股权交易所股权挂牌交易规则》等。这些规则涵盖了市场开发合作、企业挂牌标准、交易制度、项目监督审核、市场监管、私募融资、信息披露、交易管理、登记结算、技术系统和员工执业行为等方面，从制度规则和运行机制层面确保了交易所各项工作依法合规运行。

新三板市场近年的实践，也为场外交易市场法律法规建设积累了经验。2009年6月12日，经中国证监会批准，证券业协会发布了修订的《证券公司代办股份转让系统中关村科技园区非上市股份有限公司股份报价转让试点办法（暂行）》、《主办券商推荐中关村科技园区非上市股份有限股份进入证券公司代办股份转让系统挂牌业务规则》和《股份进入证券公司代办股份转让系统报价转让的中关村科技园区非上市股份有限公司信息披露规则》三个规范文件，2009年6月17日，证券业协会又制定出台了《主办券商信息披露督导工作指引》。这些文件为中关村内符合挂牌要求的非上市股份公司明确了股份报价转让的要求,规定了代办股份转让系统中的参与主体、股份挂牌的条件、主办券商的资格要求以及交易活动的规制,且制定了较为详细的信息披露要求。

天交所市场、新三板市场及其他市场在场外交易市场立法实践方面已经做了大量有益的探索①,特别是在市场层次、市场准入、交易制度、信息披露、监管制度、转板制度建设等方面已经形成了一套自己的做法②。

(2) 监管部门规范引导政策已初见成效

一方面,由于中小微企业数量众多,市场需求巨大,目前的融资渠道难以满足中小微企业的巨额资金需求;另一方面,没有规则很难进行多元化的场外交易市场融资活动,而且利用现行的法规很难解决场外交易市场中存在的诸多问题。因此,加快场外交易市场相关法律法规建设这一课题,除了引起学者和实践者的研究探索兴趣外,也引起了政府相关监管部门的高度重视。国务院于2011年11月,发布了《国务院关于清理整顿各类交易场所切实防范金融风险的决定》(国发〔2011〕38号),于2012年7月,发布了《国务院办公厅关于清理整顿各类交易场所的实施意见》(国办发〔2012〕37号),2012年8月,证监会下发了《关于规范证券公司参与区域性股权交易市场的指导意见(试行)》(证监会公告〔2012〕20号),2012年9月,证监会正式下发了《非上市公众公司监督管理办法》(证监会令第85号)③。各地方政府管理部门也出台了一些文件,如《上海市非上市股份有限公司股权托管试行规则》。这些"意见""办法"等相关规定同场外交易市场的具体探索实践一并,为我国场外交易市场奠定了立法实践基础。

2. 现时期我国场外交易市场法律制度建设面临的主要问题

(1) 顶层设计思路不清晰

"顶层设计"这一概念原本并不是专门针对改革问题而出现的,而是一个系统工程学的概念。这一概念强调的是一项工程"整体理念"的具体化,其特

---

① 其他场外股权交易机构、产权交易机构也做了大量的探索,比如产权交易已经做到了统一交易信息发布、统一交易操作规则、统一交易软件、统一交易操作业务流程、统一交易统计口径。
② 新三板市场和天交所市场在市场层次、市场准入、交易制度、信息披露、监管制度、转板制度建设等方面的详细阐述见本文第二部分。
③ 这些文件的主要内容在本文第二部分已经作了较为详细的解读,在此不再赘述。

点是"整体的明确性"和"具体的可操作性",即要完成一项大工程,要以理念一致、功能协调、结构统一、资源共享、部件标准化等系统论的方法,从全局视角出发,对项目的各个层次、要素进行统筹考虑。我国基础性资本市场建设同样是一项系统性工程,需要决策层从全局性、长远性的角度来规划设计,避免混乱无序、低效建设。从目前现状看,场外交易市场顶层设计思路还不清晰。比如,场外交易市场是否应分为不同的层级、层级应当如何划分、是否划分全国性市场与区域性市场,场外交易市场的政策边界问题,统一监管是否适合场外交易、地方政府如何介入监管领域、统一监管的模式是以政府监管为主还是自律监管为主,采取什么样的交易方式、是否引入做市商制度、不同层级的场外交易是否采用相同的交易方式、场外交易与交易所市场之间能否转板、不同层级的场外交易是否建立转板机制,如何进行信息披露,等等。目前,对这些重大问题还处于认识不透彻的状态,决策层对此的认识思路也不统一、不清晰,专家学者对此看法也不一致,从而导致场外交易市场建设出现不同程度的盲目、低效和无序现象。

(2)法律地位不明确

《公司法》、《证券法》是我国资本市场两个最重要的法律。2005年修改后的《公司法》第139条规定:"股东转让其股份,应当在依法设立的证券交易场所或者按照国务院规定的其他方式进行。"《证券法》第39条规定:"依法公开发行的股票、公司债券及其他债券,应当在依法设立的证券交易所上市交易或者在国务院批准的其他证券交易所转让。"《证券法》第40条规定:"证券在证券交易所上市交易,应当采用公开的集中交易方式或者国务院证券监督管理机构批准的其他方式。"从这些规定可以看出,目前的法律还只停留在允许场外交易的存在的层面,仅为场外交易市场建设预留了法律制度空间,但没有对场外交易直接作出规定,没有对场外交易市场的法律地位作出正面回应,使其法律地位和诸如交易场所、市场准入、交易方式、监管机构、信息披露等主要内容处于不明确状态,成为困扰场外交易市场发展的首要问题。

(3)立法与监管严重滞后

目前,我国各地均在竞相发展本区域的场外交易市场,但由于缺乏统一制度的安排和监管,难免部分地区的场外交易市场只注重扩大规模而出现草率决策、各自为政、盲目竞争的局面。总体上讲,我国场外交易市场立法与监管严重滞后。从交易制度角度看，我国场外市场引入做市商制度还存在着法律空白和制度缺失。我国《证券法》并未就做市商制度作出明确规定，甚至有些条款直接设置了限制条件。如该法第33条仅明确赋予了集中竞价交易制度的合法性，这使场外交易市场做市商制度的构建缺乏法律依据；从挂牌企业角度看，各地的场外股权交易市场设置的企业准入门槛参差不齐，使得各地的中小微企业处于不公平的竞争地位，不利于企业的公平竞争；从投资者角度看，由于没有统一的制度规范，各地的投资者难以及时、有效地衡量不同地区场外交易市场中挂牌企业的资质水平，导致信息不对称，进而导致场外交易市场的交易风险加大；从监管机构角度看，相关法律法规的缺失，使各地场外交易市场的监管机构不能在监管力度和范围上达成一致意见，从而可能导致各地监管领域出现空白，引发区域性金融风险。

(4) 立法规范的层次较低

从目前发布的关于场外交易市场管理的制度规则来看，主要是行业协会的自律规范及场外交易市场自己制定的规则，《证券法》则没有对场外交易作出明确的规范。立法的形式主要是行业协会与相关监督管理部门出台的"办法"、"实施细则"、"规则"、"规定"、"通知"、"指引"等，立法层级普遍较低，适用范围有限，权威性不够。

(5) 利益团体博弈影响了场外交易市场的立法进程

在场外交易市场建设的探索实践中，利益团体博弈影响了场外交易市场的立法进程。一方面，中央政府和地方政府、各地政府之间在整体利益和局部利益、长期发展和短期政绩方面存在矛盾；另一方面，监管部门和市场主体、市场交易双方也在监管和违规方面存在矛盾。在这些矛盾的斗争中，各相关利益主体之间形成了非合作博弈的格局，为场外交易市场立法和相关制度的建设带来了极大的困难，造成法律依据缺失，从而阻碍了场外交易市场建设的进程。

三 境外场外交易市场立法经验梳理与启示

资本市场的产生至今已有二百多年之久，是人类社会经济发展进程中的一项重要制度创新，而场外交易市场是资本市场的初始形态，是资本市场不可或缺的一部分。历史经验表明，在市场经济发展进程中，任何一种经济制度的诞生都是在市场实践中由需求拉动而形成的一种内生制度演进。当然，场外交易市场中不断完善和规范的交易制度也是在市场实践过程中逐步形成和改进的。中国场外交易市场的发展也不例外，市场需求驱动下的场外交易市场是零散、独立发展的，若完全依靠市场自发推进其发展，要形成规范的全国性市场，其过程必定曲折而漫长。中国的资本市场起步较晚，但具有后发优势，可以借鉴境外规范成熟资本市场的宝贵经验，以我国场外交易市场的客观实践为依托，主动制定促进其健康、规范、快速发展的法律法规。

（一）境外场外交易市场逐步规范发展的历程梳理

1. 美国场外交易市场逐步规范发展的历程

（1）"梧桐树协议"的签订

美国资本市场起源于18世纪末，当时主要是在波士顿、华尔街和费城的街道上对联邦政府发行的美元联邦债券和银行发行的股票进行交易。1792年，以21家经纪商和3家经纪公司在一棵梧桐树下签订的"梧桐树协议"为标志，美国资本市场最初形态形成。

（2）分散发展阶段

1817年，美国成立了纽约证券交易委员会，之后，美国证券市场出现了全国性与区域性场内交易市场协调快速发展的局面。1863年，纽约证券交易委员会更名为纽约证券交易所（NYSE）。证券交易所替代了原有在场外进行的交易，但由于场外交易的灵活性和低门槛优势，其交易量并没有缩减。

（3）系列法规相继颁布

1913年美国国家报价局成立，其成立原因是场外柜台交易市场都是自发形成、散布在全国各地，并且相对独立的，没有统一的制度和统计口径，券商和客户对股票的报价和交易存在严重的信息不对称，价格发现机制很难确立。报价局的成立使场内交易市场替代场外交易市场占据美国证券市场体系的首要位置。场内交易市场发展呈现出一片繁荣态势，直到1929年的经济大危机爆发。

1933～1938年，美国颁布了一系列加强证券业监管的法规，包括1933年的《银行法》和《证券法》、1934年的《证券交易法》、1935年的《公用事业控股公司法》、1938年的《玛隆尼法》（Maloney Act）、1940年的《投资公司法》和《投资顾问法》等。其中《证券交易法》提出建立美国证券交易委员会（SEC），加强对证券交易所的监管，并明确提出对证券经纪商和自营商进行注册登记，将其纳入监管制度框架中；《玛隆尼法》进一步把SEC对证券市场的管理推广到柜台交易市场（OTC），提出建立全国证券商协会，对场外交易证券的登记注册、经纪人和买卖商的资格和行为规范、交易证券等问题都做了具体规定，促进了OTC市场按公平原则操作。美国证券市场经过一番整顿，于1943年摆脱经济危机之后，粉红单市场、第三市场和第四市场等场外交易市场也快速发展起来。

（4）现代多层次规范发展阶段

1971年，美国券商协会自动报价系统（NASDAQ）正式启动，标志着美国现代形式的场外交易市场形成。NASDAQ依靠计算机网络系统技术平台，以电子化方式集中提供挂牌证券的信息。由于其允许不同的做市商进行竞争，因此有着很强的市场竞争力。1975年，以纽约证券交易所为代表的场内交易市场也开始引入计算机网络技术，以抵抗NASDAQ带来的竞争压力。在国会的建议下，一个跨市场的互联网交易系统在纽约建立。该交易系统开始将美国9个不同地区的交易所连接到一起，后来又延伸到全球每一家主要的经纪人公司和所有的证券市场。

1990年，NASDAQ的管理者——全美证券商协会（NASD）为达不到其股票市场上市标准的其他柜台交易股票设立了场外柜台交易系统（OTCBB）。1999年，美国证券交易委员会（SEC）批准了《OTCBB监管规则》，要求在OTCBB报价的金融品种必须向SEC以及有关金融保险监管机构报告当前的财务状况。同年还批准了《场外衍生品与商品交易法报告》，在该法思想的指导下，又于2000年通过了《商品期货现代化法》，此后大量的衍生品交易从场内转向场外。2001年，全美证券商协会（NASD）规定，美国证券经纪商在网上向客户建议购买股票时，将与通过电话或电子邮件所作的建议一样，受到同样的法规约束。2002年生效的《萨班斯—奥克利斯法案》在会计职业监管、公司治理、证券市场监管等方面作出了许多新的规定。

2006年1月，NASDAQ正式转型为全国性证券交易所，同年2月，又宣布将其股票市场分为三个层次,即纳斯达克全球精选市场、纳斯达克全球市场和纳斯达克资本市场。三个市场的上市标准渐次降低,形成了美国多层次的证券市场。NASDAQ 的发展史,在一定程度上可以说是美国资本市场发展史的一个缩影,是场外交易市场发展思路的典型代表。2006 年 6 月,纽约证券交易所宣布与泛欧证券交易所合并组成纽约——泛欧证券交易所。2007 年,美国金融行业监管局(The Financial Industry Regulatory Authority)成立,履行证券行业自律监管职能。同年,SEC 修改证券法相关条款,允许较小企业在新股发行时,不必遵循现行公众流通股相关规定,并允许电子报送文件,以方便企业快速进入资本市场。目前,美国已经建立了相当完善的场外市场法律法规制度,形成了全球最为完整的、多层次化的资本市场体系(见图6)。

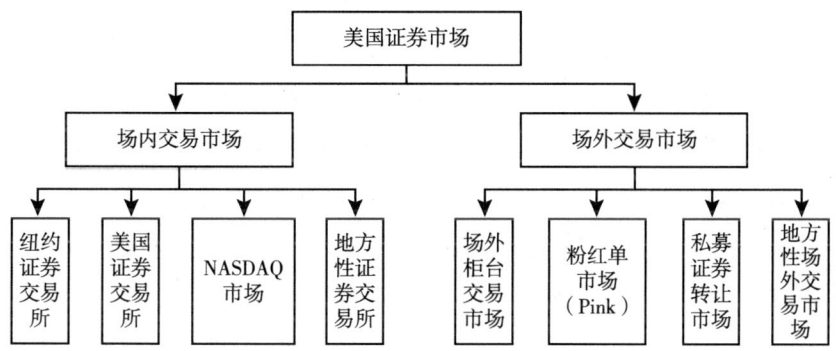

图 6　美国证券市场结构

2. 英国场外交易市场逐步规范发展的历程

(1) 初始形成阶段及"泡沫法案"的出台

17 世纪末,伦敦交易街的露天交易市场是当时投资者买卖政府债券的"皇家交易所"①。1720 年,"南海股票泡沫"促使英国议会通过了一项严格限制股份有限公司的法案,法案规定所有组建的公司上市(挂牌交易)必须遵循一定的章程规定,禁止从事章程规定以外的业务,所有公司上市前都要得到议会通过,这就是著名的"泡沫法案"(Bubble Act)。"泡沫法案"的出现实

---

① 1773 年,该露天交易市场正式改名为"伦敦证券交易所",成为世界上历史最悠久的证券交易所。

质上限制了公司股票的交易,直到19世纪,随着运河和铁路的开发才导致该法案破产,公司股票交易再次兴起。

(2)"大爆炸"式金融改革阶段及《金融服务法》的推出

1983年以前,英国证券业实行分业经营,监管十分严格,市场普遍缺乏活力,这种局面削弱了伦敦的世界经济金融地位,也与英国当时推行的经济私有化和自由化改革相矛盾。基于此背景,撒切尔政府于1986年实施了"大爆炸"(Big Bang)式金融改革,并推出了《金融服务法》。这次改革取消了证券市场的单一资格制,实行双从资格制,允许证券交易所会员公司兼有证券交易商和经纪商的双重资格,并且引入了做市商制度。"大爆炸"式金融改革最终使英国金融业实现从分业经营向混业经营的转变。

(3)规范发展阶段——从快速发展到金融监管加强

金融改革使英国金融市场逐步恢复活力,英国场外市场在该时期也得到难得的发展机遇。1995年6月,伦敦交易所的另类投资市场(AIM)建立。AIM附属于伦敦证券交易所,但AIM有自己独立的运作机制,《AIM上市规则》规定了详细的企业准入门槛,且实行保荐人制度。它为那些处于成长阶段,但还没有达到主板市场上市标准的中小公司开辟了融资途径。在伦敦交易所,企业的上市审批由英国金融监督管理局负责,而AIM企业的发行和上市由伦敦交易所负责,监管规则宽松,简化了上市程序,降低了成本。1995年10月,在伦敦证券交易所承担做市商职能的一家公司JP Jenkins创立了Off-Exchange(OFEX)市场,其同AIM类似,也是为那些未进入伦敦证券交易所主板市场或AIM挂牌交易的公司提供一个出售其股票从而募集资金的市场。但是,在这一时期金融市场的自由化导致了诸如巴林银行倒闭的金融事件,为了加强监管,英国政府于1997年成立了金融服务局,并于2000年出台了《2000年金融服务和市场法》,从法律上进一步明确了金融服务局的监管权力和责任,统一了监管标准。

(4)调整阶段

2000年,受到纳斯达克下跌的影响,AIM市场面临股指下挫、市值下降和交易额减少的境况。之后受欧盟法规的约束,公开发行并上市的股票须由金融服务管理局审核,但公开发行中的法定特殊情形、私募发行后上市的股票仍由伦敦交易所负责。2003年,英国开始执行《欧盟招股说明书指令》,欧盟开始监管 AIM。2006 年 10 月 2 日，伦交所制定《AIM 保荐人规则》，并于 2007 年 2 月 20 日进行了修订。《AIM 保荐人规则》的主体内容包括保荐人的条件和批准程序、保荐人的持续义务、保荐人的申诉和纪律处分等内容。经过多次规范调整，2003 年之后 AIM 的上市公司得到迅速发展（见图 7 和图 8）①：一是上市公司数量快速增加。1995 年 AIM 的上市公司数量为 121 家，之后几年其上市公司呈小幅增长。从 2003 年开始到 2007 年金融危机之前，其数量呈直线上涨趋势，2007 年上市公司的数量达到峰值 1694 家。金融危机之后，由于全世界加强金融监管，AIM 上市公司数量有所减少，呈稳步发展态势。二是总市值的不断攀升。AIM 上市公司的总市值从 1995 年的 23.8 亿英镑保持稳步增长，2003 年之后大幅度增长，到 2007 年达到 975.6 亿英镑。2008 年因为金融危机，总市值不到上年的 50%。但经过调整后，2009～2012 年总市值明显回升。

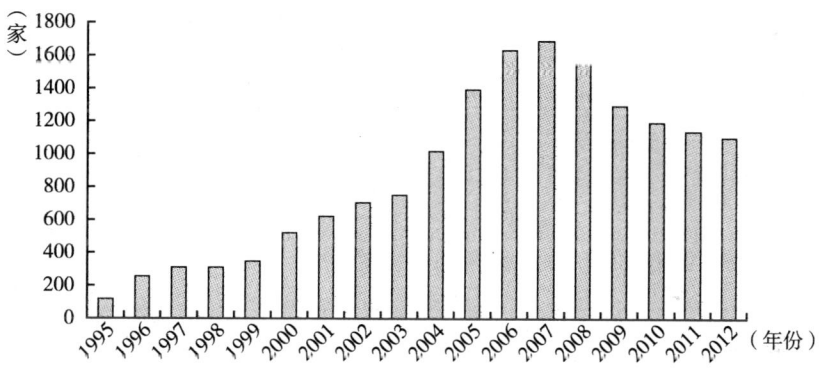

图 7　1995～2012 年 AIM 市场上市公司总数

3. 德国场外交易市场逐步规范发展的历程

（1）成立阶段

德国场外交易市场自诞生以来就附属于德意志交易所（德交所）体系。因此，研究德国场外交易市场先要了解德交所的发展过程。德交所可追溯到 16 世纪的法兰克福证券交易所（FWB）。18 世纪末，除了之前数以亿计的人

---

① 数据收集日期截至 2012 年 10 月。

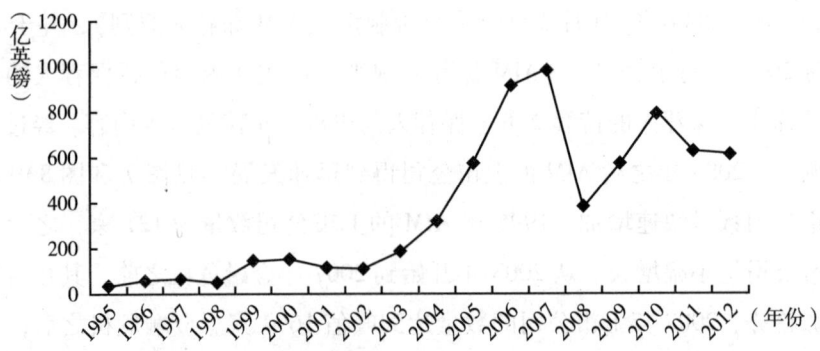

图 8　1995～2012 年 AIM 市场上市公司总市值

宗外汇交易能在法兰克福证券交易所进行外，国家政府债券的交易也开始在此进行交易。随着欧洲统一趋势的形成，进入 20 世纪 90 年代开始进行重组和改革，1993 年，德意志证券交易所集团成立，该交易所的运营采取了完全电子化交易。[①]

(2) "新市场"启动阶段

1997 年 3 月，德国交易所股份公司设立了证券交易的二板市场，即"新市场"，被称为德国经济、政治金融机构和投资者共同的场所，其与主板市场共同成为德国证券市场体系主要的组成部分。新市场注重具有增长潜力的中小型企业的发展，给投资者和新经济类企业提供了新的机会。它把新市场上前50 家大公司的股价进行计算，开发了"新市场 50 指数"，并且又按照行业进行划分，推出 10 个行业股票指数，包括生物、工业、互联网、医疗、娱乐和计算机等，行业分布多元化。

(3) 新格局形成阶段

2003 年德国证券市场进行了制度改革，使得欧洲拥有两个进入资本市场的途径：欧盟监管市场（有管理的市场）和证券交易所监管市场（有管理的非官方市场）。德国证券交易所具有较高透明度的市场标准和最便捷的上市审批、准入制度。德国证券交易所的市场是由高级市场、一般市场、初级市场和

---

① 根据《资本市场推进法案》，2008 年该集团对德国证券市场又进行改革，建立了公开市场框架下的首次报价公告牌，为中小企业的融资提供了便利。

场外交易市场（即准入市场）组成的。满足高级市场和一般市场标准的企业可以在欧盟监管的市场上市；符合初级市场和场外交易市场的企业可以在证券交易所监管的市场上市。

由于德国是一个联邦制国家，其市场监管结构和行政管理结构密切相连。因此，德国场外交易市场监管体系的主要特点是高度集中。其监管机构包括：德国联邦金融监管局（Ba Fin）、各州的证券交易授权监督机构（ESA）和交易所监管部门（TSO）。其监管分工明确，相互统一。一是 Ba Fin 根据《金融服务整合监管法》的规定负责对银行业、证券业和保险业的监管，通过监控金融衍生产品的交易行为、进行内部违规调查和市场规范运作等手段，对交易所内的交易和场外交易进行监管；二是 ESA 的监管范围在州以内，它的监管重点是对证券交易所内的市场秩序和违规交易行为进行监督，对 TSO 报告的异常情况进行评估和直接监管，并且可对市场参与主体的违规操作进行惩罚；三是 TSO 主要负责对交易的实时监控，对交易规则、制度的修订程序的监督和对投机者持仓情况的监控等，当 TSO 遇到异常现象会及时提醒 ESA 和交易所的管理层作进一步调查。

4. 日本场外交易市场逐步规范发展的历程

（1）起步阶段

日本早在 1963 年就出现了场外交易市场。此时，日本证券市场正处于公司以非正式挂牌的方式发行股票的阶段。针对公司的融资、集资方式，日本不断制定出相关法规以促进 OTC 市场的成长。1969 年，日本开始按市价公开订购股票，这一创新制度为企业上市后的增长提供了动力。之后，其又在公司直接融资取代银行借贷方面进行了创新，即发行股票和债券。1973 年 7 月，日本证券商协会成立，对证券交易所的会员和非会员证券公司进行监管。1976 年，日本柜台交易证券有限公司成立，为 OTC 股票的交易提供了便利，使投资者能够高效率地进行交易。

（2）"自由"发展阶段

进入 20 世纪 80 年代后，科技发展带动了金融系统的现代化、自由化演进，日本在技术和法规上对其场外交易市场都做了进一步改进。如放宽在 OTC 一级市场上对股票发行和交易的限制，放宽 OTC 的登记要求并公布这些标准。1983年，成立了注册经纪人系统，以规范OTC市场。1988年，日本财政部和证券经纪人协会引进公平招标定价系统，保证了公平交易和投资者的利益。同时，还允许注册的股份在股票、债券期货交易中作为信用保证。1992年，财政部和证券经纪人协会进一步把原来只用于证券交易所的内幕人的交易规则直接用于OTC市场，同年，日本修改了《证券交易法》，将证券交易所和证券业协会定位为自律组织。

1984年，QUICK自动报价发布系统的使用是对OTC二级市场技术上的改进，其允许所有OTC发行的股票和信息系统一起实时报价。1989年，东京、大阪、名古屋三个OTC市场合并成一个单一报价系统，实现了跨区域的连接，从而提高了市场效率。1992年，证券经纪人协会引入新的日本证券经纪人自动报价系统（JASDAQ），这和美国的NASDAQ计算机交易系统相同。

（3）逐步规范成熟阶段

1997年，日本证券交易审议会明确表示将JASDAQ市场定位为"店头买卖有价证券市场"，同时提议将其发展成与证券交易所相互竞争的特色市场。1998年，日本证券业协会相继提出《有关股票店头市场改革方向》和《针对股票店头市场改革》等报告书，通过对《证券交易法》的修订，确保市场流动性、透明性和公正性，进而培育风险型企业和成长性产业。1999年8月，日本证券业协会为构建"日本纳斯达克市场"推出了《JASDAQ市场改革行动计划》。2000年6月，"日本纳斯达克市场"的组建，对日本国内证券交易市场造成很大冲击。2010年4月，随着大阪证券交易所和JASDAQ证券交易所的合并，日本原有的六家证券交易所（即东京、大阪、JASDAQ、名古屋、福冈和札幌）变为五家。2010年10月12日，大阪证交所合并创业板后全新创立的"新JASDAQ市场"正式启动。该市场共包括上市企业1005家，总市值为88163亿日元，超越韩国的KOSDAQ成为亚洲最大的创业板市场。2011年11月22日，东京证券交易所与大阪证券交易所宣布，将于2013年1月1日合并，合并后的日本交易所集团将成为世界第二大规模的交易所集团。

5. 台湾场外交易市场逐步规范发展的历程

（1）起步阶段

台湾柜台市场起源于1949年，当时台湾的股票完全在柜台市场发行和交易。由于券商操作、欺诈等非法行为的出现，1954年，台湾当局颁布了《台湾省证券商管理办法》，规定省财政厅对此不良现象加以管理。1961年，台湾证券管理委员会修订了该管理办法，为大力发展集中交易市场，同年10月，台湾证券交易所成立，当局还决定关闭柜台市场。1968年，为给已公开发行但尚未上市企业的股票拓宽流通渠道，《证券交易法》公布实施。该法明确规定台湾岛内的证券交易市场包括：证券交易所（采取竞价方式）和柜台市场（采取议价方式）。柜台交易自此取得了合法地位。

（2）复兴阶段

1982年，台湾制定了《证券商营业处所买卖有价证券管理办法》，只允许除股票外的政府公债、金融和公营事业等特定种类的债券上柜买卖，为柜台交易进行了重新定位。一直持续到1988年，政府部门为了给中小企业筹资提供便利和扩大证券市场规模，成立了"柜台交易服务中心"，开始处理债券和股票的柜台买卖业务。"柜台交易服务中心"的制度设计基本上是模仿美国NASDAQ的做法，由推荐商担当做市商的角色为上柜公司的股票进行报价，自营商以议价方式发现最佳市场价格。但由于交易流程过于复杂，买卖撮合困难，极大削减了公司上柜的热情。为改变此现状，1994年，台湾成立了"台湾证券柜台买卖中心"，新中心是以公益为主的自律组织，采取市场化的管理方式，承担辅助上柜股票转为上市股票的任务。1995年，新中心还公布了柜台交易指数，之后还决定柜台交易对外开放，允许侨资、外资投资其上柜股票。经过这一系列改革，台湾柜台交易市场得到飞速发展。

（3）创新发展阶段

进入2000年以来，台湾当局加快了证券市场制度创新改革的步伐，积极推进柜台市场内部结构调整及规范。2000年，通过了《台湾证券交易所股份有限公司上柜公司有价证券转申请上市审查准则》，自此每年上柜转上市的公司大幅增加。同年，证券柜台买卖中心内部设立"台湾创新成长企业类股票市场"（即TIGER市场），加快了创新成长企业类股票的交易。2001年台湾"行政院"核定了证券柜台交易中心起草的《未上市（柜）股票交易办法》，拉开了组建兴柜股票市场的序幕。2002年1月，兴柜股票市场正式启动。兴柜股票是指已经申报上市（柜）辅导契约的公开发行公司的普通股股票，在还没有上市（柜）挂牌之前，在符合相关规定前提下，先在证券商营业处所议价买卖。兴柜股票市场的建立标志着台湾形成了上市、上柜和兴柜三个垂直的股票交易场所，为不同类型的投资者和不同规模的企业提供了有效对接的投融资平台（见图9）。①

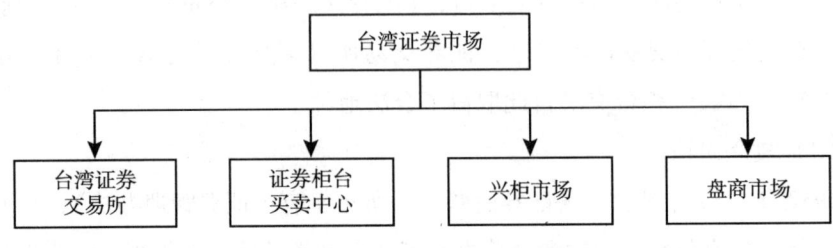

图9　台湾证券市场结构

截至2012年11月27日，台湾柜台买卖中心的上柜企业达630家，总资本额达687024百万元（新台币，下同），总市值为1615065百万元。兴柜股票市场的企业达274家，总资本额达338894百万元，总市值达540563百万元，推荐证券商达28家。②

（二）境外场外交易市场的多维度比较分析

本文选取了五个具有代表性的境外场外交易市场：美国的场外柜台交易系统OTCBB、英国的Off-Exchange、德国的准入市场、日本的JASDAQ和台湾的柜台买卖中心市场（GTSM），分别从以下几个方面对其进行多维度对比分析，并总结对建立健全我国场外交易市场法律法规制度的经验启示。

1. 境外场外交易市场上市公司准入门槛对比分析

美国的OTCBB、英国的Off-Exchange和德国的准入市场在公司上市门槛上基本没有限制，然而日本的JASDAQ和台湾的柜台买卖中心市场（GTSM）则设立了相对严格的标准（见表8）。

---

① 目前台湾的资本市场划分为四个层次，除上市、上柜和兴柜三个市场外，还包括第四个层次盘商市场，即非公开的股权交易市场。
② 资料来源：台湾柜台买卖中心，http：//www.gretai.org.tw/ch/index.php。

表8 境外场外交易市场公司上市门槛对比表

场外交易市场名称	公司上市门槛
美国的 OTCBB	基本对公司的净资产、利润无要求;只需定期向 SEC 和其他监管机构报送相关资料信息即可
英国的 Off-Exchange	没有最低上市标准,没有规模、经营年限及公众持股量的要求
德国的准入市场	最小权益资本 25 万欧元;对企业设立最小年限、最小股本发行量、公众持股量等无要求
日本的 JASDAQ	最低市值:登记股票,最近一营业年度年底净资产不少于 200 万日元;特殊股票,净资产达 2 亿日元以上。获利能力:登记股票最近一营业年度每股税前盈余不少于 10 日元;特殊股票无要求。股权分散限制:登记股票流通在外发行股数少于 2000 万股者,股东人数不少于 200 人,大于 2000 万股者,股东人数不少于 400 人。特殊股票无限制
台湾的 GTSM	最低市值:一般类公司 1 亿元新台币;创新成长型公司 5000 万元新台币。获利能力:个别及依财务会计准则公报第七号规定编制合并财务报表决算营业利益及税前纯收益占实收资本额之比率最近 1 年度达 4% 以上,且其最近 1 会计年度决算无累积亏损者,最近 2 年度均达 2% 以上者,最近 2 年度平均达 2% 以上,且最近 1 年度获利较前一年度为佳者;前述合并财务报表的获利能力不予考虑少数股东纯收益对其影响;但前者决算营业利益及税前净利润,于最近一会计年度不得低于新台币 400 万元。设立年限:依公司法设立登记满 2 个完整会计年度。股权分散限制:持有股份 1000 至 50000 股的记名股东人数不少于 300 人,且其所持股份总额合计占发行股份总额 10% 以上或逾 500 万股

资料来源:根据各境外场外交易市场相关资料整理而成。

通过对比五个境外场外交易市场的准入门槛,可以发现各国场外交易市场对其挂牌上市公司的要求并没有严格统一的规定,而是根据自身在整个资本市场中的层次和功能来定位。不过,场外交易市场的准入门槛都不同程度地低于场内交易市场,这是场外交易市场构建过程中的一般规律。

2. 境外场外交易市场运作模式对比分析

美国的 OTCBB 和英国的 Off-Exchange 在公司运作模式上没有规范的制度化设计,而德国的准入市场、日本的 JASDAQ 和台湾的柜台买卖中心市场(GTSM)则具有制度化管理(见表9)。

表9 境外场外交易市场运作模式的对比表

市场名称	美国的 OTCBB	英国的 Off-Exchange	德国的准入市场	日本的 JASDAQ	台湾的 GTSM
运作模式	没有规范的制度化设计	没有规范的制度化设计	制度化管理	制度化管理	制度化管理

资料来源:根据各境外场外交易市场相关资料整理而成。

通过对比五个场外交易市场的运作模式可以看出，在场外交易市场的建设和运营过程中，并非必须采取一致的制度化管理运作模式，而更多地应该考虑本国或本地区在构建和发展场外交易市场过程中所面对的具体社会背景和经济情况，在此基础上合理安排适合自己的运作模式。

3. 境外场外交易市场交易制度对比分析

美国的 OTCBB 采取的是传统的做市商制度，然而，其他四个场外交易市场都是采取做市商制度和竞价制度相结合的混合做市商制度（见表10）。

表10 境外场外交易市场交易制度的对比表

场外交易市场名称	美国的OTCBB	英国的Off-Exchange	德国的准入市场	日本的JASDAQ	台湾的GTSM
交易制度	传统做市商制度	混合型做市商制度	混合型做市商制度	混合型做市商制度	混合型做市商制度

资料来源：根据各境外场外交易市场相关资料整理而成。

通过比较发现，场外交易市场在交易制度选择方面更倾向于混合型做市商制度。因为混合型做市商制度兼具了竞争做市商制度和竞价制度两者的优势：一是它弥补了竞价交易制度下导致的流动性不足，尤其是大宗交易的困难；二是它克服了传统做市商制度效率低下、成本较高等弊端。

4. 境外场外交易市场监管模式对比分析

美国的场外柜台交易系统 OTCBB、英国的 Off-Exchange、德国的准入市场、日本的 JASDAQ 和台湾的柜台买卖中心市场（GTSM）五个场外交易市场都已正式纳入到政府行政监管的范围中，基本形成了行政监管和行业自我监管的复合式监管体制（见表11）。

表11 境外场外交易市场监管模式对比表

场外交易市场名称	美国的OTCBB	英国的Off-Exchange	德国的准入市场	日本的JASDAQ	台湾的GTSM
监管模式	美国证券商协会和证券交易委员会管理	英国证监会和JPJenkin公司监管	德国联邦金融监管局、各州的证券交易授权监督机构和交易所监察部门集中监管	JASDAQ交易所、金融服务代理、证券交易监管委员会监管	证券监督管理委员会和柜台买卖中心监管

资料来源：根据各境外场外交易市场相关资料整理而成。

通过对其规范发展历程的回顾，我们可以看出，这五个场外交易市场目前的监管模式并非都是在设立之初就形成的。如美国的 OTCBB、英国的 Off-Exchange 和日本的 JASDAQ 都是随着其不断发展壮大到对整个资本市场影响越来越大时，才被纳入监管当局的正式监管范围之内，而德国的准入市场和台湾的柜台买卖中心市场在设立之初就采取了复合监管模式。

（三）对我国场外交易市场立法的几点启示

"他山之石，可以攻玉"。借鉴以上五个典型的境外场外交易市场规范发展和法律法规制度建设过程中的成功经验，并根据国情和目前场外交易市场发展的特点，可以得到以下几点启示。

第一，要高度重视场外交易市场的法制建设。境外发达国家或地区都非常重视场外交易市场的法制建设，通过法制建设能够赋予场外交易市场合法地位，并对其进行依法监管。

第二，境外大多数场外交易市场采用了做市商制度或混合型做市商制度，中国场外交易市场应充分考虑是否采取做市商制度。

第三，场外交易市场内部可以进行分层，特别是针对中国中小微企业众多，差异化程度大的情况，应该允许场外交易市场的分层，并保证场外市场不同层级的企业可以顺畅转板。

第四，交易品种应多元化。企业的融资形式具有多样性，既有股权融资也有债权融资。特别是，目前金融产品创新快速发展，各种金融衍生产品层出不穷，这些创新型产品的交易更需要场外市场。场外市场只进行股权交易不符合实际发展的需要。①

第五，准入门槛低是场外交易市场的主要特点之一，其准入标准要大大低于证券交易所的标准，并且不同层次市场之间要制定差异化较大的准入标准，要使准入标准和监管程度相互统一。既能有效防范风险，保护投资者的利益，保证场外市场公开、公平和公正地进行交易，又要兼顾激发场外市场参与者的积极性。

---

① 作者认为我国各类大宗商品电子化交易，也属于场外市场交易行为。

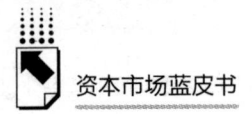

第六，场外交易市场的监管制度要具有层次性。由于场外交易市场的组织架构有低级和高级之分，其服务对象也有所不同，因此，场外市场的监管不能一概而论，不同层次的场外交易市场应采用不同程度的监管标准，不同层级的监管标准应相互衔接。

四 建立健全我国场外交易市场法律制度的政策建议

（一）明确场外交易市场的法律地位和性质

虽然 2005 年修订后的《公司法》和《证券法》为场外市场的建设留下了立法空间，但是，并没有明确场外交易市场的法律地位和性质，并未对场外交易市场的准入标准、交易方式、监管方式等内容进行明确的界定，比如，《公司法》第 139 条规定的"依法设立"和"国务院规定的方式"，现行立法还缺乏必要的、明确的规定。就区域股权交易市场而言，由于交易场所和交易方式均未通过国务院批准或认可，这就使场外交易的法律地位长期处于不确定的状态。在法律地位不明确的情况下，我国场外交易市场建设长期无法可依，场外交易就等于未取得合法的"准生证"，监管部门随时可能通过打击非法证券活动，对现有的场外交易场所予以查处、清理甚至取缔。各地自发设立的场外交易市场长期徘徊于合法与非法的"灰色地带"，从而使通过场外交易进行的股份交易缺乏稳定的行为预期，投资者因担心"非法证券"而止步于场外交易市场的大门，极大地影响了我国场外交易市场的发展。

目前，《非上市公众公司监督管理办法》（证监会第 85 号令）的出台，对于强化非上市公众公司的监管，规范非上市公众公司的行为具有重要意义，但文件并未明确涉及场外交易市场的管理内容，因此建议证监会应按照"边规范，边发展"、"边发展、边规范"的原则，尽快制定《场外交易市场监管条例》，明确场外交易市场设立的条件和程序，并对其运行机制作出指导性、原则性的安排。循序渐进，待条件逐步成熟时，出台《场外交易市场管理法》及其他配套管理制度，从而建立健全我国场外交易市场法律制度，明确场外交易市场的法律地位和性质，促进场外交易市场持续、健康、稳定发展。

（二）我国场外交易市场立法应遵循的基本原则

1. 市场实践原则

科学理论来源于实践，在实践探索中产生。场外交易市场建设也应遵循这一规律，立法过程中绝不能主观臆断地采取"一刀切"方式，也不能不切实际地进行顶层设计，而是要立足我国场外交易市场建设的实践与探索，尊重规律、尊重实际、尊重国情，由市场实践检验各种模式的有效性。比如在交易制度选择方面，能否采取做市商制度、如何采取做市商制度、做市商制度的利弊、传统的做市商制度能否根据我国的实际进行改进，这些问题仅从目前的理论研究和国外的经验，而不通过市场的实践检验，很难下结论。因此，不应该主观臆断地持完全否定的态度。更不合理的是，中国场外交易市场建设最终依然是政策安排的结果，而不是市场实践与市场选择的结果。

2. 先行先试原则

从目前现状看，场外交易市场顶层设计思路还不清晰。关于场外交易市场如何建设的关键问题还处于认识不透彻的状态，决策层对此的思路也不一致、不清晰，专家学者对此也莫衷一是。针对目前的情况，应当允许先行先试。1992年邓小平同志在南方谈话中指出："证券、股市，这些东西究竟好不好，有没有危险，是不是资本主义独有的东西，社会主义能不能用，允许看，但要坚决地试。看对了，搞一两年，对了，放开；错了，纠正，关了就是了。关，也可以快关，也可以慢关，也可以留一点尾巴。怕什么，坚持这种态度就不要紧，就不会犯大错误。"[①] 这段讲话，对目前场外交易市场的建设和立法仍具有重大指导意义。在对场外市场认识不清晰、不透彻的情况下，若盲目出台法律法规加以限制，不仅不能起到规范发展的作用，还将导致束缚发展的结果。因此，政府应秉承改革精神，大胆尝试，坚持"边发展、边规范"的理念，逐步建立健全场外交易市场法律制度。

3. 适度监管原则

政府对场外交易市场应扮演"看门人"、"守夜人"的角色，当市场实践

---

① 中共中央文献研究室编《邓小平年谱（下）》，中央文献出版社，2007。

中出现问题时进行积极的引导、监管,并对违法违规行为进行严厉惩处。但是,由于受计划经济思想的影响,政府对经济发展进行不必要、不合理的行政干预似乎是正常现象。另外,在监管的过程中,如果对监管机构权力缺乏制约,将滋生寻租行为,产生"政府失灵",增加交易成本,影响市场效率,因此,政府应对场外市场采取适度监管原则。

4. 反欺诈原则

Akerlof（1970）指出："出售劣质商品的人在市场中的出现将使该市场不复存在——与汽车'柠檬'情况相似。这可能是不诚实的主要成本——因为不诚实的交易倾向于将诚实的交易驱逐出市场……因此,不诚实的成本不仅由买者被欺骗的数目决定,而且也应包括因合法的交易被驱逐出市场而产生的损失。在欠发达国家的交易中不诚实是一个严重问题。"[1] 1972 年诺贝尔经济学奖获得者 Arrow（1974）指出："诚信是社会系统中一个重要的润滑剂。它非常有效;它使人与人之间有相当程度的信赖,因此省下了不少麻烦。"[2] 目前,我国中小微企业数量极大,但是受家族企业模式、人才匮乏、管理水平落后、企业文化缺失、资金短缺严重等因素的困扰,企业整体质量却不高。因此,在场外市场挂牌交易时,虚假披露企业信息的动机更强、可能性更大。这也是场外市场交易不活跃的一个重要原因。因此,场外市场立法过程中,应更加注重反欺诈,加大对欺诈行为的惩罚力度,促进形成良好的诚信环境。

（三）建立健全我国场外交易市场法律制度的着眼点

1. 准入与退出标准

准入标准应包括挂牌企业和做市商或保荐人、投资者的准入条件。对挂牌企业应采取低准入标准,根据场外交易市场的功能定位,场外市场在资本市场中处于底层,应发挥最基础性作用。由于其主要服务于各类中小微企业,如果准入标准高,将失去场外市场的作用。在设立初期,挂牌条件总体上应大幅低于深沪交易所的上市条件,甚至可以考虑允许"零"标准挂牌转让交易信息,

---

[1] Akerlof, G. A. 1970. "The Market for 'Lemons': Quality Uncertainty and the Market Mechanism." Quarterly Journal of Economics 84: 495.

[2] Arrow, K. J. 1974. The Limits of Organization. New York: W. W. Norton. p. 23.

但是对信息的真实性要有严格的要求。待市场规模扩大后，对市场进行内部分层，建立退出机制，逐步筛选优质企业，淘汰不诚信企业。

对做市商、保荐人和投资者应采取高准入标准。场外市场的投资风险较大，做市商准入机制应采用核准制，特别是在场外交易市场建设的探索时期，应由证监会负责审批，对做市商的财务指标、持股比例及做市商的业务范围应制定较高限制条件。同时，应建立做市商的退出机制，为进入市场的做市商营造一个优胜劣汰的竞争环境。当做市商资质达不到要求或其有违规操作行为时，监管机构可以责令其改正、进行罚款或强制其退市，以保证市场交易有序进行。对投资者也应规定较高的标准，前期应以机构投资者为主，以具有投资经验、风险识别能力较高的自然人投资者为辅，待市场发展逐渐成熟后，扩大自然人投资者队伍。

2. 信息披露制度

建立公平、高效、有序的场外交易市场，要建立与之相适应的信息披露制度，这样才能切实保护投资者利益。建立符合我国场外交易市场特点的信息披露制度应考虑以下几点：（1）坚持信息披露统一性与差异化相结合。统一性是指监管部门应统一制定信息披露的要求，差异化是指监管部门对不同行业或不同层次的场外挂牌企业制定有差异的信息披露要求。（2）注重强制披露与自愿披露相结合。强制披露的内容具有硬约束性，挂牌企业必须执行。同时，应鼓励企业自愿披露信息。企业可以通过自愿披露信息向外界释放积极的信号，减少信息不对称，增加企业透明度，从而得到更多的投资者认可，同时也能起到宣传企业、树立企业形象的作用。（3）注重信息披露的成本。信息披露规则的设计与证券交易市场密切相关，不同的市场应有不同的信息披露制度与之相适应。信息披露规则的制定和信息披露的要求要考虑降低企业的信息披露成本，从而降低企业的融资成本。（4）对违法违规信息披露行为的处罚力度要大。由于场外市场拟挂牌企业存在治理不健全、资金实力不足、自主创新能力较弱的问题，规范程度较低，披露虚假信息的动机和可能性更大。为保护投资者利益，有效防范市场风险，场外市场应当加强对违法违规信息披露行为的监督，并加大惩处力度。

3. 交易制度

合理的交易制度设计是场外交易市场建设成功的关键。目前，关于场外交易市场交易制度的讨论主要集中在能否采取做市商制度，若采取，采取什么样的做市商制度，如何对做市商进行监管以及做市商的准入和退出标准等方面。从理论上讲，做市商制度在稳定市场、提高市场流动性、促进市场价格的形成方面具有重要作用；从市场实践看，采取做市商制度的天交所市场流动性高于新三板市场。① 从国际经验看，境外大多数场外交易市场采用了做市商制度或混合型做市商制度。因此，中国场外交易市场应充分考虑采取做市商制度。从现行立法看，做市商制度还缺乏法律法规依据，《证券法》第47条关于持股上限比例的规定，使做市商在短期内不能有5%以上的持股，否则被认为不当受益，阻碍了做市商的积极性，为做市商制度设置了障碍。另外，该法第74条、第76条和第77条对证券交易内幕信息知情人的界定及其行为规制也与做市商持仓做市和连续进行双向报价交易的本质相抵牾。38号文、37号文也不允许采取做市商交易制度。需要指出的是，做市商制度也有其弊端，如做市商制度易导致做市商操纵市场的行为发生。因此，对该问题应进一步深入研究和探讨，完善做市商主体资格认定标准，加强监管，强化做市商的证券行政责任意识，达到趋其利避其害的目的。

4. 转板制度

转板机制是为高一层级市场培育上市或挂牌公司资源的市场孵化、筛选或退出机制。场外交易市场的功能之一就是能够完善各层级市场间的转板机制，为不同规模的企业在不同交易场所的进退转换提供平台。要建立一个完整的、高效的多层次资本市场体系，必须要处理好场外交易市场和场内交易市场二者之间，以及两个市场内部各层级之间的沟通衔接关系。不同层次的证券市场之间应该是互相补充、上下承接的关系。因此转板机制的设计应是双向的，既要为低层次市场的企业升级到高层次市场提供转板平台，又要为将要退出高层次市场的企业提供转板平台。通过双向转板机制让挂牌企业或上市公司能够在场

---

① 董瑞华：《天津股权交易所对中国场外交易市场模式的实践探索》，《中国场外交易市场发展报告（2010~2011）》，社会科学文献出版社，2011。

外交易市场和交易所市场之间实现有序升降,促进不同层次资本市场之间的联动和互补,这样才能保证场外交易市场乃至整个资本市场的健康、持续、有序发展。

针对现在我国各地区纷纷发展当地的区域股权交易市场,特别是"新三板"和"天交所"在探索场外交易市场发展道路上的突出贡献,我们建议将"新三板"和"天交所"在区域性市场的基础上发展成为全国性场外交易市场,主要对接创业板。同时各地区的股权交易中心对接全国性场外交易市场,使不同层级的挂牌企业在不同层级的市场进行相应的辅导,在达到更高一级的市场准入标准后,可以转入到上一层市场。建立各类挂牌上市企业在不同市场层次之间能升能降、应升必升、应降必降、升降顺畅的转板机制(见图10)。

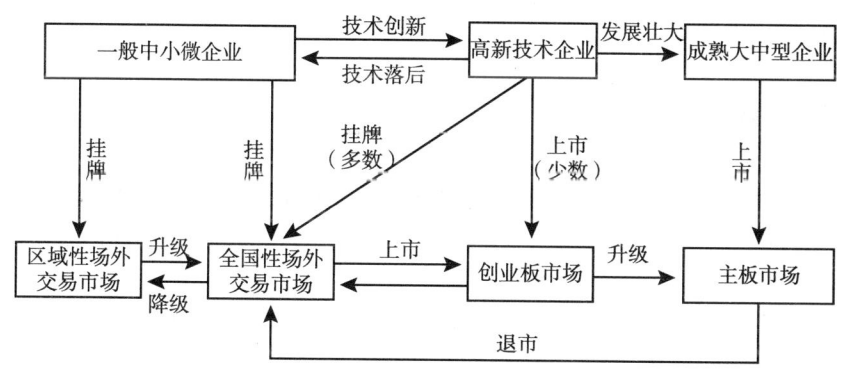

图10 我国资本市场转板机制

资料来源:作者编制。

5. 监管制度

与沪深交易所市场相比,由于我国场外交易市场企业上市门槛低、交易分散,使得场外交易市场的运行风险更加突出。因此,如何对场外交易市场进行监管是场外市场立法的重要内容。根据其特点,场外市场关于监管制度的立法应着重考虑以下几方面:(1)自律监管与他律监管相结合。政府监管部门应引导交易主体建立合理的风险管理架构、独立的风险管理机制,以及采用科学的管理方法,引导场外交易市场交易主体加强风险管理与内部控制,实行政府监管和行业自律监管相结合。(2)统一监管与分散监管相结合。由于场外市场内部可以进行分层，且其区域分布具有分散性，因此，应由证监会行使统一监管权，同时下放监管权，由当地政府行使本区域的场外市场监管权，形成统一监管与分散监管相结合的监管体系。(3) 加大监管力度与适度监管相结合。由于场外交易市场风险大，监管部门应对其加大监管力度，但是，不应监管过于严格，若过严将阻碍场外市场的创新和发展，且将大大增加监管成本。(4) 做到全方位、动态监管。监管对象不仅包括企业、投资者、做市商、保荐机构，还应对地方政府监管部门、交易所工作人员进行监管。如果对监管机构和交易所员工的权力和行为缺乏制约，将滋生寻租行为和腐败行为，导致额外"费用"，增加交易成本，影响场外市场效率。另外，相关机构应对挂牌企业采取持续动态的监督管理，强化监管责任意识，有效防范各个环节的风险。

参考文献

[1] 曹凤岐：《应明确新三板市场定位》，《经济参考报》2012年8月14日。

[2] 夏斌、张承惠等：《规范和发展我国场外股权交易市场》，《发展研究》2012年第7期。

[3] 高峦、钟冠华：《中国场外交易市场发展报告（2011~2012）》，社会科学文献出版社，2012。

[4] 李响玲、周庆丰：《试论我国场外交易市场法律制度的完善》，《证券市场导报》2010年9月。

[5] 刘道远：《多层次资本市场改革语境下证券交易制度研究》，《法学论坛》2010年第1期。

[6] 李学峰、秦庆刚、解学成：《场外交易市场运行模式的国际比较及其对我国的启示》，《学习与实践》2009年第6期。

[7] 董瑞华：《天津股权交易所对中国场外交易市场模式的实践探索》，《中国场外交易市场发展报告（2010~2011）》，社会科学文献出版社，2011。

[8] 蔡莉妍：《论我国场外交易市场的法律监管现状及其对策》，《经济与法》2009年第4期。

[9] 台湾柜台买卖中心网站，http://www.gretai.org.tw/ch/index.php。

[10] 武汉股权托管交易中心网站，http://www.whsre.com/xmxx.aspx?typeId=1。

[11] 伦敦证券交易所官方网站，www.londonstockexchange.com。

[12] 《国务院关于清理整顿各类交易场所切实防范金融风险的决定》（国发〔2011

38号)。

[13]《国务院办公厅关于清理整顿各类交易场所的实施意见》(国办发〔2012〕37号)。

[14]《关于规范证券公司参与区域性股权交易市场的指导意见(试行)》(证监会公告〔2012〕20号)。

[15] Akerlof, G. A. 1970. "The Market for 'Lemon': Quality Uncertainty and the Market Mechanism." Quarterly Journal of Economics84: 495.

[16] Arrow, K. J. 1974. The Limits of Organization. New York: W. W. Norton.

Based on the Market Practice to Establish and Perfect the Legal System of China's OTC Market

Abstract: To speed up the construction and development of our country's OTC market and perfect our country's multi-level capital market system gradually is not only an important action to broaden the financing channels of the medium, small and micro businesses, but also a vital task for our country's financial reform and development. At present, the top design and the legal status of our country's OTC market are still not very clear, as well as the lagging problem of legislation and supervision is serious. These problems have obviously restricted the OTC market's development. With the gradual development of the OTC market, it's an urgent subject to establish and perfect the legal system of our country's OTC market which is based on the market practice so as to provide legal protection and support for the OTC market to develop continuously, healthily and stably. This paper analyzes the developmental environment and status of our country's OTC market, discusses the present situation and problems of the OTC market, and puts forward several suggestions which are on the basis of the legislation experience of overseas OTC markets to establish and perfect the legal system of our country's OTC market.

Key Words: OTC Market; Supervision; Legal System; Medium, Small and Micro Businesses

综合篇
Comprehensive Papers

B.2
资本市场、产权市场与场外交易市场的政策边界[*]

郑鈜　张前东[**]

摘　要：

　　本文以资本市场、产权市场以及相关概念的研究为基础，从多层次资本市场理论的视角出发考察了多层次资本市场的内涵，分析了产权市场与资本市场的关系以及场外交易市场在多层次资本市场体系中的地位，并通过政策梳理研讨了场外交易市场的边界问题。

关键词：

　　资本市场　产权市场　场外交易　政策边界

　　自20世纪80年代末以来，具有中国特色的资本市场取得了令人瞩目的发

---

[*] 本文为国家哲学社会科学基金项目"新形势下产权交易市场法律制度研究"（10XFX014）的阶段性研究成果之一。
[**] 郑鈜，四川省社会科学院法学研究所副所长、副研究员；张前东，四川省社会科学院经济法学硕士研究生。

资本市场、产权市场与场外交易市场的政策边界

展成果。然而,多层次资本市场长期作为一个被总括使用的概念,研究成果中却存在不少关于资本市场内涵的纷争。产权市场是否属于多层次资本市场的基础组成部分就是一个颇具争议的话题。近年来,随着金融与实体经济关系松弛迹象显现,金融市场不断自我循环和自我强化,产权市场中产权交易"金融化"现象也日渐突出,未上市股份交易、权益份额交易、类标准化合约交易等在产权市场频繁出现。由于存在明显的法制缺位,这些交易在对金融市场形成冲突的同时,也因其规范性不足、公信力不强而招致政策惩戒的投资风险。梳理政策框架下的资本市场内涵,不但对资本市场本身十分重要,而且有利于场外交易市场廓清自己的边界,对于兼具资本市场和产权市场特征的场外交易市场形成规范、稳健发展的制度颇有裨益。

一 关于资本市场概念的阐释

马克思认为,资本(capital)是能够带来剩余价值的价值。[①] 现代经济学理论也有类似观点,经济学家萨缪尔森和诺德豪斯认为,资本是一种生产要素,这种生产要素与物质再生产过程紧密联系,并且能够带来增值。[②] 概括地看,资本的概念具有如下内涵:其一,各种形态的价值都可以作为资本,包括所有具有价值的有形物、无形物、货币和权利;其二,资本最根本的特征是能够带来价值增值;其三,资本实现价值增值的方式是作为一种要素,进入物质再生产的过程,即资本的流动是产生价值增值的前提。

然而,资本市场(capital market)的概念并不等同于资本流动或者交易的市场。在经济学领域,资本市场作为与产品市场、劳动力市场对应的概念,强调资金流动的货币属性和金融属性,与货币市场、金融市场在很大程度上存在共同之处。斯蒂格利茨认为,资本市场通常是指"取得和转让资金的市场,包括所有涉及借贷的机构"。[③] 在金融学领域,资本市场通常有广义和狭义之分。广义的资本市场成为金融市场的组成部分,是指长期资本交易的市场,包

[①] 《马克思恩格斯全集》第46卷(上),第204页。
[②] 〔美〕萨缪尔森、诺德豪斯:《经济学》(第12版上册),中国发展出版社,1992,第88页。
[③] 〔美〕斯蒂格利茨:《经济学》(上),中国人民大学出版社,1997,第16页。

括了一年期以上的股票市场、债券市场和信贷市场。按照融资方式和特点的不同，包括中长期信贷市场、证券市场（股票市场和中长期债券市场）等。而狭义的资本市场把以间接融资为特征的中长期信贷市场排除在外，专指以直接融资为特征的证券市场。

二 关于多层次资本市场内涵的讨论

多层次资本市场是指组成部分存在层次关联和逻辑次序的资本市场，其表现形式为，横向存在不同的子市场分类与纵向存在有递进关系的子市场分层。多层次资本市场体系在外部以体系化的资本市场为表征，在内部则倾向于划定若干有机的组成部分，提供不同的市场机制，满足各类资本的不同需求，服务不同的市场主体。

多层次资本市场在欧美理论体系中并不直接存在，与之对应的是证券市场结构（securities market structure）的概念。① 但二者之间存在明显差异：一是市场范围存在资本与证券的不同限定；二是前者强调市场纵向的层级与递进，而后者强调市场横向的并列与平行；三是前者强调内部分工而后者强调相互竞争；四是前者的目标侧重于满足市场的体系化发展，而后者的目标则侧重于服从市场的自由竞争效率。此外，从制度的历史演进过程来看，证券市场结构体现了"自下而上"的市场实践与自主创新，而多层次资本市场则深刻反映出"自上而下"的理论借鉴与国家强制。

《关于完善社会主义市场经济体制若干问题的决定》提出"建立多层次资本市场体系，完善资本市场结构，丰富资本市场产品"，但并未指明多层次资本市场体系的内容。2004 年国务院发布《关于推进资本市场改革开放和稳定发展的若干意见》，其中明确了资本市场包括股票市场、债券市场、期货市场以及衍生品市场。2008 年中国证券监督管理委员会（CSRC）出版的《中国资本市场发展报告》中继续沿用这一资本市场分类。② 2011 年国际货币基金组织

---

① 阙紫康：《多层次资本市场发展的理论与经验》，上海交通大学出版社，2006，第 1 页。
② 中国证券监督管理委员会：《中国资本市场发展报告》，中国金融出版社，2008。

(IMF) 发布的《中国金融体系稳定评估报告》对资本市场的内容也做了类似规定，把资本市场分为股票市场（equity market）、债券市场（bond market）和衍生品市场（derivatives market）。①

在经济学理论中，市场划分是指按照一定标准将产品、服务等进行有特定目的的区分，其目的是更能突出市场提供产品、服务的指向性，更充分地发挥市场功能。资本市场的划分即按照一定标准对市场产品、服务领域等进行的特殊区分。

比资本市场划分更进一步的是资本市场分层。资本市场分层问题包括两个层面，一是资本市场的内部作何划分，使之成为包含若干独立市场的有机体；二是这些独立市场之间因何存在一定递进关系，或者尽管一些独立市场之间可能存在某种并列，但递进关系仍是这些独立市场的主导关系。进一步而言，资本市场的分层不但需要体现市场因为某种标准出现区分，而且需要实现因特定标准在数量或程度上的不同而使各市场之间主要呈现出递进关系。

资本市场首先可以依不同的交易客体进行内部划分。例如分为股票市场、债券市场、期货市场、基金份额市场、衍生品市场等，但这类划分形成的是呈并列关系的细分市场。多层次资本市场的实质是在资本市场内部形成呈递进关系的差异，如若在不同交易客体之间不能形成递进关系，那么就需要考虑在同一交易客体市场中如何形成层级结构。这一考虑基于两个前提：其一，同一交易客体市场中存在进一步细分市场的必要，也即同一交易客体市场中的单个细分市场具有足够的容纳量；其二，同一交易客体市场中的单个细分市场之间存在某种层级结构关系。鉴于债券市场、期货市场、基金份额市场、金融衍生品市场等在市场结构层面多以不同品种体现，且单一品种不足以形成客观的市场容量，因此成熟的资本市场都仅在股票市场中展现层级结构。换句话说，资本市场的分层主要在股票市场展开，多层次资本市场主要指多层次股票市场。②

---

① International Monetary Fund. People's Republic of China: Financial System Stability Assessment. IMF Country Report No. 11/321.

② 依据《证券法》关于证券法律概念的有关规定，证券市场与股票市场之间在概念上是存在区别的。《证券法》第2条规定："在中华人民共和国境内，股票、公司债券和国务院依法认定的其他证券的发行和交易，适用本法；本法未规定的，适用《中华人民共和国公司法》和其他法律、行政法规的规定。政府债券、证券投资基金份额的上市交易，适用本法；（转下页注）

之所以将多层次资本市场落脚于股票市场，是因为股票作为股东持有公司股份的凭证，反映了公司的价值与风险。公司的存续是动态的过程，其间公司的价值与风险体现为变量。正是公司价值与风险的长期波动与短期波动，为股票市场层次结构的展开奠定了逻辑基础。理性的多层次股票市场应当体现两大特征：一是股票市场在整体上应当容纳所有公司股票；二是股票市场在内部对公司价值与风险进行识别和区分，从而画出细分的或局部的市场轮廓。进一步而言，股票市场的分层是在尽可能包容各种股票并展开交易的前提下，对汇聚市场的公司价值与风险进行结构性分类，通过定位不同类型的公司股票及其交易机制，揭示并管理不同的交易风险，吸引不同的交易主体。

股票市场的层次既可以在场内交易市场（交易所市场）内部形成，如主板市场、二板市场或创业板市场等；也可以在场外交易市场（非交易所市场）中形成，如三板市场、柜台市场或无形市场等。其主要分层依据是不同的发行机制、上市（挂牌）机制、交易机制和投资者群体。从我国现有的股票市场分层结构来看，主板、中小企业板、创业板、代办股份转让系统、股份（权）交易市场等的市场规范中体现出的制度差异莫不如此。

当然，股票市场还可以结合地理标准进行分层，如划分为国际性、全国性和地方性（区域）股票市场，如此划分能够体现出整体与局部的层级递进关系，且在特定条件下能够缓解巨量公司与有限市场之间的矛盾，但也体现出市场开放性不足、竞争不充分、行政色彩浓厚的特征。从英美等国的发展情况看，随着交易市场间竞争日趋激烈以及并购重组等市场化手段不断运用，地方性（区域）股票市场在资本市场中的地位和影响力持续弱化，地理标准这个曾经在过去扮演了重要角色的分层手段，恐怕很难再被作为股票市场分层的核

（接上页注②）其他法律、行政法规另有规定的，适用其规定。证券衍生品种发行、交易的管理办法，由国务院依照本法的原则规定。"据此，证券的核心概念应是股票、公司债券和国务院依法认定的其他证券。因政府债券和证券投资基金份额上市交易适用《证券法》，可以理解为也可将其纳入证券的范畴。而期货和证券衍生品种是否属于证券的内容，条文的规定则较为模糊。实践中不少研究成果将证券市场与股票市场交替使用，似乎并不准确。本文考虑股票市场与债券市场等其他证券市场相互独立，因此以股票市场为核心讨论多层次资本市场，故采用多层次股票市场的用语。需要补充的是，借鉴美国证券法关于证券概念的宽泛规定，学者们正在研讨我国证券概念扩张的问题，这对于多层次资本市场、产权市场以及场外交易市场的理论与实务都将带来重要影响。

心依据。

这一事例提出一个思路,即股票市场的层次结构也许不完全是静态的,市场的发展很可能促使市场层次发生改变。市场规范的层次划分标准大多只是出现在公司发行和上市(挂牌)之初,而一旦上市(挂牌)公司出现生长或衰退,或者细分市场在竞争中发展演化出更高层次市场的某些特质,则整体市场层次结构将会出现变化。由此,可以初步得出结论,股票市场的层次结构在发展之初更多地表现为人为安排的结果,但市场机制将对多层次股票市场的发展形成深刻影响。

三 关于产权市场概念的界定

产权(property rights)是以财产或财产权为核心的概念。① 学者认为,财产是一组所有者自由行使并且其行使不受他人干涉的关于资源的权力。② 产权则是由消费财产、从这些财产中取得收入和让渡这些财产的权力或权利构成的。③ 可见,财产和财产权的构成极为丰富,如何进一步明确财产或财产权的概念边界颇为困难。党的十六届三中全会通过的《关于完善社会主义市场经济体制若干问题的决定》指出,"产权是所有制的核心和主要内容,包括物权、债权、股权和知识产权等各类财产权",对产权的内容做了开放性的解释。

产权交易是指以不同产权客体为交易对象,采取相应的交易方式实现权力主体或权利主体变更的经济活动。产权交易作为一种以产权为对象的交易,是一种遵循价值规律进行交换的经营活动,是私有产权和市场经济发展的结果。由于产权的表现形态极为丰富,产权交易在内容上可以分为实物产权交易和权利产权交易两个方面,也可以分为整体产权交易和部分产权交易两个层面。④

---

① 黄少安:《产权经济学导论》,经济科学出版社,2004,第75~76页。
② 〔美〕罗伯特·考特、托马斯·尤伦:《法和经济学》,上海三联书店、上海人民出版社,1994,第125页。
③ 〔美〕Y. 巴泽尔:《产权的经济分析》,费方域、段毅才译,格致出版社、上海三联书店、上海人民出版社,1997,第2页。
④ 郑鈜:《区域产权市场法治与发展研究》,河南人民出版社,2010,第56页。

产权市场（property rights market）可以广泛地被理解为一切从事产权交易的市场，但它更为常见的是作为一个典型中国式语汇，专指为除特定交易对象（如证券、期货、特定金融产品）之外的产权交易提供的有形或无形场所，即只从事某些产权交易的市场。在我国，产权市场的主要载体表现为各种以"产权交易所"、"产权交易中心"或"产权交易市场"冠名的公司或事业单位，这些载体一般也常被称为产权交易机构。

产权市场近年来发展较快，以京、沪、津、粤产权交易市场为代表的区域产权市场规模迅速扩张。北京产权交易所集团发布的交易数据显示，2011年全年共完成各类产权交易11545项，成交额4536.21亿元，分别同比增长14.34%和103.67%。这一数据比国资委和财政部共同发布《企业国有产权转让管理暂行办法》并促动产权市场复苏后，2003年北交所48.4亿元的成交额增长了90余倍，显示产权市场已成为我国交易市场体系中不可忽视的重要部分。

产权市场是否属于资本市场范畴在我国是一个颇为棘手的问题。对此持有的观点，主要包括三类：第一，产权市场属于资本市场范畴的依据不足。其认识主要来源于产权市场与资本市场存在理论上的分野，且目前并没有将产权市场视为资本市场的法律、行政法规或国家政策，地方性法规或政策即使有所规定其效力也不足。实践中，作为资本市场中的其他市场中不乏有排斥、回避产权市场的声音。第二，产权市场部分属于资本市场的范畴。这类观点认为产权市场过于宽泛，其中仅有部分市场例如权益产权市场属于资本市场，而资产市场甚至债务产权市场均不属于资本市场。① 第三，产权市场属于资本市场的范畴。持有这类观点的既包括研究资本市场的学者，也包括产权实务界人士，认为产权市场（包括但不限于股权交易类产权市场）是资本市场的基础和初级部分。② 当然，这类认识产生的条件部分是以多层次资本市场建设为前提，部分则可能意图为产权市场的发展寻求政策依托。

以产权市场、资本市场的一般性认识为基础，二者是存在差别的。产权市

---

① 王东：《产权市场是不是资本市场》，《产权导刊》2009年第6期，第43~46页。
② 曹凤岐：《资本市场论》，北京大学出版社，2002，第3页。

场以财产权交易为载体，而资本市场以融资交易为依据；产权市场的财产权概念具有开放性，而资本市场的资本概念却相对狭小；产权市场体现了财产的价值和属性，资本市场则更加强调金融（尤其是长期金融）的价值和属性。因此，产权市场和资本市场在内涵和外延上均存在差异。但是产权和资本毕竟存在交集，即产权和资本共同拥有财产权的概念基础，且财产权具有某些交换资金使用权的功能，因此在产权能够成为资本市场"资本"的条件下，产权市场能够作为资本市场的组成部分。

四　关于产权市场内涵的讨论

自 1988 年 5 月武汉率先成立我国第一家"企业产权转让市场"之后，乐山、保定、南京、福州等地相继成立了产权交易机构，纷纷搭建产权市场。1993 年党的十四届三中全会通过《关于建立社会主义市场经济体制若干问题的决定》，提出"明晰产权关系"，实行"产权流动和重组"，使产权制度改革成为社会主义市场经济体制建立的重要基础，产权市场由此进一步发展。受上海深圳证券交易所开业、北京开通 STAQ（证券交易自动报价系统）和 NET（全国证券交易系统）以及国务院批准试验的淄博证券交易自动报价系统挂牌的影响，产权市场日益脱离产权交易的本质演变为股票市场，最终在亚洲金融风暴的背景下，1998 年由国务院办公厅发布《国务院办公厅转发证监会〈关于清理整顿场外非法股票交易方案〉的通知》（国办发〔1998〕10 号），对产权市场进行清理整顿。

产权市场在回复产权交易的市场本质之后，近十年来稳步发展的同时也催生变局。2011 年 11 月国务院下发《关于清理整顿各类交易场所切实防范金融风险的决定》（国发〔2011〕38 号），对产权市场造成了重大影响。文件针对产权市场中出现的违法证券期货交易活动提出了清理整顿的要求，明确证券、期货、金融产品交易等必须在经批准的特定交易场所进行。2012 年 7 月，国务院再次下发《国务院办公厅关于清理整顿各类交易场所的实施意见》（国办发〔2012〕37 号），明确指出了产权市场与证券、期货市场的边界。

不少观点认为，产权市场与股票市场最大的区别在于"不拆细、不标准化、不连续交易",是由国办发〔1998〕10号文定下的"规矩"。但是事实上,文件中却并未有如此表述或类似内容。当然,这并不影响这个在产权市场中广为传播的"三不"原则,成为实践中产权市场从事经营活动必须遵守的规则。不过,毕竟"三不"的内涵较为模糊,实践中也多有争议。直到国办发〔2012〕37号文下发,"三不"原则才得以明晰:第一,拆细是指"将任何权益拆分为均等份额公开发行",包含两类情形:一是针对一些权益类产权如文化艺术品产权集合被分拆,只需"将权益拆分为均等份额后发售给投资者",不论投资者人数多少即构成违规;二是针对公司股份的均等化发行,按照《证券法》第10条的规定,只有发行对象超过200人才构成违规。第二,标准化是指"将股权以外的其他权益设定最小交易单位,并以最小交易单位或其整数倍进行交易",这一规定仍然主要指向权益等额拆分后的交易规制,但把股权予以了排除。第三,连续交易是指"在买入后5个交易日内挂牌卖出同一交易品种或在卖出后5个交易日内挂牌买入同一交易品种",由于该规定是以非股权的权益设定最小交易单位为前提,因此依然可以认为股权的连续交易不受此限。

文件的这些规定显示决策者一直力图在产权市场与资本市场之间画出鲜明的分界线,即通过"三不"原则将产权市场限定于整体性、一次性转让财产权的基础交易市场,从而与价值表现多样、交易制度灵活、可以反复交易的资本市场形成差异。

引人关注的是,文件暗示非证券交易所的交易场所可以进行股权交易,不过需要符合一定条件:一是无论在发行还是转让环节,股权实际持有人累计不得超过200人,以信托、委托代理等方式代持的,按实际持有人数计算;二是规定股权交易不得采取集中交易方式进行交易,即不得采用集合竞价、连续竞价、电子撮合、匿名交易、做市商等交易方式,但协议转让、依法进行的拍卖不在此限。股权交易以产权市场和资本市场交集的身份,在制度构建上逐渐明朗起来。

五 关于场外交易市场政策边界的思考

股票交易市场分为交易所交易市场和交易所之外的交易市场是多层次资本

市场的重要议题。二者常常被称为股票场内交易市场与股票场外交易市场（OTC，Over The Counter），多数时候直接简称场内交易与场外交易。其主要区别在于交易的场所一为集中一为分散，市场的形态一为有形一为无形，交易的方式一为集中撮合一为分别报价等。然而随着技术进步尤其是互联网和证券电子化的发展，场内交易和场外交易之间的界限已经日趋模糊。例如，美国的纳斯达克（NASDAQ），在很长时期内因其只是一个交易系统且没有物理性的交易场所实体而被列入场外交易市场。但是随着市场的迅猛发展、交易制度的自我更新和公众认识度的不断提升，且美国的交易制度缺少非市场化的政策干预，纳斯达克是否具有交易所的形态已经不太重要，场内交易和场外交易的区别可能只剩下服务对象的差别。例如，美国的粉单市场（Pinksheet）作为典型的场外交易市场，将自己定位为"不愿意、不能够、没有"到交易所市场交易的股票提供交易服务。

但我国的情形与之不同，"权力本位"的因素在很大程度上起到了关键作用，多年来交易所市场之外的场外交易市场发展缓慢，重要原因之一就在于对场外交易市场的定位难以达成共识。前文已述，多层次股票市场在我国本质上就不是自由竞争的结果而是政策安排的产物，因此代办股份转让系统（包括老三板、新三板）和地方性股权交易市场（如齐鲁股权交易中心、重庆股份转让中心等）的市场形态、交易机制、交易主体甚至地域限制等都成为政策安排的可能领域。

比如，《证券法》第39条规定："依法公开发行的股票、公司债券及其他证券，应当在依法设立的证券交易所上市交易或者在国务院批准的其他证券交易场所转让。"这就带来了如下问题：其一，非公开发行的股票，如何转让；其二，何谓"国务院批准的其他证券交易场所"，国务院的有关批复是否能够作为"批准"理解；其三，根据中国证监会起草的《非上市公众公司监督管理办法（征求意见稿）》，对于股票向特定对象发行或者转让导致股东累计超过200人和股票以公开方式向社会公众公开转让的，股票不在证券交易所上市交易的"非上市公众公司"，可以在"依法设立的证券交易场所"进行股票公开转让。此处的"证券交易场所"既不同于证券法第39条规定的"证券交易所"，又比该条规定的"其他证券交易场所"少了"经国务院批准"，是否只要经过一定的批准程序（甚至省部级批准）且市场能够交易证券（包括但不限于股票），就可以进行非上市公众公司的股票公开转让。法律与政策对这些问题的规定都存在空白。

同时，场外交易市场之中的层级关系和制度衔接也亟待政策明朗。代办股份转让系统和地方性股权交易市场究竟如何做好发行交易制度区分，是否只是进行全国性和地方性的区别，当前还缺乏较为一致的结论。而在代办股份转让系统和地方性股权交易市场均可交易非上市股票之外，《上海证券交易所股票上市规则（2012年修订）》规定，"上市公司股票被终止上市后，公司应当选择并申请将其股票转入全国性的场外交易市场、其他符合条件的区域性场外交易市场或者本所设立的退市公司股份转让系统进行股份转让；公司不申请的，本所安排其股票在本所退市公司股份转让系统进行股份转让"。又带来了非上市股票仍在场内交易的问题。各层次股票市场的边界与市场之间的衔接仍存疑问。

如此种种，充分反映出各市场之间争夺制度利益、谋取政策资源的竞争格局。这在进一步凸显制度差序重要性的同时，也再次提醒我们，进行资源分配的政策安排在多层次股票市场体系的构建方面扮演了极为关键的角色。

总体而言，场外交易市场横跨资本市场和产权市场两大领域，在我国由于存在显著的法律空白，政策安排是其面临的主要制度风险。多层次股票市场体系尽管可以依据不同的发行机制、上市（挂牌）机制、交易机制、投资者群体甚至地理区域分层，但各层次之间的权力主体不同、利益导向不同，因而非常容易产生规则争夺。由于场内交易市场的制度构建已经初步完成且日趋稳定，尚处于市场孕育阶段的场外交易市场的制度平台就存在着明显的政策边界和行政效应。按照科斯的交易成本理论，在场外交易市场与场内交易市场存在较高交易成本的情况下，将交易成本内部化是重要的解决思路。目前场外交易市场已经被决策层纳入多层次资本市场体系并与其他资本市场、产权市场统筹决策，掌握了"剩余立法权"的政策成为场外交易市场制度构建的关键手段。在宏观层面，政策导向的制度安排如何与市场导向的制度更替有机结合，减小制度构建过程中的权力冲动；在微观层面，政策安排如何划定各细分市场的边界并协调市场之间的关系，应是当前需要重点思考的问题。

参考文献

[1] 曹凤岐：《资本市场论》，北京大学出版社，2002。
[2] 〔美〕萨缪尔森、诺德豪斯：《经济学》（第12版上册），中国发展出版社，1992。
[3] 〔美〕斯蒂格利茨：《经济学》（上），中国人民大学出版社，1997。
[4] 阙紫康：《多层次资本市场发展的理论与经验》，上海交通大学出版社，2006。
[5] 中国证券监督管理委员会：《中国资本市场发展报告》，中国金融出版社，2008。
[6] International Monetary Fund. People's Republic of China: Financial System Stability Assessment. IMF Country Report No. 11/321.
[7] 黄少安：《产权经济学导论》，经济科学出版社，2004。
[8] 〔美〕罗伯特·考特、托马斯·尤伦：《法和经济学》，上海三联书店、上海人民出版社，1994。
[9] 〔美〕Y. 巴泽尔：《产权的经济分析》，费方域、段毅才译，格致出版社、上海三联书店、上海人民出版社，1997。
[10] 郑鈜：《区域产权市场法治与发展研究》，河南人民出版社，2010。
[11] 王东：《产权市场是不是资本市场》，《产权导刊》2009年第6期。

The Policy Boundary Among Capital Market, Property Rights Market and OTC Market

Abstract: Based on the research of the content of capital markets, property rights market and other related concepts, this paper investigates the meaning of multi-level capital market from the perspective of multi-level capital market theory, and analyzes the relationship between the property rights market and the capital market, as well as analyzes the status of OTC market in the multi-level capital market system. At last, this paper discusses the border issues of over-the-counter market through policy combing.

Key Words: Capital Market; Property Rights Market; OTC; Policy Boundary

B.3
我国场外交易顶层设计的思考
——兼论区域金融中心建设与场外交易发展的对接

周友苏*

摘　要：

　　我国场外交易自证券市场发展伊始就客观存在，现行的场外交易是指独立于证券交易所系统并带有明显区域特色的股票交易市场，可分为三板市场和区域股权交易市场两大板块。场外交易要获得大的发展，需要来自顶层设计的突破和推进。本文在梳理分析场外交易现状和存在问题的基础上，围绕场外交易的功能定位、层级结构及其划分标准、市场监管、交易规则等顶层设计的主要内容阐发了作者的见解，认为我国场外交易市场发展不会改变三板市场与区域股权交易市场分别而治的基本格局，将以区域股权交易市场为重点。各地着力推进的区域金融中心应当抓住机遇，对接场外交易的发展走向，采取有力措施，在实现路径上有新的突破，取得区域竞争的领先优势。

关键词：

　　场外交易　顶层设计　区域金融中心建设

　　随着多层次资本市场建设不断稳步推进，场外交易市场的思路和轮廓也日渐明晰，全国人大通过的"十二五"规划纲要关于深化金融体制改革的内容中，给出了"加快发展场外交易市场"的积极信号，这是国家最高立法机关第一次在法律文件中直接使用了"场外交易"概念，近期国务院有关领导和证券监管部门的负责人就场外交易有关问题频频表态，也预示着我国场外交易

---

* 周友苏，四川省社会科学院研究员，教授；其硕士研究生庄斌先生对本文完成有不少贡献，特此说明并致谢。

市场的建设将给力提速,由此也为我们从更为现实的角度来研究场外交易提供了政策的动力和期待的空间。

一 我国场外交易的现状考察

(一)场外交易的基本界定

场外交易自证券市场发展伊始就客观存在,甚至可以说我国证券市场就是从场外交易的基础上演进而来,但目前其还是一个缺乏明确界定的概念。从学界和业界的众说纷纭中可以概括出一些大家普遍认同的内容:首先,场外交易是多层次资本市场的重要构成部分。从国家出台的一系列相关文件来看,资本市场主要指向证券市场,多层次则是"满足不同类型企业融资需求",① 包括证券交易的不同场所、交易场所涵盖的不同区域以及不同的证券品种等内容。其次,场外交易是与证券交易所相对应的市场。在证券交易所上市交易的股票为场内交易,包括主板、中小板和创业板,处于多层次股票市场高端的位置;除此之外的则称为场外交易,包括被俗称为"三板"的代办股份转让系统和带有试点探索性质的区域股权交易市场,处于多层次股票市场较为低端的位置。场外交易与交易所市场在准入条件、交易规则、市场监管上都存在着较大的差异。再次,场外交易是与柜台交易相联系的市场。由于目前对柜台交易的认识还不尽统一,场外交易与柜台交易的关系也可分为两种认识:一是场外交易即柜台交易,二者是对同一概念的不同称谓,与这一认识最为接近的是我国台湾地区的证券市场,除了交易所市场外,其余的则称为柜台交易;二是场外交易包括柜台交易,场外交易的外延要大于柜台交易,与这一认识最为接近的是美国的证券市场,场外交易除了著名的纳斯达克(NASDAQ)外,还包括了场外电子柜台交易市场(OTCBB)和粉红单市场(Pink Sheets)等。这一认识与管理层近期的表态也大致吻合。② 最后,场外交易市场是以股票交易为主的

---

① 《国务院关于推进资本市场改革开放和稳定发展的若干意见》。
② 中国证监会主席郭树清在 2012 年初举行的全国证券期货监管工作会议上提出要"以柜台交易为基础,加快建立统一监管的场外交易市场",《经济日报》2012 年 1 月 10 日。

市场。证券市场可以根据证券品种分为股票市场、债券市场、基金市场、期货市场等，但目前人们讨论的场外交易都集中指向股票交易，如以"三板"相称的代办股份转让系统就完全是一个股票交易市场，之所以如此，就在于建设场外交易市场的主要目的是解决现实中大量未上市股份有限公司的融资和股票流动问题。

基于上述梳理并结合我们对证券市场的理解，我国场外交易大致可定义为：独立于证券交易所系统并带有明显区域特色的股票交易市场。

（二）场外交易的现状描述

沿循非交易所系统、股票交易、区域性三个主要特征来界定场外交易，可以将我国现行的场外交易分为两大板块：三板市场和区域股权交易市场。

1. 三板市场

三板市场是代办股份转让系统的俗称，指依托证券交易所和登记结算公司的技术系统，以证券公司代理买卖挂牌公司股份为核心业务的股份转让平台。① 三板市场尽管不是一个准确的法律概念，但它却用数字"三"比较形象地表明了自身的层级地位，即三板是低于证券交易所的主板（一板）、中小板和创业板（二板）的股票交易市场。

三板市场是 2001 年为解决 STAQ 和 NET 两个法人股交易系统的公司股份流通问题而建立的，2002 年开始接纳主板市场的退市公司，由于这一市场定位的限制，使三板市场交易十分清淡，一度被业界人士戏称为"垃圾股"市场。为了改变这种状况，同时也为更多的高科技成长型企业提供股份流动机会和融资平台，2006 年经国务院批准，中国证监会批复，同意中关村科技园区非上市股份有限公司进入代办股份转让系统进行股份转让试点。自此，三板市场就形成两个构成部分：最初以历史遗留问题公司和退市公司为挂牌公司的部分被称为"老三板"，后来以中关村科技园区非上市股份有限公司为挂牌公司的部分被称为"新三板"。无论是"老三板"还是"新三板"，二者都以代办股份转让系统为交易平台，都以证券公司代理买卖为核心业务，都受中国证

---

① 周友苏主编《新证券法论》，法律出版社，2007，第 273 页。

业协会的主要监管。二者的主要区别除了挂牌公司不同之外，股票转让的方式也存在差异："老三板"采取类似主板市场的集中交易方式，即以每周定期集合竞价方式配对成交；①"新三板"则采取股份报价转让方式，即由投资者委托证券公司报价，依据报价寻找买卖对手，达成转让协议后，再委托证券公司进行股份的成交确认和过户。基于此，有人将"股份报价转让"当成独立于"代办股份转让系统"的称谓，认为"新三板"是与"代办股份转让系统"平行的市场板块。这一认识并不准确。因为"代办股份转让系统"作为三板市场的规范用语，其重心在于证券公司"代办"股份转让，"新三板"采取的"股份报价转让"属于"代办股份转让系统"之下的交易方式之一，或者说，"新三板"并非与"代办股份转让系统"平行的独立市场板块，而是其中的构成部分。我们看到，有关官方文件对"老三板"和"新三板"的规范用语目前仍然是使用"代办股份转让系统"的统一称谓。

"新三板"从借助的交易系统、采取的交易方式以及由中国证券业协会对其统一监管的情况来看，具有全国性统一市场的特点，但从挂牌公司的范围来看，目前还只限于"中关村科技园区"的范围，因而又具有鲜明的区域性市场的特点。

"新三板"的推出改变了"老三板"只面向历史遗留问题公司和退市公司的局面，拓展了代办股份转让系统的功能，为探索建立统一监管下的全国性场外交易市场积累了经验。从试点情况看，总体运行平稳，主要面向广大中小型公司特别是创新型、成长型的公司，根据我们对"新三板"挂牌公司公布的数据分析，股东人数均为200人以下，准入门槛明显低于主板和创业板，在运行中充分发挥行业自律组织、主办券商等各类市场主体的作用，得到包括国务院领导在内的管理层的肯定。②

三板市场自建立以来，尤其是"新三板"推出后，挂牌公司数量逐步增

---

① 对原STAQ、NET系统挂牌公司和沪深证券交易所退市公司，按照其资质和信息披露履行情况，其股票采取每周1次、3次或者5次的方式进行转让。

② 国务院副总理王岐山2012年3月考察了中关村非上市公司股份转让试点工作，要求要认真总结成功经验，继续完善市场监管、准入与退出、信息披露等基础性制度建设，为探索建立全国统一的场外交易市场创造条件。《上海证券报》2012年3月28日。

加，截止到2012年5月16日，在代办股份转让系统挂牌的公司共171家，其中采取报价转让方式的新三板公司为115家（股票代码前三位数为430）、老三板公司为56家，包括原STAQ、NET系统公司6家（股票代码前三位数为420）、退市公司50家（股票代码前三位数为400）。①

2. 区域股权交易市场

区域股权交易市场是具有鲜明区域特点的场外交易市场，是在省市一级地方政府的主导下，以试点名义建立、冠有地域名称并可以交易股权的市场。目前各地建立的区域股权交易市场大致可概括为三类情形：

（1）地方产权交易机构。地方产权交易机构是各地建立最为普遍的一种以产权为标的的市场交易平台，往往由省级或地市级政府审批或直接组建，其称谓不尽统一，如"产权交易所"、"产权交易中心"、"国有产权交易所"、"产权交易有限责任公司"等。据统计，全国有300多家这类产权交易机构。基于产权概念本身的包容性和涵盖面，地方产权交易机构交易的内容十分宽泛，涉及物权、债权、股权、知识产权、土地使用权、企业经营权、排污权等。由于产权交易涉及国有资产的转让，因而设立地方产权交易机构的法律依据主要来自《企业国有资产法》。② 地方产权交易机构的交易业务虽然很多，但股权交易无疑是其中的重要内容，不少产权交易机构不仅交易非上市股份有限公司的股票，还允许进行有限责任公司的股权转让。参与市场交易的主体主要是当地企业。包括公司企业和非公司企业，它们都具有明显的地域特点，一些公司企业还通过产权交易机构进行了融资。③ 股权交易尽管并不完全符合《公司法》和《证券法》的规定，但都得到地方政府的支持，一些地方还相继出台有关政策，要求其行政辖区内的非上市股份有限公司必须将全部股份在产权交易机构集中托管，托管后就可以采取一定的形式转让。有的地方对现有产权交易机构进行整合，扩大规模，形成跨省区的产权交易机构，如四川省

---

① 资料来源：深交所信息披露平台，http：//www.gfzr.com.cn/sshq/hqlist_code.html，2012年5月16日访问。
② 该法第54条规定："除按照国家规定可以直接协议转让的以外，国有资产转让应当在依法设立的产权交易场所公开进行。"
③ 如原四川地方产权交易市场曾在宜宾天原集团公司上市前为其提供了定向融资7亿元，详见《宜宾天原集团股份有限公司首次公开发行股票招股意向书》。

2009年由政府主导,整合了原四川省国投产权交易中心和成都联合产权交易所,并与西藏自治区国资委共同组建"西南联合产权交易所",作为川藏两省区产权交易平台。

(2) 地方股权交易机构。地方股权交易机构是近年来一些地方建立的非上市公司股权交易平台。与股权交易只是属于其业务之一的产权交易机构不同,股权交易机构是交易股权的平台,其名称也直接冠上"股权交易"的字样。地方股权交易机构建立的背景与国家有关区域改革的政策直接相关。我们注意到,自2008年以来,国务院相继对各地的区域改革发展作出了一系列批复,先后有天津、上海、重庆、成都、武汉、福建等省市获准探索建立区域股权交易市场。① 全国范围内已经形成天津股权交易所、重庆股份转让中心、上海股权托管交易中心②、深圳中小企业非公开股权柜台交易市场等专门的区域股权交易市场。在这些已经建立的股权交易机构中,天津股权交易所规模最大。数据显示,截至目前在天津股权交易所累计挂牌企业数量达到155家,挂牌企业覆盖全国21个省市;③ 在重庆股份转让中心挂牌的企业数量达到52家;④ 在上海股权托管交易中心挂牌的企业数量达到19家;⑤ 这些区域股权交易市场对当地的企业融资和资本市场的发展作出了积极的贡献,已经成为探索中国场外交易市场的又一重要模式。

(3) 地方股权托管机构。地方股权托管机构由来已久,早在20世纪90年代我国股份制试点期间,证券经营机构就开始对各地非上市股份有限公司股

---

① 如2008年3月13日国务院在《关于天津滨海新区综合配套改革试验总体方案的批复》中就明确要求,天津市政府要为在天津滨海新区设立全国性非上市公众公司股权交易市场创造条件;又如2009年1月26日《国务院关于推进重庆市统筹城乡改革和发展的若干意见》中也明确提出适时将重庆纳入全国场外交易市场体系,支持符合条件的企业上市融资;再如2009年5月9日国务院批准成都市《综合配套改革试验总体方案》,其中也提出成都市要探索非上市股权交易市场建设,形成国家级或区域性交易场所。
② 据新华社报道,上海股权托管交易中心于2012年2月15日正式开市,在开市仪式上,中共中央政治局委员、上海市委书记俞正声敲锣,上海市市长韩正致辞。
③ 天津股权交易所,http://www.tjsoc.com/web/date.aspx,2012年5月10日访问。
④ 重庆股份转让中心,http://www.oqoto.gov.cn/中心动态/tabid/59/articleType/ArticleView/articleId/2201/language/zh-CN/OTC.aspx,2012年5月10日访问。
⑤ 上海股权托管交易中心,http://www.china-see.com/my_indextrue.jsp,2012年5月10日访问。

权进行集中托管。根据中国证监会关于"证券经营机构不得从事未上市公司股份托管业务"和"未上市公司股份托管问题成因复杂、涉及面广、清理规范工作应主要由地方政府负责"的精神,[①] 各地纷纷成立了专业性股权托管机构,接替证券经营机构办理非上市股份公司股权集中托管业务。如成都托管中心于1996年9月经成都市人民政府相关部门批准设立,目前在该机构集中登记托管的股份制企业229家,总注册资本为220亿元,其中股份有限公司192家,有限责任公司37家,登记股东45万余人,托管企业涵盖了四川省范围内正常存续的部分非上市股份公司。地方股权托管机构虽然不能像股权交易机构那样直接交易股权,但其业务中包括了股权变更登记。根据成都托管中心提供的资料,该托管中心目前办理因继承、赠予、协议转让、司法裁决等原因引起的股权变更登记股数共42.45亿股,代理公司回购、大股东收购股权共5.5亿股,代理支付相关回购、收购金额达3亿多元。说明股权托管中心也具有不完全的股权转让(交易)的功能。

(三)场外交易存在的主要问题

应当看到,我国场外交易市场在具备一定试行规模的同时,也存在不少发展初期不可避免的问题,阻碍着场外交易的进一步发展,这些问题亟待解决。相对而言,区域股权交易市场的问题更为突出,面临的政策法律障碍更多一些。

1. 法律地位不明确

尽管《公司法》、《证券法》2005年修改后允许场外交易的存在,但却没有对场外交易直接作出规定,使其法律地位和诸如交易场所、交易方式、监管机构、信息披露等股权交易的主要内容处于不明确状态,成为困扰场外交易市场发展的首要问题。从《公司法》第139条和《证券法》第39条规定来看,股份有限公司除了上市公司之外,非上市公司的股份转让都应当在依法设立的交易场所进行或者按照国务院规定的方式进行。如果是属于股东人数200人以上的非上市公众公司,其股份转让只能在国务院批准的交易场所进行;如果是属于股东人数200人以下的非公众股份有限公司,其股份转让虽然在交易场所

---

① 《关于未上市股份公司股票托管问题的意见》,2001年中国证监会发布。

上并未要求必须由国务院批准，但什么是《公司法》第139条规定的"依法设立"和"国务院规定的方式"，现行立法还缺乏必要的规定。这就使场外交易的法律地位长期处于不确定的状态。就三板市场而言，尽管其属于国务院批准的交易场所，但"老三板"和"新三板"采取的不同交易方式却并非就为"国务院规定的方式"；就区域股权交易市场而言，由于交易场所和交易方式均未通过国务院批准或认可，其法律地位就具有更大的不确定性。在法律地位不明确的情况下，场外交易就等于未取得合法的"准生证"，监管部门随时都可能通过"打非"（打击非法证券活动）对现有的场外交易场所予以查处甚至取缔，从而使通过场外交易进行的股份交易缺乏稳定的行为预期。

2. 缺乏必要的顶层设计

顶层设计这一概念来源于系统工程学，是指在理念和实践之间的"蓝图"，其特点是"整体的明确性"和"具体的可操作性"，在实践过程中能够"按图施工"，避免各自为政造成工程建设过程的混乱无序。场外交易的顶层设计涉及一些重大问题的定位：场外交易市场是否存在不同的层级，层级应当如何划分；场外交易市场的主要功能是什么；数量庞大的非上市股份有限公司如何分门别类进入场外交易市场；统一监管的模式是以政府监管为主还是自律监管为主，统一监管是否适合不同层级的场外交易；地方政府能否介入监管领域以及如何介入；不同层级的场外交易是否实行不同的交易方式，是否引入成熟市场的"做市商"制度；不同层级的场外交易是否需要建立转板机制，场外交易如何与交易所市场相衔接；等等。这些关系场外交易市场顶层设计的重大问题目前还处于较为模糊的状态，管理层对此的思路也并不统一、不清晰，学者更是众说纷纭，莫衷一是，从而也导致了场外交易市场不同程度的无序和混乱。

3. 交易和融资的规模还非常有限

从国际成熟市场情况看，场外交易不及场内交易、交投活跃度随市场层级依次递减是正常现象。我国场外交易还处于试点阶段，由于受各种条件的限制，交投活跃程度更是十分低下，交易和融资均未形成应有的规模效应。从三板市场来看，挂牌公司仅限于中关村科技园区的范围，目前该园区有非上市股份有限公司资源近500家，加上改制和拟改制企业500多家，能作为"新三板"挂牌资源的公司也不过千家左右,① 这一数量肯定不足以支撑"新三板"的快速扩容;根据"新三板"的合格投资者制度,目前仅限于机构投资者和挂牌前公司的自然人股东,个人投资者被拒之门外。正是由于这些限制,"新三板"市场的股票流通市值小,据中国证监会有关部门负责人透露,股份转让 2011 年成交金额只有 7.32 亿元,平均换手率 3.4%,而同期场内市场换手率超过 230%;试点 6 年来,企业定向增资金额仅有 17.1 亿元,且企业单次融资规模几千万元。② 这样的市场规模,甚至很多股市投资者根本就不知道股票市场体系中还有"新三板"的存在。③ 从区域股权交易市场来看,情况就更差,虽然全国许多省区都建立了股权交易的机构,但有的尚未正式开展经营活动,有的挂牌企业数量严重不足,经营业务主要以托管等为主。多数市场都呈现挂牌企业数量不多、市场容量有限、市场流动性差的特点。据有的研究者统计,我国天津、上海、重庆三家股权交易机构年交易额合计仅 20 亿元左右,加上"新三板"的年交易额,只占我国 A 股总市值的万分之二不到。而同期美国的场外电子柜台交易市场(OTCBB)的年交易额却超过 10 万亿美元。天津股权交易所是我国成立时间最早、股权交易规模最大、机制相对健全的地方股权交易机构,按照国务院批复的最初构想是建成非上市公众公司股权交易市场,但目前还只能限于"两高两非"公司④的股权交易,不仅与非上市公众公司的股权交易存在较大的差异,而且其挂牌前融资总额仅为 17.5 亿元,挂牌后融资总额亦仅有 12.12 亿元。截至 2011 年底,在天津股权交易所正式挂牌的企业当中,已有 3 家退市,尚无一家成功转板。⑤

4. 缺乏统一成熟的交易规则和监管制度约束,交易乱象十分普遍

在法律规定十分原则的情况下,由于顶层设计的缺失,国家层面的文件在涉及场外交易的内容时,往往不是将其纳入"打非"范围就是采用"不得"、"禁止"等强制性的规定,很少就"可以为"和"如何为"作出明确统一的

---

① 参见《王岐山表态新三板迎春》,《上海证券报》2012 年 3 月 28 日。
② 参见《证监会:正筹建场外交易市场》,《金融投资报》2012 年 4 月 6 日。
③ 参见《新三板推进如火如荼》,《成都商报》2012 年 4 月 7 日。
④ "两高两非"是指国家级高新技术产业园区内的高新技术企业和非上市非公众股份有限公司。
⑤ 杨国英:《"上海股交"乱象彰显柜台交易仍蹒跚》,《华夏时报》2012 年 2 月 18 日。

规定。目前除了三板市场受中国证券业协会制定的并不算是完善的有关规则约束外，区域股权交易市场基本是依照自身制定的规则行事，并各受其批准成立的地方政府部门监管，不同程度上要受到当地政府行为的影响，有的是由政府国资委作为监管主体，有的则是由政府金融办作为监管主体，市场准入标准和交易规则各自为政、各行其是，缺乏监管或监管不力的现象十分普遍。地域性特点使区域股权交易市场分散独立，挂牌公司的股权转让难以跨区域进行，条块分割现象十分突出。也正是基于此，国务院近期发文①对包括区域股权交易市场在内的各类交易场所将权益拆分为均等份额公开发行、采取集中交易方式、从事标准化连续交易、买卖同一股票间隔时间、权益持有人累计人数等情形作出了禁止或限制性的规定，是对区域股权交易市场一次较大力度的清理整顿。

二 对我国场外交易顶层设计的若干思考②

我国场外交易的既有实践表明，尽管目前还处于试行阶段，存在一些问题，但也积累了相应的经验，具备一定的规模，一些现成的试行做法逐步向成型化和规范化的方向发展，为下一步的发展奠定了必要的基础条件。目前最需要的就是来自国家制度层面的顶层设计，即国家对场外交易从总体性、全局性、长远性上作出规划，包括场外交易在多层次资本市场体系中的定位、政策支持和基本制度等内容。通过场外交易的顶层设计，有助于从战略管理的高度来统筹场外交易的建设和发展全局，使场外交易按照预期目标迈进、减少和避免试行中的盲目性、无序性和各自为政的混乱状态。

场外交易的顶层设计作为制度规划，既需要在参考借鉴国际成熟市场经验的基础上总体把握场外交易发展态势和未来走向，也需要在立足中国特殊国情的基础上准确定位场外交易的市场功能和现实价值。因此，顶层设计对管理层、业界和学界都是一个极富挑战性的课题。尽管人们对加快发展场外交易市

---

① 即《国务院关于清理整顿各类交易场所切实防范金融风险的决定》（国发〔2011〕38号）。
② 本文编者删去了本书"（五）场外交易规则"部分。在本部分中作者提出，交易规则是加快场外交易市场发展的必要条件，主要涉及市场准入条件、交易方式、信息披露、转板机制等方面内容。

场的认识基本一致,但在如何加快发展的一些重大问题上还有不同的看法,一些模糊的认识需要理清。下面结合我们长期对这一问题的跟踪研究,就场外交易顶层设计的一些根本性、架构性问题直抒己见,期冀能够为场外交易市场的进一步发展发挥些许作用。

(一)场外交易的功能定位

场外交易的功能定位应当是为非上市股份有限公司提供服务的资本市场,包括提供融资和股份转让的服务。根据资本市场的基本原理,公司的融资功能必须建立在转让功能的基础之上,离开股权转让,融资功能就难以发挥。据权威人士统计,目前我国股份有限公司数量已经达到10多万家,[1]而在证券交易所的主板、中小板和创业板上市的公司截止到目前一共才2420家,[2]在三板市场和区域股权交易市场挂牌的非上市股份有限公司数量更为有限,真正能够通过股票市场融资转让的只占股份有限公司总数3%左右。绝大多数非上市股份有限公司的股份虽然被称为股票,但由于缺乏合法的流动场所,在转让上还不及有限责任公司的股权方便,与《公司法》、《证券法》关于股票自由流动的制度设计严重背离,不仅使建立在流动基础上的公司融资功能几乎全部丧失,而且使这些公司股东的知情权、利润分配权、参与公司管理权无法行使;非上市股份有限公司多年不召开股东大会和分红,甚至破产后股东也无从知晓的事例比比皆是;股东在权利受到侵害时难以获得救济,目前已经出现一些法院依据有关规定对涉及非上市股份有限公司的股票转让行为认定为无效的案例。[3]由于股东无法采取股份转让方式退出公司,放大了持有非上市股份有限公司股票的法律风险。因此,非上市股份有限公司的股份流动不仅是现实中亟待解决的问题,而且也应当成为建立场外交易市场的主要功能定位。需要说明

---

[1] 祁斌:《加快多层次资本市场建设化解中小企业困局》,《人民日报》2012年2月27日。
[2] 资料来源:上海证券交易网站,http://www.sse.com.cn/sseportal/webapp/datapresent/SSEQueryStock OverAllAct? STARTDATE = &ENDDATE = ;深圳证券交易网站,http://www.szse.cn/main/market data/tjsj/jbzb/,2012年5月26日访问。
[3] 如2009年4月8日《人民法院报》刊登的由上海市第一中院审判的一则案例即是如此。该案是一起非上市股份公司股票买卖纠纷案,法院认定原告个人从场外交易取得的股票不具有法律效力,其股东权利不受法律保护。

的是，尽管场外交易不像主板市场那样还包括了发行市场，但并不等于其不具备融资的功能。股份流动意味着股东"用脚投票"机制的形成，不仅会大大增强对公司的约束，而且可以通过新投资者加入来改变公司的股权结构，使股票和公司财产发生增值，这实际上也相当于一种融资行为。另外，公司还可以通过场外交易市场在一定范围内增资扩股，吸引诸如风险投资和基金投资等战略投资者，从而起到融资的作用。

（二）场外交易市场层级结构的设计

场外交易作为多层次资本市场的构成部分，本身也并非单一层次的市场，而应当分为不同的层次来适应不同类型的非上市股份有限公司股份转让和融资的需要。市场的层级应当如何划分？我们认为，我国场外交易应当是以区域股权交易市场为主要构成部分的层级结构，在层级设计上应当考虑这样一些重要因素：

1. 按照非上市股份有限公司融资和股份转让的不同需求建立层级结构

这里的不同需求与公司的规模、盈利状况、风险认知的偏好程度密切相关，尽管从总体上讲，场外交易主要目标是解决中小公司或小微公司的融资难和股份转让难的问题，但由于公司情况千差万别，如果按照同一尺度来划定市场准入标准，势必将部分甚至多数公司排斥在场外交易之外，按照不同准入标准来设计的多层次场外交易市场，应当体现出不同公司资本化、交易标准化程度，可以为不同偏好的非上市股份有限公司提供更多的选择，能够容纳更多的非上市股份有限公司进入挂牌。

2. 在现有试行基础上建立层级结构

我国的场外交易经过多年试行，逐步形成了包括了三板市场和区域股权交易市场两大基本板块，我们认为这一架构并不是随心所欲的结果，而是基本适应我国地域辽阔且地区之间发展不平衡、中小公司基数庞大且在成长阶段和业态模式等方面存在较大差别、经济高速发展和多层次资本市场体系逐渐形成的国情，因此，我们不能脱离这一现实去追求所谓理论上的完美，或另起炉灶夫东施效颦，而应当充分利用现有资源来推进场外交易市场的发展。这就不可避免地涉及区域股权交易市场是否有合法存在必要的问题。尽管各地都在积极试行区域性的股权交易,但至今还不具备合法的地位,其股权交易也存在不确定性的法律风险。我们认为,区域股权交易市场应当是场外交易市场的主要组成部分,可以从根本上解决非上市股份有限公司股份交易和融资问题,对于促进科技创新和激活民间资本,健全完善我国多层次资本市场体系,具有不可替代的作用。场外交易的层级结构不仅应当容纳区域股权交易市场的合法存在,而且应当将其作为我国场外交易市场下一步发展的重点。

3. 建立有利于转板的金字塔形层级结构

从国际成熟资本市场的情况看,正常发展的股票市场层级是下大上小的金字塔形结构,如美国股票市场中,纽交所有 2311 家上市公司,纳斯达克(NASDAQ)2717 家,场外电子柜台交易市场(OTCBB)2386 家,粉红单市场 6199 家,灰色市场 6 万多家,① 这种市场结构稳定合理,沿着金字塔图形,越往上端意味着市场准入标准越高,容纳的公司数量越少;越往下端意味着市场准入标准越低,容纳的公司数量越多;从而有利于下一层级向上一层级的转板机制的建立。目前我国股票市场结构刚好与之相反,各类市场容纳的上市公司或挂牌公司呈上大下小的倒金字塔形结构。统计显示,截至 2012 年 5 月,主板公司共 1426 家,中小板 675 家,创业板 319 家,② 中关村代办转让系统 171 家,③ 区域股权交易市场只有少量的试点公司。这样的市场结构,无法建立正常的转板机制,必须尽快改变。

4. 建立以柜台交易为基础的层级结构

这首先需要理清场外交易与柜台交易的关系。长期以来,学界和业界对二者关系的认识存在差异。从我国场外交易发展的现状来看,场外交易与柜台交易不是同一的概念,场外交易的外延应当大于柜台交易。如前所述,我国的场外交易是由三板市场和区域股权交易市场共同构成的市场体系。三板市场从采取的交易方式和依托深圳证券交易所的技术系统进行交易的情况看,是更接近

---

① 祁斌:《加快多层次资本市场建设化解中小企业困局》,《人民日报》2012 年 2 月 27 日。
② 资料来源:上海证券交易所网站,http://www.sse.com.cn/sseportal/webapp/datapresent/SSEQueryStock OverAllAct? STARTDATE = &ENDDATE =;深圳证券交易所网站,http://www.szse.cn/main/market data/tjsj/jbzb/,2012 年 5 月 26 日访问。
③ 参见深交所信息披露平台,http://www.gfzr.com.cn/sshq/hqlist_ code.html,2012 年 5 月 16 日访问。

交易所层级的全国性市场，在这个意义上，柜台交易实际上相当于区域股权交易市场。三板市场无论如何发展，其市场容量也远不能满足数量庞大的非上市股份有限公司的需求。因此，在三板市场之外必然还需要有其他场外交易的市场层级。柜台交易较之三板市场，应当处于金字塔形市场结构中更为下端的地位。由于其面对的是数量远远大于三板市场容纳空间的非上市股份有限公司，柜台交易还可以进一步分出若干层级，因此，管理层最近关于场外交易应当"以柜台交易为基础"的表态也就不难理解，说明柜台交易在场外交易市场体系中占有重要甚至是主导的地位。按照柜台交易与区域股权交易市场基本相当的思路，柜台交易和三板市场同属场外市场的构成体系，只是定位有所不同：三板市场作为全国性股权交易市场，处于场外交易的上端，其"新三板"主要服务于高新技术园区的高科技公司群体；柜台交易作为区域股权交易市场，处于场外交易的下端，主要服务于除三板挂牌公司以外的其他非上市股份有限公司。从目前情况看，三板市场与区域股权交易市场分别而治的基本格局可能不会改变，未来出台的三板市场制度设计也会充分考虑与区域股权交易市场的衔接问题。

综上可见，层级结构的设计集中指向区域股权交易市场。从某种意义上讲，我国场外交易市场的发展取决于区域股权交易市场的突破。区域股权交易市场发展，可以从根本上解决非上市股份有限公司股份交易和融资问题，对于促进科技创新和激活民间资本，健全完善我国多层次资本市场体系，具有不可替代的作用，因此，场外交易的顶层设计不仅应当赋予区域股权交易市场的合法地位，而且应当将其作为我国加快发展场外交易的重点。

（三）场外交易市场的层级划分标准

一度为管理层和许多人士所普遍接受的观点认为，基于非上市股份有限公司可分为非上市公众公司和非公众股份有限公司的情况，场外交易市场的层级划分也应与此对应。根据《证券法》第10条的规定，公司持股人数达到200人以上，就属于"公开发行"证券的公众公司，符合这一条件的非上市公司就称为非上市公众公司；除此之外的非上市股份有限公司则称为非公众股份有限公司，与公司法规定的"发起设立"股份有限公司基本对应。非上市公众

公司与非公众股份有限公司由于对应着量化的股东人数和是否为"国务院批准"的交易场所等法律规定,甄别标准明确且便于实际操作,因此管理层一度曾准备将非上市公众公司纳入"新三板"扩容的挂牌公司资源,为此中国证监会于2008年经中编办正式批复专门成立了"非上市公众公司监管部"及其下属机构,拟将非上市公众公司纳入其直接监管的公司范围。一些学者和业界人士也对应此标准划分出场外交易市场的层级,即只接纳非上市公众公司为挂牌公司的三板市场作为较高层级的场外交易市场;接纳非公众股份有限公司为挂牌公司的柜台交易为较低层级的场外交易市场。

尽管这一思路似乎既有法律支撑,又有便于识别和操作的优点,但却不一定与场外交易发展的目标完全吻合。推出场外交易最现实的功能无疑是为中小公司提供融资和股份转让服务,而这一功能的发挥并不直接与公司股东人数的多少相对应:股东不到200人的非公众股份有限公司,其资本和经营的规模并不一定小于股东200人以上的非上市公众公司;公司对融资和股份转让的需求,更不是由股东人数的多少来决定的,非上市股份有限公司最需要场外交易市场提供支持和服务的无疑是国家鼓励大力发展的创新型、成长型的公司,而公司的创新性和成长性与股东人数的多少并没有直接的联系。如同交易所市场推出中小板和创业板的导向一样,"新三板"在只能为市场提供十分有限的挂牌公司资源的情况下,扩容不能只限于非上市公众公司的范围。另外我们还注意到,现实中的非上市公众公司主要是20世纪90年代证券市场发展初期成立的"定向募集"公司,数量不过几千家,其中尽管也有部分发展情况较好,但多数公司在经营业绩和公司治理方面都还存在不少问题,如果把"新三板"扩容提供的有限挂牌资源只让其享有,则有"劣币驱逐良币"之嫌。因此,场外交易的层级,不能只以非上市公众公司和非公众股份有限公司为划分标准。

从当前管理层透露的信息来看,"新三板"扩容首先将面向国家级高新区的非上市股份有限公司,即只有非上市股份有限公司所在区域的限制而无类型的限制,或者说只要是非上市的股份有限公司,无论是否为公众公司,只要符合市场准入条件,均可以申请进入"新三板"作为挂牌公司。这是明显有利于处于创业阶段、规模趋小又亟待扶持的高新技术公司的方案,沿循这一思路，位于"新三板"以下层级的场外交易市场，在确定更为宽松的市场准入标准时，也不宜将非上市公众公司和非公众股份有限公司的划分标准作为主要考虑的因素。

（四）场外交易市场的监管

场外交易无论选择何种发展路径，监管都是必不可少的重要内容，在后国际金融危机时期，加强监管已经成为各国的共识。监管的主要目的在于防范市场风险，这对于场外交易市场平稳健康发展至关重要。我国当前场外交易的监管现状是：三板市场是在中国证监会的指导下主要由中国证券业协会负责监管，区域股权交易市场则主要由批准设立的地方政府或政府部门负责监管。随着场外交易的进一步发展，监管必然成为顶层设计的重要内容，其中最核心的问题就是地方政府能否介入场外交易监管领域并能够从多大程度上介入。在介入监管的情况下，中国证监会如何与地方政府划分监管的职权职责。

我们注意到，近期管理层多次提到场外交易的"统一监管"问题，即规范的场外交易市场应当是具有"全国性的统一监管标准"的市场。我们认为，从公平公正和有效保护投资者权益角度看，统一监管首先应当指监管标准的统一，鉴于股权交易公众关注度高、社会影响力大，无论是全国性还是区域性的场外交易，都应当按照全国统一的规则进行，不得各自为政，如同我们讨论的顶层设计的原理一样，如果国家证券监管机构不能就场外交易作出全国性的制度安排，实践中各行其是的现象就难以避免，因此，必须通过顶层设计来实现场外交易的"车同轨；书同文"，对交易场所、交易主体的基本条件、交易规则、中介机构、监管部门等基本内容作出统一规定。但需要强调的是，统一监管与发展场外交易尤其是区域股权交易市场并不矛盾，即股权交易市场虽然可以立足于区域来建立，但适用的监管规则则是全国统一的标准。另外，统一监管并不意味着场外交易市场只能纳入中国证监会监管的范围，或者说统一监管并不等于监管主体的唯一。

证券市场的有效监管需要多个主体的参与。这不仅是国际成熟证券市场的经验，也是我国《证券法》确立的"政府监管为主自律监管为辅的综合监管体制"的具体体现。场外交易面对着远超过场内市场公司数量的中小公司群体,在场内交易市场尚需证券交易所等自律监管主体发挥一线监管作用的情况下,如果将场外交易全部纳入中国证监会的监管范围而没有其他监管力量的介入,以中国证监会现有的人力物力财力,无论如何也是难以承受和无法应对的。面对这一现实,如果不在监管体制上创新,那就可能只有两种选择:要么放任场外交易各自为政的混乱状态;要么人为地延缓或搁置场外交易的发展,待中国证监会力所能及时再来考虑场外交易的发展问题。显然,两种选择都是不可取的。

我们一直主张地方政府应当而且必须介入场外交易的监管领域,这不仅是弥补中国证监会监管资源不足的问题,更重要的是还涉及如何充分调动地方政府发展场外交易市场的积极性问题。非上市股份有限公司作为中小企业的主要部分,与地方的经济社会发展密切相连,关系到地方财税增收、扩大就业和社会稳定等重要指标的实现,无论其是否进入场外交易市场挂牌,都与地方政府政绩挂钩,因此,地方政府介入场外交易市场的监管,不仅有动力和积极性,也是其不可推卸的职责所在,充分利用地方政府的管理资源来加快场外交易市场的发展,既是监管体制的改革创新,也是客观现实的需要。

地方政府能够从多大程度上介入场外交易的监管,涉及中央政府与地方政府的监管权力分配。中国证监会作为国家专门的证券监管机构,应当始终掌握场外交易市场监管的统一领导权,包括制定统一的场外交易规则,对参与监管的主体进行指导监督等,但并不必须参与主导场外交易监管的具体工作。我们认为,对于三板市场,鉴于其全国性市场的属性,可以在维持以中国证券业协会为主导的监管格局基础上进一步完善;对于区域股权交易市场,则可考虑将主导监管的权力交由地方政府来行使,充分调动其积极性和利用行政管理资源,使地方政府有职有权并有所作为,主导监管的内容可包括对区域股权交易机构的审批;组织、培育公司到场外交易市场挂牌;对挂牌公司和投资者的准入许可;对挂牌公司股权集中登记托管、交易、结算等日常监管;对挂牌公司和市场交易风险及时防范和化解等。当然,地方政府介入场外交易的监管,并不等于在监管中可以自行其是,中国证监会及其派出机构要对地方政府的监管工作给予及时指导和监督,使其明确监管职责,不断提高监管水平和效率,完善监管体制,防止其出于地方利益考虑而放松监管;同时,中国证监会派出机构要加强与地方政府的协调配合,打击违法和纠正违规行为,共同守住不发生区域性系统金融风险的底线。

需要指出的是,场外交易市场的监管作为证券监管体制的创新,需要不断探索完善,地方政府的介入并不意味着其他监管主体可以缺位,面对金字塔形结构底层数量庞大的挂牌公司,自律监管还应当在更大程度上发挥作用,地方股权交易机构、参与券商都应督导挂牌公司依法依规进行信息披露、公司治理和规范运作。

三 区域金融中心建设与场外交易发展的对接

区域金融中心是近年不少地方经济发展着力形成的高地和亮点。金融是现代经济的核心,金融业在优化资源配置、促进经济发展和经济结构调整中发挥着举足轻重的作用。区域金融中心作为金融机构集中、金融市场发达、金融信息灵敏、金融设施先进、金融服务高效的融资枢纽,能够集中大量金融资本和其他生产要素,有力推动地方经济的发展。谁在金融中心建设上走在前列,谁就有可能占领经济发展的制高点。目前全国已有数十个城市都在充分利用现有的资源,着力打造和建设区域金融中心,力求在区域经济竞争中占据优势地位。如四川省作为西部的重要省份,近年来利用国家给予成渝经济区、城乡统筹综合试验区的特殊政策,在"建设西部经济发展高地"中大力推动金融业的发展,到2011年末金融总量居全国第七位,银行总资产以及存贷款余额、金融机构数量、上市公司数量、保费收入等主要金融指标均居全国第七位、中西部第一位。2012年初出台的《四川省"十二五"金融业发展规划》,明确提出将成都建成西部金融中心作为下一步金融工作的重要任务,将围绕金融总部商务区、西部金融机构中心、西部金融市场和交易中心、西部金融服务中心等四个方面加快推进西部金融中心建设。

区域金融中心建设涉及许多内容,场外交易无疑是其中很重要的环节,也是区域金融中心建设能够大有作为的空间。如果能够准确把握场外交易下一步发展的走向,抓住机遇,就可能在金融中心建设上实现新的突破,取得领先优势。我们看到,不少区域性金融中心建设规划都将场外交易纳入自身发展的重要目标之一,如《北京市"十二五"时期金融业发展规划》提出要在"探索建立中关村股权交易中心"基础上"打造全国股权投资中心"的目标;《四川"十二五"金融业发展规划》中也明确提出到 2015 年末,将成都建设成为西部地区的直接融资中心、非上市公司股权交易中心的目标。根据我们的分析,区域金融中心建设应当也完全可以与场外交易市场对接,其实现路径可考虑以下几个方面的内容。

(一)"新三板"市场扩容与区域非上市股份有限公司规范发展

"新三板"目前虽然还处于试行阶段,但其利用深圳证券交易所的技术系统和在中国证监会指导下由中国证券业协会负责直接监管的特征,使之在场外交易市场中尤其受到关注。从媒体报道的管理层构想来看,"新三板"很可能将在区域性市场的基础上发展成为全国性市场,主要对接创业板,重点面向广大创新型、成长型的中小公司,申请挂牌的公司首先会由现在的中关村科技园区的范围延伸至各地国家级高新技术开发区范围。这就为各地区域金融中心提供了发展机会。从各地建设的区域金融中心情况看,其基本位于中心城市,也是国家高新技术开发区的所在地,有着丰富的创新型、成长型的非上市股份有限公司的资源。以西部金融中心所在地成都市为例,该市既是全国试行股份制最早的城市之一,又拥有国家首批高新技术产业开发区,其高新区在科技部最新综合考评中名列全国 56 家国家级高新区第 4 位,有高新技术企业 550 余家,经济发展的主要指标和公司数量在中西部均名列前茅,近年来在金融业发展上也取得令人瞩目的成就,是西部金融中心规划的"金融城"所在地。一旦"新三板"扩容,与成都市类似的区域金融中心完全可以以此为契机,创造条件让比现有上市公司数量更多的股份有限公司到"新三板"市场申请挂牌,解决部分急需资金支持的创新型、成长型的中小高科技公司的融资和股权流动问题。并通过这一工作,推进本区域内的非上市股份有限公司规范化运作,建立起完善法人治理结构,促进公司健康发展。应当看到,"新三板"扩容虽然从理论上可以容纳比场内市场更多的未上市股份有限公司,但也只能针对数符合准入条件的公司,这需要地方及时谋划,早做准备,争取本区域内更多的未上市股份有限公司能够赶早搭上"新三板"扩容的班车。

（二）整合现有分割分散的股权交易机构

我国场外交易下一步要获得大的发展，很大程度上取决于区域股权交易市场的突破和创新，推出区域股权交易市场应当是完善多层次资本市场的发力点和场外交易发展的重点。对此，地方将会拥有更大的主动权和自主权，是其介入场外交易最有作为的领域。不少地方已经把区域股权交易市场纳入当地金融中心建设的重要目标。从这些年各地区域金融中心建设的实践来看，要想在区域性股权市场上获得大的发展，除了需要国家层面的政策支持外，地方还应当结合区域金融中心的推进有新的举措，我们认为应当从以下方面着手：

1. 充分利用国务院近期发文清理整顿各类交易场所之机整合现有的地方股权交易市场

首先，应当按照国务院清理整顿文件，对于确实不符合条件且有违法违规经营行为的股权交易场所和机构，可以通过整顿予以清理；其次，迅速改变当地股权交易场所分散多头、形式各异、市场分割、各行其是的现象，对现有股权交易机构进行必要的合并集中，组建业务单一集中的地方股权交易机构，以便与下一步区域股权交易市场的发展对接；最后，协调好各方利益关系，包括地方政府及其部门的上下级关系，已有的股权交易机构彼此之间的利益关系，根据国务院文件精神，应当由省级人民政府负责出面协调。省级政府要对地方业已存在的产权交易机构、股权交易机构和股权托管中心的情况进行认真分析，充分利用现有资源，以运作较为成熟的机构为依托，采取并购重组、投资入股等方式来妥善处理利益关系，新组建的股权交易机构应当由省级政府批准，统一设在区域金融中心的所在地，形成统一、集中、规模化的区域股权交易市场。

2. 以整合区域股权交易市场为基础，提供中小微公司股权转让和融资平台

利用本地现有的未上市股份有限公司资源，扩大股权交易市场，开展交易场所电子系统和市场网络的技术建设，延伸交易网络，逐步形成统一互联、流转顺畅的区域性股权市场，为中小公司和小微公司提供股权转让和融资平台。如四川省目前有非上市股份公司500余家，涉及股东逾百万人，拥有全国唯一的跨省区产权交易平台——西南联合产权交易所，具备了建立区域股权交易市场较好的市场基础。我们认为，具有类似情况的区域金融中心，可以在此基础上加快区域股权交易市场的建立，并逐步扩大业务范围和市场规模，不断积累经验，一俟时机成熟，配合国家政策的突破来对接区域股权交易市场的大发展。

（三）地方政府加大介入区域股权交易市场监管的深度和力度

从场外交易发展走向来看，我国现行金融监管体系必须要有地方政府的参与，这不仅是现实所必需，而且也是中国特殊国情使然。尽管近年来地方政府及其相关部门对区域股权交易市场也有一定程度的介入，由其主导建立和进行必要的监管，但总体上讲还十分有限，普遍存在着各地做法不一，监管机构不明确和监管职责不清等问题。目前应当在如何有效实施监管上加大探索力度。如前所述，场外交易作为多层次的市场体系，可以从总体上对不同层级的监管作出大致划分：在中国证监会的统一指导下，三板市场的监管由中国证券业协会主导，区域股权交易市场则由地方政府来主导。在此框架下，地方政府应当利用现有基础，积累经验，有所作为，不断加大介入区域股权交易市场监管的深度和力度，具体可考虑强化以下几个方面工作：

1. 确定专司监管职能的部门或机构

为了保证区域股权交易市场的稳定发展，防止可能出现的风险，市场监管在发展初期应当由政府主导。这就需要明确政府专司监管职能的部门或机构，在此基础上进一步明确其权限职责。从目前情况看，政府金融办公室（以下简称金融办）作为专门的监管职能部门比较合适，其理由主要是：首先，金融办本身就负有代表地方政府协调本地金融业发展的职责，这也是金融监管的重要内容之一。区域股权交易市场的推出主要是解决非上市股份公司的融资和股权转让问题，跨越了银行和证券两方面的业务。在"分业经营，分业监管"的现行金融监管体制下，区域股权交易市场的监管必然会面临协调银行和证券两方面关系的问题，金融办可以通过各种灵活的手段，沟通协调，整合现有的金融资源，这与其现有职责十分吻合。其次，金融办自建立以来，为地方金融发展做了不少工作，有的地方已经直接明确其拥有对地方股权交易机构进行监管的职权，比较其他已有的政府部门或新设部门而言，金融办负责监管更具有优势和可行性。最后，金融办负责区域股权交易市场监管并不与中国证监会派出机构的职责相冲突。监管包括市场监管和对挂牌公司的监管，区域股权交易市场未来的挂牌公司从数量上肯定要大大超过现有的上市公司，金融办介入监管能弥补中国证监会监管力所不能及的薄弱环节，符合实际需要，因此，中国证监会派出机构理应积极配合地方政府金融办做好监管工作。

2. 先行开展区域性股权市场监管的基础性工作

国务院关于清理整顿交易场所文件中明确提出省级政府负有"按照属地管理原则"来监管地方交易场所的职责，实际上是赋予了地方政府介入区域金融市场监管的权力。地方政府应当结合本地实际对区域股权交易市场的发展作出总体规划，包括区域股权交易市场的基本体系、参与主体、监督管理、政策支持、法律保障等，通过区域股权交易市场来分步骤解决非上市公众公司等历史遗留问题，构建区域股权交易机构全过程、多层次风险监控体系，争取本地能够成为区域股权交易市场建设试点。可考虑在地方政府的主导下，以金融办为牵头部门，会同中国证监会派出机构以及省级相关主管部门等成立区域股权交易市场监管委员会，建立监管联席会议制度、信息交流机制，决定监管方面的重大问题，协调各方的监管行为，不断提高监管水平和监管效率。

3. 制定出台统一管理区域股权交易场所的地方政府规章

根据"统一监管"的原则，场外交易市场的大政方针、技术系统、交易规则、上市标准和信息披露的格式和程序由国家统一制定，各地方政府当前可根据区域股权交易市场的试行情况在自身的权限范围内作出一些相应的规定，如考虑制定《区域股权交易场所管理办法》、《区域股权交易投资者保护管理办法》、《区域股权交易市场风险防范管理办法》等政府规章，以适应场外交易市场体系逐步建立完善的要求。

（四）大力培育一流的证券中介机构和合格投资者队伍

多层次场外交易市场体系的建立，对证券中介机构的需求和要求也会大大增加，各地要力争培育国内一流的证券公司，基本形成布局合理、功能完善、服务优良、交易方式先进的证券营业网点服务体系。媒体披露未来的区域股权交市场也有可能是采取由地方政府和本地券商来共同搭建交易平台的方案,① 另外,随着场外交易的发展,做市商制度也很可能成为我国证券业的制度创新。这势必对担当此任的证券公司有着较高的要求,需要不断提升现有的地方证券公司的业务水平,进一步完善公司治理结构,不断增强竞争实力。另外,根据场外交易投资者适当性管理原则,场外交易市场必须培育合格投资者,这也需要建立和完善相关机制,吸引更多长期资金入市,大力发展机构投资者,强化投资者保护机制,加强投资者教育工作,推动投资者与区域股权交易市场的良性互动。

参考文献

[1] 周友苏主编《新证券法论》,法律出版社,2007。

[2] 参见《王岐山表态新三板迎春》,《上海证券报》2012年3月28日。

[3] 参见《证监会:正筹建场外交易市场》,《金融投资报》2012年4月6日。

[4] 祁斌:《加快多层次资本市场建设化解中小企业困局》,《人民日报》2012年2月27日。

[5] 晋人勤:《论天津股权交易所的制度构建》,载顾功耘主编《公司法律评论》卷,2009,上海人民出版社,2009。

[6] 王勇、陈达、关忠良:《场外交易市场的作用机制和发展策略研究》,《北方经济》2008年第10期。

[7] 过文俊:《海峡两岸场外交易市场比较》,《南方金融》2007年第2期。

The Thinking on the Top-Level Design of China's OTC Market

—Related to the docking of the construction of the regional financial center and the development of OTC market

Abstract: OTC market existed impersonally from the start of the development of

---

① 参见《柜台交易打头阵 场外交易市场建设步伐加快》,《证券日报》2012年3月17日。

the stock market. Current OTC is a stock market with obvious regional characteristics, which is independent of the stock exchange system. We can divide it into two parts, the third market and regional equity transaction market. Were OTC to get a big development, it should break through and improve on design from the top-level. On the basis, combing analysis of the OTC status and problems, around functional orientation of the OTC, hierarchical structure and its division standard, market regulators, transaction rules, the top-level design elucidations of insight that the development of China's OTC does not change the basic pattern of the third board market, regional equity market and governance for the main content of top-level design to convey the the author's opinion that the development of China's OTC does not change the basic pattern of the third market and regional equity transaction market, will focus on regional equity transaction market. The regional financial center should seize the opportunity, docking the development trend of OTC and take effective measures to get a new breakthrough in the realization of the path and the lead in regional.

Key Words: OTC; Top-level Design; The Construction of Regional Financial Center

B.4
差异化场外市场建设的法律思考
——基于全国市场与区域市场差异化的二维角度

彭虹 韩金飞*

摘 要:

> 本文通过对主要国家（地区）资本市场特别是场外市场的比较，结合我国非交易所市场的运行情况，以及我国数量众多的中小企业与经济发展不平衡的现实，一方面强调场外市场的建设绝不可忽视区域市场的建设，而应该建设一个包括全国性代办股份转让系统、天交所、区域股权交易所、区域产权市场、地方产权市场在内的差异化场外市场；另一方面，在全国场外市场与区域场外市场的制度具体化以及规范层面的建设方面，不仅应该关注传统融资功能，更应该关注公司治理等综合性功能的发挥。

关键词:

> 场外市场 区域股权交易所 区域产权市场

一 引言

中国证券市场为股份提供交易的合法场所仅有沪深两个证券交易所，加上代办股份转让系统，远远不能满足市场中全国 60 多万家股份制企业多样化股权流动的需求，而符合条件的非上市公众公司达 1 万家（也有人认为达 6 万~10 万家）①，如果算上全国的中小企业，更是一个庞大的数字。由于中小企业

---

* 彭虹，广东商学院教授；韩金飞，广东商学院讲师。
① 张艳：《试论我国场外证券交易市场的功能缺失与制度设计》，《技术经济与管理研究》2010年第 3 期。

是国民经济的重要组成部分，在创造 GDP、提供就业岗位、技术创新等方面的作用甚至远超过大型企业，但受多种内外部因素影响，中小企业发展面临多重约束，潜力未得到充分挖掘①，因此，如此多的中小企业急需一个能够适合其进入的集投融资、资源配置、风险定价、公司治理等于一体的资本市场。

国内外的经验说明：场外交易市场是中小企业的孵化平台，不仅能为中小企业提供金融支持，同时有助于中小企业规范治理结构、提升创新能力、理清发展战略、树立社会形象、提高声誉影响、借助金融手段做大做强②。而场外市场，至今仍是我国多层次资本市场体系的短板，存在着缺乏整体设计、法律规范不完善等问题③。长期以来，在我国资本市场发展中，场外市场与交易所市场之间发展结构不合理。

如何改变我国差异化资本市场的不合理结构，建立怎样的场外市场，已成为业内关注和探索的热门议题。而目前我国关于场外市场探索性创新的具体形式是老三板④、新三板⑤、天交所⑥、各地产权市场⑦，探索性创新

---

① 高峦主编《中国场外交易市场发展报告（2011~2012）》，社会科学文献出版社，2012，第 1 页。
② 高峦主编《中国场外交易市场发展报告（2011~2012）》，社会科学文献出版社，2012，第 2 页。
③ 我国场外股权交易市场发展模式研究课题组：《场外股权交易市场的困境摆脱：国际借鉴及启示》，《全球化与中国》2010 年第 5 期。
④ 老三板是证券公司代办股份转让系统的俗称。为解决 STAQ 和 NET 系统历史遗留的股份流通问题，2001 年 6 月 12 日，中国证监会批准了由中国证券业协会拟定的《证券公司代办股份转让服务业务试点办法》，2001 年 7 月 16 日，第一家股份公司挂牌，标志该系统正式启动。最初该系统承担两个主要功能：一是解决原 STAQ 和 NET 系统挂牌公司流通股份等历史遗留问题；二是为退市的上市公司股东持有的股权提供交易转让平台。
⑤ 新三板是中关村科技园区非上市股份有限公司股份报价转让系统的俗称。2006 年 1 月 3 日，经国务院批准，在原中国证券业协会主办的证券公司代办股份转让系统的基础上，正式启动中关村非上市股份有限公司股份报价转让系统。该系统主要承接中关村科技园区中小股份公司的股权转让，但是主要承担两大任务：一是为未来推出的创业板市场探索可行的运行规则与相关的交易制度；二是探索私募股权基金，特别是风险创业基金的退出通道。
⑥ 2008 年 9 月 26 日，经天津市政府批准，由天津产权交易中心、天津开创投资有限公司等机构共同发起组建的公司制交易所——天津股权交易所（简称"天交所"）在天津滨海新区注册营业，其专门从事"两高两非"企业股权和私募基金份额交易。高峦主编《中国场外交易市场发展报告（2011 2012）》，社会科学文献出版社，2012，第 23 页。
⑦ 2003 年初，全国已有各类产权交易机构约 220 家，其中，技术产权交易所 30 家左右。参见孙斌《220 家产权交易所谋求统一市场》，《经济观察报》2004 年 1 月 6 日；国家发展和改革委员会 2006 年 2 月《关于我国产权交易市场发展情况的调研报告》提供相同数据；（转下页注）

的理论研究主要集中在全国性场外市场的构建上,对于区域场外市场的研究甚少。

二 主要国家（地区）证券市场比较分析

从图1至图5可知：日本交易所市场挂牌企业有3307家,而绿单市场挂牌企业为82家,占挂牌企业的2%；韩国交易所市场挂牌企业1799家,而Free Board市场挂牌企业70家,占挂牌企业的4%；美国纽约证交所、纳斯达克挂牌企业家数是6016家,而电子公告板市场、粉单市场挂牌企业家数约9000家,占挂牌企业的60%。台湾证交所、柜台买卖中心挂牌企业1287家,而台湾兴柜市场、盘商市场挂牌企业约5223家,占挂牌企业的81%；中国大陆交易所市场共1991家挂牌企业,场外市场共308家（不计三板）,占挂牌企业的12%。

这些数据说明：日本、韩国、中国大陆准场外市场相对交易所市场发展不足,作为多层次资本市场金字塔塔基的场外市场本应是大量企业的集散地,为交易所市场提供优质后备资源,但是其场外市场挂牌企业数量远远少于交易所市场,相比之下,美国、中国台湾场外市场挂牌企业较多,多层次资本市场发展较充分。即便如此,相对于美国国内、台湾境内众多的中小企业而言,其场外市场挂牌企业数目不过9000家和5223家上下,也就是说大部分中小企业不能进入场外市场进行融资或寻找其他需求。

反观我国,如此差异化的市场,如果仅仅模仿西方国家,通过行政手段对我国的资本市场进行行政设计,即便我国精英对多层次资本市场的运作与设计合理,并且运作有效,乐观地预计我国的多层次资本市场之场外市场与美国OTCBB、粉单市场,台湾兴柜市场、盘商市场取得的效果相差不多的情况下,相对于中国如此之多的中小企业,也仍然是杯水车薪。新三板挂牌公司家数为

（接上页注⑦）《2005年中国产权市场年鉴》估计为200多家。根据合肥市产权交易所中心提供的数据,到2006年,全国产权机构数量上升到300家。胡经生：《证券场外交易市场发展研究》,中国财政经济出版社,2010,第284页。

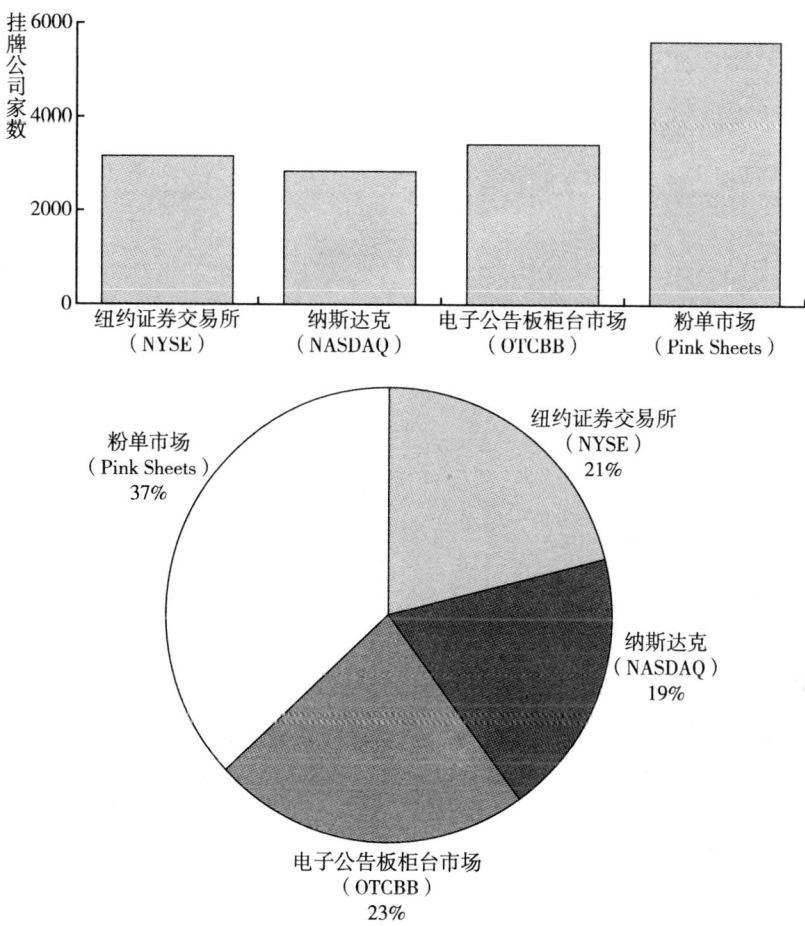

图 1　美国各层次证券市场情况（此数据截止到 2009 年底）

注：依据《证券场外交易市场发展研究》相应数据整理。

133 家[1]、天交所挂牌企业数量为 181 家[2]就是例证，即便是这些企业，也是有一定规模和一定成长性的企业，而规模、成长性无非通过赢利指标、股本等缩小版的沪深上市指标进行衡量，即便这些衡量有一定意义，且我国场外市场设计较完善，但进入该市场的企业较少，客观上也不能有效惠及更多的中小企业。

---

① 深交所网站中关村园区非上市股份公司板块，http://bjzr.gfzr.com.cn/bjzr/，2012 年 8 月 19 日。
② 天交所网站，http://www.tjsoc.com/web/default.aspx，2012 年 8 月 19 日。

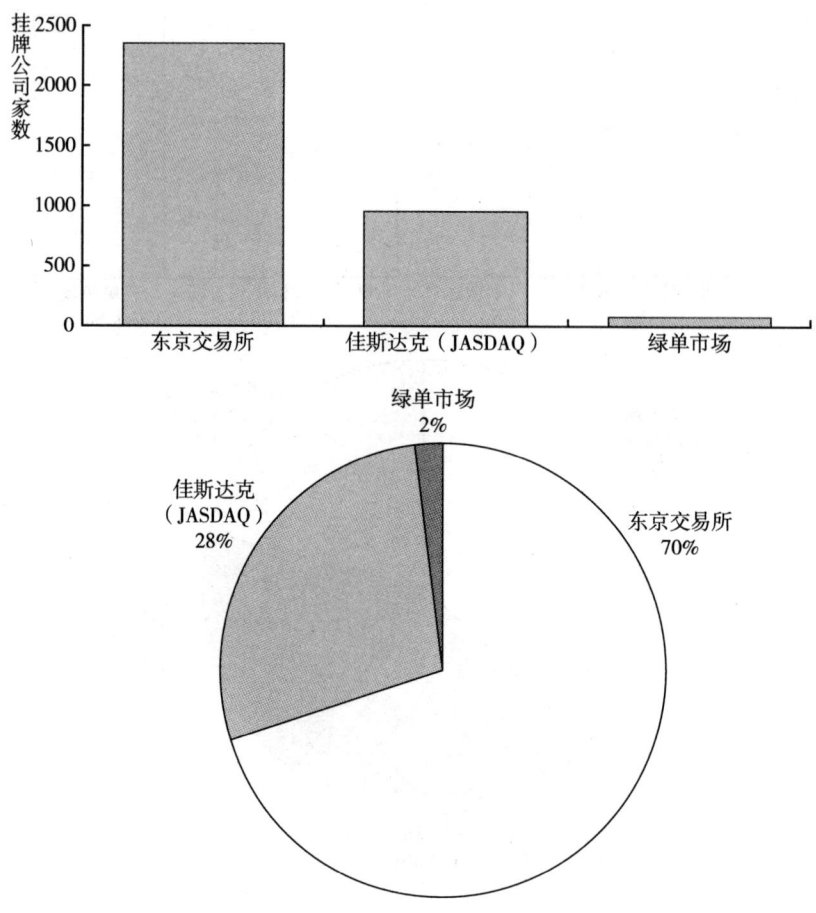

图2 日本各层次证券市场情况（此数据截止到2005年底）

注：依据《证券场外交易市场发展研究》相应数据整理。

何况，我们设计出的场外市场不一定如美国市场运行得如此畅通，如果是韩国、日本场外市场的境况，恐怕经过无数人设计并运行的场外市场又成了学者们研究场外市场建设的数据了。但是，作为经济发展到一定程度的国家，中国中小企业在目前的发展环境下，确实需要通过场外市场来募集其需要的资金，在中介机构及监管机构的努力下，主动或被动地进行公司治理，规范运营，共同为我国中小企业持续、健康发展提供智力支持。因此，中国在构建全国统一多层次资本市场的同时，绝对不可忽视区域场外市场，不管是有关专家

差异化场外市场建设的法律思考

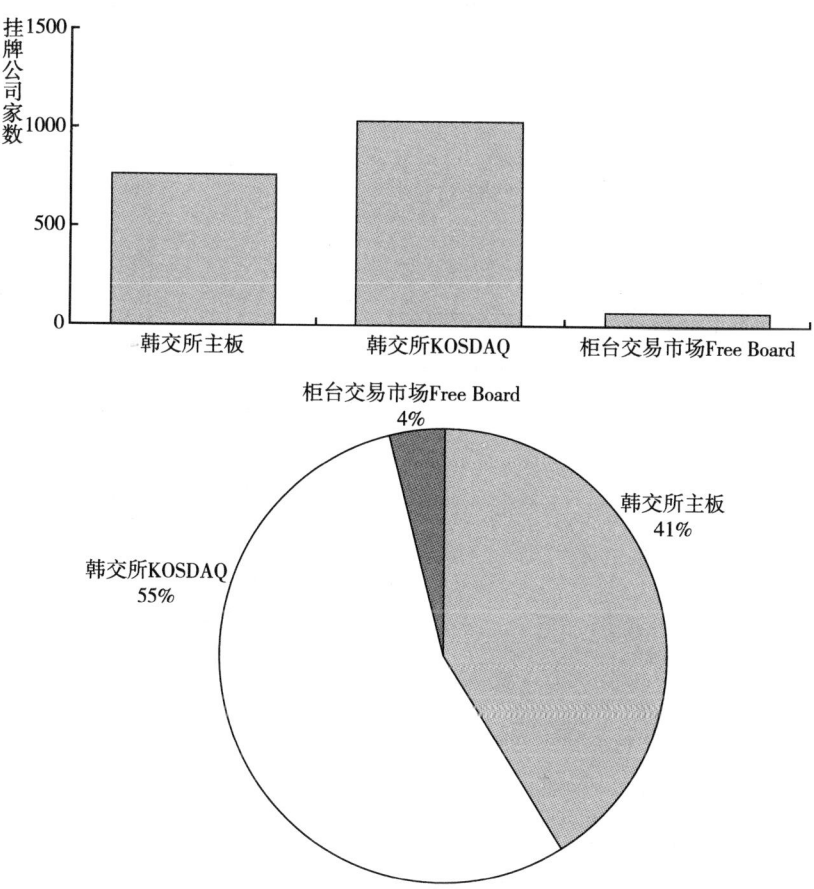

图3　韩国各层次证券市场情况（此数据截止到2008年底）

注：依据《证券场外交易市场发展研究》相应数据整理。

所说的可以拆细交易、可以连续竞价交易等进行标准化交易的股权交易所①，还是物权、债权、知识产权、技术产权、矿业权、有限公司股权等进行非标准化交易的区域产权市场、地方产权市场，无论从哪种意义上，只要该种市场能够为企业提供融资服务、规范治理服务、助推企业发展的其他衍生服务，我们均应该把该市场作为我国差异化资本市场中不可忽视的一部分认真研究并加以法律肯定与有效监管，并在市场处于发育阶段时，为其创造宽松的发展环境，并给以政策支持，让其充分调动市场参与各方的积极性。

① 胡经生：《证券场外交易市场发展研究》，中国财政经济出版社，2010，第296页。

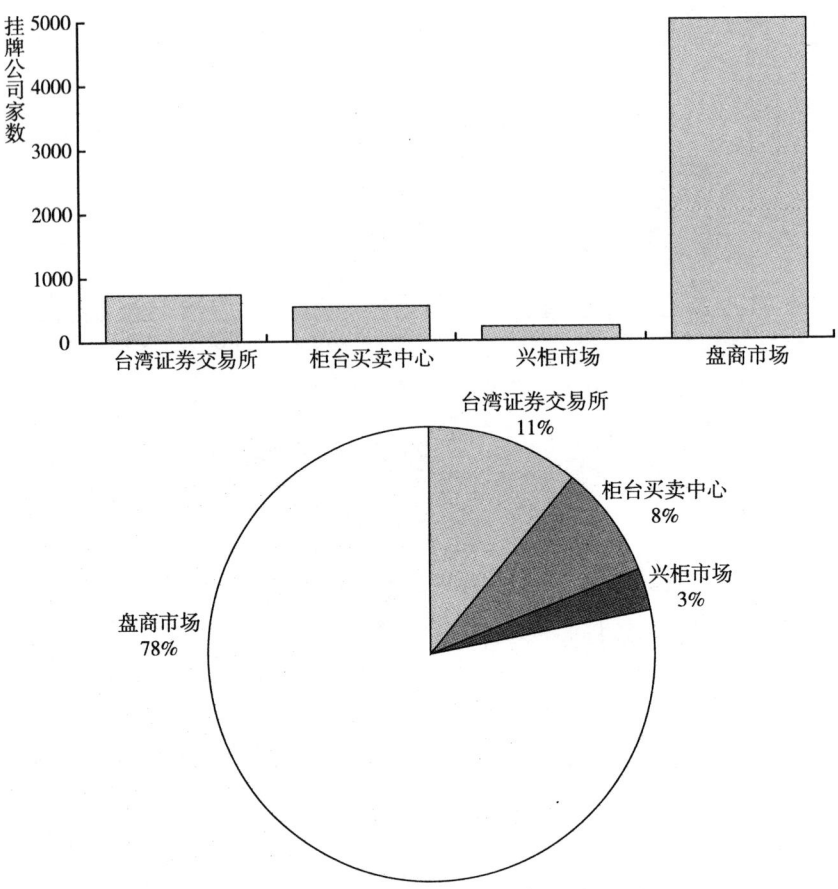

图4 中国台湾地区各层次证券市场情况（此数据截止到2009年底）

注：依据《证券场外交易市场发展研究》相应数据整理。

三 我国差异化场外市场的制度设计

从场外市场建设的国内研究现状来看，学者们主要借鉴国外全国性场外市场建设经验，即便对美国的研究也是如此，并没有对美国的区域股权交易所、区域产权市场、地方产权市场进行细致的研究，比如：哪些企业在这些区域市场进行融资与基础性公司治理，以及美国区域股权交易所、区域产权市场、地方产权市场对于美国庞大的中小企业的帮助作用体现在哪些方面等。毕竟场外

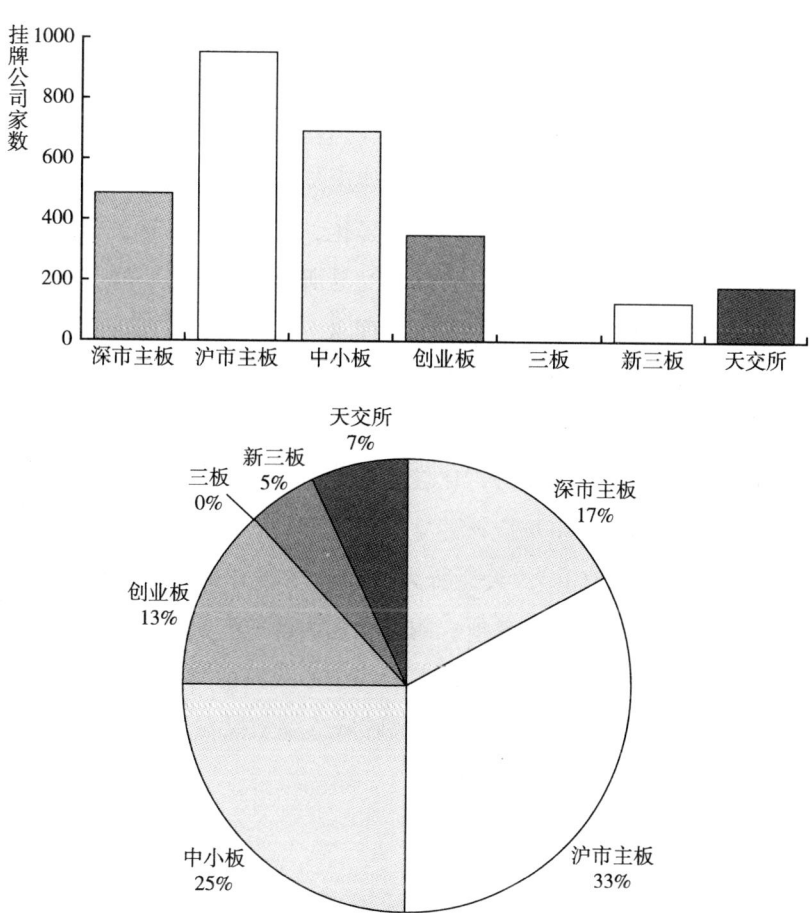

图 5　中国大陆地区多层次证券市场情况（此数据截止到 2012 年 8 月）

注：制图数据来源于各交易所网站。

市场绝不仅仅是全国统一市场，而应该包含区域场外市场，只有区域场外市场才能真正容纳尽可能多的中小企业，才能根据市场及地域特点设计出适合当地特色的场外市场，为中小企业提供服务。因为差异化的场外市场会在直接融资市场中逐步显现出两方面重要意义：一是为企业提供更大的选择空间；二是为企业的公司治理整体水平提高，提供一个覆盖面很广的基础平台[1]。

---

[1] 深圳证券交易所总经理宋丽萍在贵州"2012 亚太金融高峰论坛"的发言，http://www.szse.cn/main/aboutus/bsyw/39748233.shtml，2012 年 8 月 25 日。

多数学者在构建我国场外市场时,基本上是从发达国家与地区场外市场建设情况以及我国现存的还不成熟的市场现状展开设想,但都是在一个前提下讨论,即我国全国性场外市场的构建,而非我国差异化场外市场的构建。

笔者在借鉴发达国家及地区资本市场建设经验的同时,更多考虑到我国实际情况,认为我国场外市场的建设应该差异化、有梯度地设计,目标就是让尽量多的企业能够通过不同层次场外市场与交易所市场的积极引导,在规范公司治理、建立现代企业制度、培育公司治理理念上,借助不同层次的资本市场获取其需要的资金或其他资源,以促进其发展。同时,通过绝大多数企业的发展为我国经济社会总体发展贡献更多力量,而不是打着与国际资本市场接轨的旗号,盲目建设一个可以与国外进行比较的场外市场。

笔者以为,我国场外市场应该建立以代办股份转让系统为第一级的全国场外市场,类似美国的 OTCBB;天交所为次级全国场外市场,类似美国的粉单市场;第三级别为区域股权交易所;第四级别为区域产权市场;第五级别,也即最低级别为地方产权交易市场或产权交易中心或权证交易中心等进行非标准化交易的场所[1]。也就是说,应从全国及区域二维角度对我国场外市场的制度进行差异化设计。

(一)挂牌条件

主要国家与地区全国性场外交易市场市场准入条件,除了韩国柜台交易市场、台湾盘商市场外,基本上都有一定的门槛,要么是证券商推介等中介保荐门槛,要么是净利润、流通股等其他硬性指标。应该说对于一国统一的场外市场而言,在市场准入上进行一定的门槛设置是必要的,因为全国统一场外市场不仅承担着重要的企业资金融通、规范企业治理、实现股权流动等资本市场固有功能,其还承担着对全国其他场外市场的辐射、引领、培育功能,因此进入该市场的企业应当具有一定资质(见表1)。

---

[1] 笔者在尊重现实并借鉴国际经验的基础上对我国差异化场外市场进行了五级分层,但不代 Related to the docking of the construction of the regional financial center and the development of OTC market 表较高层次场外市场一定比较低层次场外市场好,只是不同层次市场在挂牌条件、交易制度、信息披露、转板制度甚至受监管程度方面有别,不能在较高层次市场挂牌只是说明不适宜进入该市场,不能说该企业就是劣质企业,也不等于说较高层次市场就一定优于较低层次市场。

表1 部分国家(地区)证券场外市场公司挂牌标准比较

市场		挂牌要求
美国	电子公告板柜台市场(OTCBB)	需向美国证券交易委员会注册,提交所要求的信息披露文件;至少一家证券商推荐
	粉单市场(Pink Sheet)	提交211表格;至少一家做市商愿意报价
	私募证券交易市场(PORTAL)	根据144A规则发行的证券
日本	JASDAQ(S)	净资产2亿日元以上;税前净利润1亿日元以上;流通股10万股以上;股东人数300人以上;流通市值5亿日元以上(上市日)
	JASDAQ(G)	净资产为正值
	绿单市场(Green Sheet)	具成长潜力;至少一家证券商推荐
韩国柜台交易市场		集中登记存管即可
中国台湾地区	兴柜市场	公开发行公司;至少两家证券商推荐挂牌
	盘商市场	无任何要求
俄罗斯交易系统		对三类公司均有较为严格的详细要求

资料来源:《证券场外交易市场发展研究》。

我国准场外市场关于挂牌企业的挂牌条件设置,使得进入市场的企业通过事前中介机构的治理,其基本上成为有一定价值的公司,因此出现了新三板部分企业通过IPO进入交易所市场的情况[1],也出现了天交所的股份流通利好消息[2]。这种现象与市场对挂牌企业设定一定挂牌条件的要求是有紧密联系的(详见表2)。

表2 天交所、代办股份转让系统、新三板挂牌条件比较

板块	挂牌条件
天交所	(一)传统板块 天交所传统板块针对传统行业中的中小成长性企业,根据企业规模和赢利水平不同分为全国市场和区域市场。 1. 全国市场

---

[1] 世纪瑞尔、久其软件、北陆药业已经经过IPO程序登陆中小板、创业板。参见高峦主编《中国场外交易市场发展报告(2011~2012)》,社会科学文献出版社,2012,第201页。

[2] 以2010年一至三季度数据为样本分析,天交所股权流动性高于新三板。参见高峦主编《中国场外交易市场发展报告(2011~2012)》,社会科学文献出版社,2012,第235页。

天交所	(1) 依法设立且持续经营 2 年以上的股份有限公司; (2) 最近两年连续赢利; (3) 最近两年净利润累计不少于 1000 万元(或最近一年净利润不少于 500 万元,最近一年营业收入不少于 5000 万元); (4) 最近一期末净资产不少于 2000 万元,且不存在未弥补亏损; (5) 公司股本总额不少于 1000 万元。 2. 区域市场 (1) 依法注册的股份有限公司,经营时间不少于 1 年; (2) 最近两年净利润累计不少于 500 万元; (3) 最近一期末净资产不少于 500 万元; (4) 公司股本总额不少于 500 万元。 (二) 科技创新板 科技创新板是天交所与浙江清华长三角研究院共同建设的针对"两高六新"企业的市场板块。"两高"是指高科技、高成长企业,"六新"是指新材料、新能源、新节能环保、新农业、新型服务业、新商业模式。科技创新板也有全国市场和区域市场之分。 1. 全国市场 (1) 持续经营时间应在 2 年以上; (2) 高科技或创新型企业; (3) 管理团队及核心技术人员中,应有 3 名以上具有丰富的行业从业经历; (4) 股本总额、净资产均不少于 1000 万元; (5) 最近一年营业收入增长率不低于 20%; (6) A. 最近两年连续赢利,最近两年税后净利润累计不少于 500 万元;或 B. 最近一年税后净利润不少于 300 万元,营业收入不少于 2000 万元; (7) 战略投资者对企业投资额不少于 500 万元; (8) 由天交所注册保荐机构出具:有 2 名以上行业专家签字的"企业创新成长报告"。 2. 区域市场 (1) 持续经营时间应在 1 年以上; (2) 高科技或创新型企业; (3) 管理团队及核心技术人员中,应有 3 名以上具有丰富的行业从业经历; (4) 股本总额、净资产均不少于 500 万元; (5) A. 最近一年主要产品毛利率不低于 40%,最近两年营业收入累计不少于 1000 万元,并且持续增长;或 B. 最近一年税后净利润不少于 100 万元,净资产收益率不低于 15%;或 C. 最近两年连续赢利,税后净利润增长率不低于 30%; (6) 公司经营管理计划显示,未来两年公司营业收入与净利润将持续增长; (7) 战略投资者对企业投资额不少于 100 万元; (8) 由天交所注册保荐机构出具:有 2 名以上行业专家签字的"企业创新成长报告"; (9) 区域市场挂牌企业应披露:企业出具、保荐机构签字认可的"企业经营管理计划"。 (三) 矿业板 天交所矿业板目前只针对生产型矿业类企业开放全国市场,挂牌条件除行业类型外,其他与普通板全国市场相同。 (1) 依法设立且持续经营 2 年以上的股份有限公司; (2) 生产型矿业类企业; (3) 最近两年连续赢利;

续表

天交所	(4)最近两年净利润累计不少于1000万元(或最近一年净利润不少于500万元,最近一年营业收入不少于5000万元); (5)最近一期末净资产不少于2000万元,且不存在未弥补亏损; (6)股本总额不少于1000万元。
代办股份转让系统	第十条 股份转让公司委托代办转让应具备以下条件:(一)为合法存续的股份有限公司;(二)有健全的公司组织结构;(三)登记托管的股份比例不低于可代办转让股份的50%;(四)中国证券业协会要求的其他条件。
新三板	非上市公司申请股份在代办系统挂牌,须具备以下条件: (一)中关村高新技术企业,存续满2年的股份公司。有限责任公司按原账面净资产值折股整体变更为股份有限公司的,存续期间可以从有限责任公司成立之日起计算; (二)主营业务突出,具有持续经营能力; (三)公司治理结构健全,运作规范; (四)股份发行和转让行为合法合规; (五)取得北京市人民政府出具的非上市公司股份报价转让试点资格确认函; (六)协会要求的其他条件。 同时,申请股份挂牌报价转让,须履行以下程序:董事会、股东大会决议,申请股份报价转让试点企业资格,签订推荐挂牌报价转让协议,配合推荐主办券商尽职调查,推荐主办券商向协会报送推荐挂牌备案文件,协会备案确认,股份集中登记,披露股份报价转让说明书。

资料来源:深交所、天交所网站,经笔者整理。

笔者认为,我国代办股份转让系统、天交所等场外市场应该对挂牌企业进行挂牌条件规定,以保证进入该市场的企业能够充分利用市场,活跃市场,实现股权流动性,也发挥市场正的外部性对其他市场的积极示范效应。

但是对于我国区域股票交易所、区域产权市场、地方产权市场,考虑到地方实际,为激发市场的创新能力,使其获得更宽松的环境,市场门槛可以尽量放低,特别是对于区域产权市场、地方产权市场,其主要采用非标准化交易,因此,可以借鉴韩国场外市场经验,直接采用股权集中登记存管、委托挂牌形式,即只要有企业愿意接受产权市场的规范进行治理,通过先期的股权集中登记存管,然后进行委托就可以直接在产权市场挂牌,并进行基础公司治理、信息披露、增信融资等。而对于区域股权交易所,由于其进行较多的标准化、可拆细的股票交易,因此应该规定挂牌条件,具体应该比全国场外市场挂牌条件宽松,但依然不宜太高,可以根据各地实际,由各地交易所自行规定,并报证券业协会备案监管,发挥市场导向作用。

（二）交易制度

发达资本市场的国家与地区、转轨经济国家的场外市场交易方式基本上采用具有活跃市场的做市商制度，而较低层级的场外市场则采用议价，也即线下交易、线上处理的交易模式（见表3）。

表3 各国（地区）证券场外市场交易制度汇总表

交易制度	美国			日本绿单市场（Green Sheet）	韩国柜台交易市场	中国台湾地区		俄罗斯交易系统	波兰OTC市场
	电子公告板柜台市场（OTCBB）	粉单市场（Pink Sheet）	私募证券交易市场（PORTAL）			兴柜市场	盘商市场		
做市商	√	√		√		√			√
一对一议价			√		√		√	√	
汇总	做市商	做市商	议价	做市商	议价	做市商	议价	议价	做市商

资料来源：《证券场外交易市场发展研究》。

我国现存准场外市场除了代办股份转让系统这个特殊的市场外，基本上实行的也是做市商、议价交易或者是混合交易方式。应当说，越高层次的资本市场，采用的交易方式也应该是更高效率的竞价交易方式。大量中小企业进入的市场，为了增加市场的活跃度和股权流动的速率，更应该通过做市商制度的引入，来活跃市场；而较低层次的市场，仍然可以采用议价方式为其交易方式（见表4）。

表4 天交所、代办股份转让系统、新三板交易制度比较

板块	天交所	代办股份转让系统	新三板
交易制度	混合交易制度	集合竞价	议价交易

资料来源：笔者整理。

笔者以为：代办股份转让系统一级全国场外市场应该如美国OTCBB一样采用做市商制度；天交所次级全国场外市场根据其存在特点，在适用做市商制度的基础上，可以混合适用做市商制度、竞价交易和议价制度；区域股权交易所应该采用做市商制度；区域产权市场、地方产权市场应该采用议价交易形

式，同时可以通过授权性立法形式把这些交易方式留待各地根据实际情况进行试验，并及时加以总结应用。

（三）信息披露

发达国家与地区的全国性场外市场在信息披露方面有着较为严格的要求，从年报、中报、季报、审计、临报、及时披露规则、公平披露规则到公开信息披露要求、披露渠道、信息披露违规责任、信息披露的监管机制等，这些具体的披露要求说明：一方面，不同场外市场差异化信息披露的程度不同，层次较高的市场，信息披露的项目较多，信息披露标准较严格；层次较低的市场，信息披露项目较少，信息披露标准较宽松，但是信息披露的项目与程度都是与场外市场的定位相联系的，契合度越高，交投越活跃，越能持续发展，契合度越差，市场越冷清，就不能有效发挥市场对企业的帮助作用。另一方面，与这些国家的监管方式有着密切的关系，即这些国家与地区更多地通过市场的方式，通过严格信息披露形式对企业进行监管（详见表5）。

表5　部分国家（地区）场外市场信息披露制度比较

制度	国家地区	美国			日本			韩国	台湾地区
		电子公告板柜台市场 OTCBB	粉单市场 Pink Sheets	私募证券交易市场 PORTAL	东证创业板 Mothers	佳斯达克 JASDAQ	绿单市场 Green Sheet	柜台交易市场 Free Board	兴柜市场
定期报告	年报	1999年起须披露	须披露	不需要	会计年度后90天内	与东证同	财政年度后90天内	须提交给韩国金融投资协会（KOFIA）	财政年度后120天内
	中报				会计年度后90天内	与东证同	部分公司须报送	简单格式即可，提交韩国金融投资协会	半个财政年度后60天内
	季报	1999年起须披露	不要求	不需要	第一季度和第三季度结束后一定期限内披露季报		不要求	不要求	不需要

续表

国家地区 制度		美国			日本			韩国	台湾地区
		电子公告板柜台市场 OTCBB	粉单市场 Pink Sheets	私募证券交易市场 PORTAL	东证创业板 Mothers	佳斯达克 JASDAQ	绿单市场 Green Sheet	柜台交易市场 Free Board	兴柜市场
定期报告	是否需要审计	是	否	否	是	是	无要求	是	是
临时报告		应在生效日前向美国证券交易委员会(SEC)报告公司的重大事项,包括合并、收购、改名以及其他重要事项	以下情况发生时,须向SEC提供当前信息:1.首次挂牌;2.公司内幕人士或关联人士买卖公司证券,直接或间接参与公司证券营销活动等	证券持有人转售时,无主动提供受让人任何信息的义务;但发行人应持有人要求,有向持有人指定的受让人提供公司基本营运与财务信息的义务	与重大决策、突发事件相关的信息等,须立即公告并通知主管机关与交易所	与东证类似	须报送	当公司有银行账户被冻结、主营业务中止、增资或减资、召开股东大会等事项时,必须予以公告	仅须披露对公司财务或业务有重大影响的情况,包括存款不足之退票、诉讼、重组等重大事件,而类似变更会计年度之类事项则无须披露
及时披露规则					1999年开始实施,年度后60天内披露年度决算短信,半年度后60天内披露半年度短信,决算短信不要求审计	无	无		

续表

制度\国家地区	美国 电子公告板柜台市场 OTCBB	美国 粉单市场 Pink Sheets	美国 私募证券交易市场 PORTAL	日本 东证创业板 Mothers	日本 佳斯达克 JASDAQ	日本 绿单市场 Green Sheet	韩国 柜台交易市场 Free Board	台湾地区 兴柜市场
公平披露规则							否	
公开信息披露要求	否	否	否					
披露渠道	电子申报系统EDGAR	专门披露平台(News Release & Financial Report Service)	无	报纸;东证及时披露系统TDnet	报纸	由管理券商通过TDnet向协会报送	置于指定地点供公众参阅	柜台中心股市观测站,推荐证券商网站
Sarbanes-Oxley法案要求	执行	否	否					
信息披露违规责任	中止交易等	无	无	交易所处罚	证券业协会	证券业协会	韩国金融投资协会处罚	柜台中心处罚
信息披露的监督机制	SEC	The Pink Sheets LLC	无	东京证交所	证券业协会	证券业协会	韩国金融投资协会 KOFIA	柜台买卖中心

资料来源:《证券场外交易市场发展研究》,已经过笔者整理。

天交所与代办股份转让系统信息披露的形式基本一致,而且主要包括抽象性标准信息披露,同时也如国外资本市场对年报、中报、季报、临报等形式有着要求,而新三板披露信息形式更向主板市场靠近,同时也有自己的差异化信息披露形式(见表6)。

笔者认为:信息披露不仅是资本市场的灵魂[1],而且是政府发挥市场监管

---

[1] 只有信息真实,投资者才能信以为真,而后开展相应的投资,市场才能因此而活跃,企业的股份才能加快流通,企业才能如愿以偿地融资,市场才能健康发展,所以信息披露是资本市场的灵魂。

表6 天交所、代办股份转让系统、新三板信息披露制度比较

板块	天交所	代办股份转让系统	新三板
信息披露	第六条 公司应当履行下列信息披露的基本义务： （一）及时披露所有可能对公司股份转让价格产生重大影响的信息； （二）及时澄清与公司有关的、非正式披露的信息； （三）保证信息披露内容真实、准确、完整，没有虚假记载、误导性陈述或者重大遗漏。 公司应当公开披露的信息包括定期报告和临时报告。年度报告、中期报告和季度报告为定期报告，其他报告为临时报告	第六条 公司应当履行下列信息披露的基本义务： （一）及时披露所有可能对公司股份转让价格产生重大影响的信息； （二）及时澄清与公司有关的、非正式披露的信息； （三）保证信息披露内容真实、准确、完整，没有虚假记载、误导性陈述或者重大遗漏。 公司对履行以上基本义务有任何疑问的，应当向主办券商咨询；公司不能确定有关事件是否需及时披露的，应当及时报告主办券商，必要时需经中国证券业协会批准，决定是否需要披露及披露的时间和方式。 第八条 公司应当公开披露的信息包括定期报告和临时报告。年度报告、中期报告和季度报告为定期报告，其他报告为临时报告	第六十四条 股份挂牌前，非上市公司至少应当披露股份报价转让说明书。股份挂牌后，挂牌公司至少应当披露年度报告、半年度报告和临时报告。 第六十五条 挂牌公司披露的财务信息至少应当包括资产负债表、利润表、现金流量表以及主要项目的附注。 第六十六条 挂牌公司披露的年度财务报告应当经会计师事务所审计。 第六十七条 挂牌公司未在规定期限内披露年度报告或连续三年亏损的，实行特别处理。 第六十八条 挂牌公司有限售期的股份解除转让限制前一报价日，挂牌公司须发布股份解除转让限制公告。 第六十九条 挂牌公司可参照上市公司信息披露标准，自愿进行更为充分的信息披露。 第七十条 挂牌公司披露的信息应当通过专门网站发布，在其他媒体披露信息的时间不得早于专门网站的披露时间

资料来源：深交所、天交所网站，经笔者整理。

的有效方式，所以，我国全国统一场外市场的信息披露应该比照发达国家场外市场建设的经验以及国内的准场外市场的试验情况，对挂牌企业进行强制性的信息披露，而对于区域股权交易所、区域产权市场、地方产权市场，信息披露的权利应该留给市场继续检验，而不可一刀切执行全国性场外市场的信息披露规则，不然就会阻碍金字塔塔基的区域股权交易所、区域产权市场、地方产权市场的发育，导致真正服务更庞大数量的中小企业的区域场外市场不能发挥灵活性、地域性、试验田的功能。

（四）转板制度

美国场外市场建立了转板制度，而且这种制度是实质性的，充分说明了转

板制度可以帮助挂牌企业进行有效流动。反观我国,场外市场没有得到法律肯定和认可,交易所市场也没有建立转板制度。可喜的是天交所在建立转板制度方面进行了有益尝试[①],特别是中关村挂牌的3家企业世纪瑞尔、久其软件、北陆药业已经经过IPO程序登陆中小板、创业板,有数家中关村公司处于证监会待审状态。许多公司基于明确的转板预期而选择在中关村挂牌。这些现象已经预示着挂牌企业有转板需求,因此从差异化资本市场建设需要出发,应该依据市场的选择安排与之匹配的制度与法律规范,转板制度的建设已是差异化资本市场之必需(见表7)。

表7 OTC转板到纳斯达克公司数量

年份	2003	2004	2005	2006	2007	2008	2009
公司家数	43	39	60	47	75	45	47

资料来源:NASDAQ网站。

根据我国资本市场转板机制的现状,笔者认为可以做如下设计:

1. 交易所内部不同板块之间的转板

交易所内部不同板块之间的转板,是指挂牌创业板的企业可以因为其各项指标满足了主板的要求,而通过中介机构的审核,并向交易所提出申请,交易所认为其符合主板条件,且有中介机构的相应审核,则挂牌创业板的企业可以通过转板通道进入主板挂牌。

2. 场外交易市场之间的转板

按照本文的设计,我国场外市场从低到高,有地方产权市场、区域产权市场、区域股权交易所、全国性场外次级市场(天交所)、全国性场外一级市场(代办股份转让系统),在这些板块之间也应该建立转板机制,以保证企业可以通过低层次场外市场进入较高层次场外市场或者通过较高层次的场外市场进入较低层次的场外市场。比如,20世纪90年代,美国对OTCBB这个全国性场外市场提高了标准和级别,导致数千家企业自动通过转板机制"搬迁"到了标准要求更低的粉单市场,实现了从较高层次场外市场向较低层次场外市场的流动。

---

① 天交所已经在交易所内部传统行业板、科技创新板的全国市场层次、区域市场层次建立了转板制度。参见http://www.tjsoc.com/web/about.aspx,2012年8月30日。

3. 场外市场与交易所市场之间的转板

这就如同表2所揭示的从OTC市场转板到交易所市场，只要OTC市场挂牌的公司业绩良好，达到交易所市场对公司挂牌的要求，即可以通过中介机构审核，然后向交易所提出申请。只有这样，才能发挥场外市场对交易所市场的贡献力，也才能对有意通过转板机制进入交易所市场的企业有足够的吸引力，活跃场外市场。比如，2001年NASDAQ通过公司化改制，选择了在粉单市场挂牌交易，2006年后，通过转板机制进入NASDAQ市场进行交易。

作为对转板机制的补充，建立相应的降板机制也是必要的，要保证场外市场、交易所市场两场之间的顺畅流通，既有向上流动，也应该有向下流动。当然向下流动绝不是挂牌企业被否定评价的一种表现，它应当包括挂牌企业确实不符合较高层次市场的要求，而通过转板机制进入较低层次市场，也包括企业出于成本或者其他考虑自动申请到较低层次市场进行挂牌。比如，在《萨班斯—奥克斯利法》出台后，不少在纽交所、NASDAQ上市的企业，觉得继续在这里挂牌不合算，就主动选择"搬迁"到了OTCBB、粉单市场，有些甚至迁到了英国的AIM①市场②。

代办股份转让系统③主要挂牌企业来源就是从主板退市的公司，也即降板机制应该包括交易所市场内部向下流动，即不符合主板上市的公司可以通过降板机制进入创业板市场，如果还不符合创业板的信息披露、财务等指标，可以继续降板场外市场或者直接退市。比如：深交所参照海外经验，引入市场化退市指标，股价持续跌破面值的应当退市，新的退市制度充分发挥市场自身的

---

① AIM（Alternative Investments Market）1995年6月19日成立，主要是为了给正在成长、还没有达到主板市场上市标准的公司提供平台，拓宽其在资本市场上的融资途径。AIM附属于伦敦证券交易所，受伦敦证券交易所管辖，其有独立的运作规则，上市标准低，实行保荐人制度，其又被称为二板市场。参见高峦主编《中国场外交易市场发展报告（2009~2010）》，社会科学文献出版社，2009，第204页。

② 深圳证券交易所总经理宋丽萍在贵州"2012亚太金融高峰论坛"的发言，http://www.szse.cn/main/aboutus/bsyw/39748233.shtml，2012年8月25日。

③ 代办股份转让系统包括证券公司代办股份转让系统与中关村科技园区非上市股份有限公司进入证券公司代办股份转让系统，一般代办股份转让系统指证券公司代办股份转让系统，也即三板，又被称为老三板。参见高峦主编《中国场外交易市场发展报告（2011~2012）》，社会科学文献出版社，2012，第200页。

作用,在触发或者可能触发退市条件的情况下,鼓励公司自愿选择并主动退市。公司退市后经过自身努力或重组,如符合条件还可以重新上市回到交易所进行交易,不需要经过证监会核准,真正实现退市的市场化、正常化、常态化①。事实上,依据本文的设计,交易所被退市或者自愿退市的企业可以继续通过降板机制进入场外市场。总之要保证交易所市场各板块、场外市场各层次、交易所市场与场外市场之间的上下流通,打造一个既能与国际资本市场接轨,又能符合中国当下实际情况,同时真正为大多数企业提供获取较低成本资金和其他资源的差异化资本市场。

四 对我国差异化场外市场建设的构想

差异化场外市场建设需要引入先进的制度,同时更需要符合本国的实际,但这一切都离不开一国法律的保驾护航,所以,通过法律形式对我国差异化场外市场探索、借鉴、建设的优异成果进行固化,以更有效发挥其正面作用。改革开放30多年的事实证明,市场的发展有其自身规律,市场的问题要依据市场规律来解决,政府对于市场发展的职能与权益就在于能够依据市场的选择安排与之匹配的制度与法律规范,在于引导创新、鼓励创新、最大限度地扶持探索性创新②。为此,在借鉴发达国家场外市场建设经验的基础上,结合我国,特别是珠三角地区中小微企业众多③,且对非传统融资④、直接融资不是很熟悉的情况,充分注意全国统一场外市场与区域场外市场⑤建设的差异性,笔者对我国差异化场外市场建设的构想如下:

---

① 深圳证券交易所总经理宋丽萍在贵州"2012亚太金融高峰论坛"的发言,http://www.szse.cn/main/aboutus/bsyw/39748233.shtml,2012年8月25日。
② 周密、邓向荣等:《探索与创新:2000年后场外交易市场考察》,载高峦主编《中国场外市场发展报告(2009~2010)》,社会科学文献出版社,2009,第120~121页。
③ 珠三角制造业重镇佛山金融局相关统计数据显示,佛山拥有34万多家企业,其中中小型企业占据99%以上,推而广之,整个中国的中小微企业众多。
④ 据银行等金融机构监管部门披露,多数中小企业对各种融资方式尤其是非传统的融资途径并不熟悉,比如:部分农信社设立的小企业专营中心、中国银行的"信贷工厂"、担保基金、中小企业集合信托计划、区域集优债券、知识产权质押贷款等。
⑤ 依据本文的设计,区域场外市场包括区域股权交易所、区域产权市场、地方产权市场。

（一）法律依据

场外交易市场的健康发展离不开一国法律的保驾护航，国际上主要发达国家和地区都对场外交易市场作出明确的法律规范。美国于 1938 年对《1934 年证券交易法》进行首次修正，使原来只适用于证券交易所的《证券交易法》的管辖范围延伸到 OTC 市场，对场外交易证券的登记注册、经纪人和买卖商的资格和行为规范、交易证券等问题都作出了具体规定。日本早在 1963 年就设立了 OTC 店头市场，直到 1983 年日本政府着手进行了完善法律规范等一系列改革之后，店头市场才有了转机。1998 年 12 月，店头市场正式改名为佳斯达克市场，并对《证券交易法》再次进行修改，进一步强化佳斯达克市场的法律地位，将其明确定位为《证券交易法》规范下的店头市场，即与集中交易平行的并与其竞争的独立市场。[1] 由此可知，法律规范不仅给场外市场一个合法的外衣，同时也极大地促进了场外市场的健康发展。

从世界各国的实践来看，场外市场与交易所市场是一国证券市场不可缺少的组成部分，《证券法》理应把交易所市场与场外市场都纳入其调整范围，这对于把证券发行关系、证券交易关系和证券监管关系作为其调整对象的《证券法》而言，以及对我国资本市场的稳步推进而言，都是非常必要的。"很难想象占金融市场总交易量 80% 左右的场外交易市场会游离于《证券法》监管之外。"[2]

当下，正值我国《证券法》修改热议之时，特别是近期国务院及其他相关部门出台了有关非上市股份公司股票在场外交易市场流转的政策法规，[3] 加之我

---

[1] 高峦主编《中国场外交易市场发展报告（2009~2010）》，社会科学文献出版社，2009，第 374 页。

[2] 叶林著《证券法》（第 2 版），中国人民大学出版社，2006，第 99 页。

[3] 《证券法》第 39 条规定：依法公开发行的股票、公司债券及其他证券，应当在依法设立的证券交易所上市交易或者在国务院批准的其他证券交易场所转让。在这条被视为证券市场建设中的一般条款中，其他证券交易所的合法化条件为"国务院批准"。具体参见李政辉《场外交易市场制度创新的比较法视野》，《上海金融》创刊 30 周年征文。

国构建全国统一场外市场与区域场外市场的条件已基本成熟①，因此《证券法》再次修改时，可以规定我国证券市场包括证券场外市场与证券场内市场，全国性场外市场与区域性场外市场，具体制度由国务院或者证监会等监管部门另行制定相关法规或规章。

（二）功能定位

学者们普遍认为场外市场建设主要是为中小企业融资，并能拓展我国资本市场的深度与广度，有效促进交易所市场发展，与国际资本市场接轨等②。究其原因，学者们归纳场外市场功能定位时，普遍基于全国性场外市场的构建这个前提，而没有注意到本文提到的不可忽视的事实——我国数量庞大的中小微企业融资难、治理乱、发展缓、创新差。

笔者认为，场外市场建设应切实为企业服务，其功能定位不能简单模仿国际资本市场的通常功能，更应该考虑国内实际，除了大家形成共识的资本市场通常功能之外，我国区域场外市场可在以下方面发挥其功能③：

---

① 有学者认为必须赋予场外交易市场合法地位，在法律性质上明确其为我国多层次证券市场体系的组成部分，与证券交易所市场相辅相成、互相补充，共同构成完整的证券市场体系。参见李响玲、周庆丰《试论我国场外交易市场法律制度的完善》，《证券市场导报》2010年9月号。

② 也有学者认为，场外市场的基本功能是股份报价转让功能、形成公司控制权市场、适度融资功能等，具体表述见马达《我国场外交易市场运作模式研究》，《南方金融》2007年第11期；胡经生：《证券场外交易市场发展研究》，中国财政经济出版社，2010。

③ 笔者参与了上海联合产权（佛山）中小企业产权交易所的规划建设过程，作为针对中小民营企业进行服务的产权市场，其重要作用就在于发挥联系多方战略资源，对中小民营企业进行公司治理、内部控制、外部制衡，然后把这些健康信息通过信息披露方式定向披露或者非定向披露，一方面为其标准化交易提供流通砝码；另一方面为其非标准化交易提供股权质押贷款、知识产权质押贷款、矿业权质押贷款，甚至可以为其提供营销网络、战略规划等，相对于全国性场外市场进行标准化、可拆细的交易，主要通过较高入场门槛引导企业规范治理、梯度发展而言，区域场外市场，特别是区域产权市场提供的是保姆式的规范治理、销售网络辅助、品管战略管理等直接服务。这种有梯度、分工有别的全国及区域场外市场能够相互补充，既发挥全国场外市场的引导功能，又发挥区域场外市场的直接帮助功能、灵活处理功能，共同为数量庞大的中国中小企业，特别是民营企业，通过公司治理、规范运营、内部控制、外部制衡来打造现代公司治理制度，传播公司治理理念，让我国的中小民营企业生命周期延长，同时更有效、更全面地发挥场外市场对中小企业的帮助作用，而不仅仅是为了构建一个可与国外相比较的场外市场。

1. 公司治理层面

规范公司治理是公司进入资本市场之必需，不管公司进入何种形式的资本市场，如果公司治理混乱，就算进入资本市场之相应板块，其也很难通过资本市场的功能获取需要的资源，而对于广大中小微企业来说，公司治理等现代企业制度，一直是其软肋。如今产品市场的全球化竞争日趋激烈，在更多中国企业走向国际舞台的大背景下，这根软肋，无论是在竞争中，还是在与国际社会的交流中，都会越来越显著地暴露出来。场外市场发展，可以为更多的企业建立现代企业制度，完善公司治理外部约束机制，提供一个基础性平台。

场外市场之区域市场作为一个差异化市场能够充分联系参与各方，并充分发挥参与各方的优势。通过参与的会计师、律师、券商等中介机构为进入市场的企业进行公司治理，一方面为企业做出实质性管理改进，主动规范公司治理；另一方面把企业信息通过差异化信息披露方式[①]进行定向披露或非定向披露，进而增加企业信用，实现其在较低层次场外市场的标准化交易之股份流通，或者非标准化交易之资产变现或间接融资等。

2. 营销网络层面

区域场外市场，特别是区域产权市场、地方产权市场由于门槛低或者没有门槛，入场企业数量大、门类全、需求各异、优势各异。区域产权市场、地方产权市场就可以对入场企业进行细分处理，把不同企业的需求进行撮合，可以为不同行业企业的上下游建立联系，打开通道，为入场企业之销售提供撮合机会，客观上为中小微企业的营销网络的建立提供了平台。

3. 战略规划层面

区域场外市场通过相互之间的联合，以及与较高场外市场甚至交易所市场的资源共享、力量共享，并发挥市场参与各方，尤其是中介机构的力量，对相

---

① 笔者参与了上海联合产权（佛山）中小企业产权交易所的建设过程，该交易所作为地方产权市场，主要面向该地方的中小民营企业，根据地区特点，在信息披露上实行市场导向，把该信息披露通过定向披露、非定向披露方式向一般投资者、PE 投资者、银行等金融机构贷款方提供信息，从而一方面迎合市场需求；另一方面通过定向披露方式为企业增信，提高了企业通过 PE 融资或银行间接融资（股权质押贷款、知识产权质押贷款）的概率。

关行业展开分析,并运用入场企业的发展特点,为入场企业提供战略规划服务。

4. 转型升级层面

区域场外市场灵活度高,交易品种多,参与主体多样,特别是场外市场之区域产权市场、地方产权市场,完全可以通过技术产权的流转实现企业的转型升级,真正为中小企业提供差异化服务,而不仅仅提供融资服务。

(三)监管体系

考虑到其他国家与地区的监管制度,同时结合我国全国及区域场外二维市场的构建,我国应建立综合化的场外市场监管制度。

1. 政府监管与自律监管

我国现存的准场外市场的监管体系是政府监管与自律监管、市场监管并行的混合监管模式。美国场外市场监管、行业自律监管发挥了重要作用,美国金融行业监管局 FINRA 是场外交易市场的主要自律监管机构,其监管内容主要包括:贯彻、执行证券管理部门政策,制定场外交易证券交易法规、规范及会员行为准则;检查、监督会员的日常经营活动,对违反协会规章或联邦证券法的会员公司及注册的会员进行惩处;收集和发布在场外交易市场上的证券报价信息;连续不断地对市场上的证券交易活动进行监督,防止不正当交易的发生①。所以对于全国性场外市场主要是政府监管与自律监管相结合,即证监会统一对全国性场外市场进行监管,并主要通过规章、政策之制定进行监管,证券业协会可以借鉴美国之经验,通过证监会的权力让渡来获取与其功能发挥相适应的监管权力(见表8)。

表8 我国准场外市场监管情况

板块	天交所	代办股份转让系统	新三板
监管机构	天津市政府	中国证监会	证券业协会、交易所

资料来源:笔者整理。

---

① 秦洪军、刘忠燕:《美国场外交易市场的监管及其启示》,《金融与经济》2010年第8期。

2. 功能监管与多头监管

我国场外市场包括全国统一的标准化、可拆细的股票交易、基金份额交易和区域场外市场的股份交易、产权交易。最基层的场外市场进行的多是非标准化的产权交易，而该产权还没有被证券化之前，很难被证监会或证券业协会监管，只能由其他政府部门，诸如国资委、工商局、商务局、房管局、国土局等监管。对于已经被证券化的交易品种，不管是在全国性场外市场交易还是在区域性场外市场交易，都应当受到证监会的统一监管。

3. 中介监管与市场监管

我国场外市场层次丰富，规模庞大，行政力量对场外市场的监管注定是不够的，还必须依靠市场自身遵循场外市场发展的规律，因为市场自身是最了解自己的，比如最低层次的产权市场，可以充分发挥入场企业的保证人、保荐人、律师、会计师、券商等中介机构通过形式多样的法律文件向市场进行担保的功能，同时产权市场作为一个市场而非中介，也通过自己设计的市场准入条件、信息披露制度、退出机制、违约制度等实现对进场企业的市场监管。

4. 中央监管与地方监管

我国场外市场层次多、数量大，仅仅依靠证监会与证券业协会是不够的，特别是区域性股权交易所、区域性产权市场、地方产权市场，只有地方政府也参与进来，方可更有效地实施监管。因为地方政府本身也是区域性股权交易所、区域性产权市场、地方产权市场的培育主体，包括政策支持、财政补助等，其有权力也有义务对区域性场外市场进行监管。

（四）政策支持

从我国准场外市场发展的情况来看，缺乏政策支持的连续性与地方性政策支持，学者们、实务专家们往往把场外市场的构建更多地认为是全国性场外市场的构建，反映到政策支持层面就是向中央要政策。而事实是根据我国行政体制，在资本市场领域和其他领域，中央政策都需要地方去执行，从省级政府到市县级政府，每一级政府都要制定政策。一方面对中央政策进行执行；另一方面从本地实际进行具体细化，让中央宏观政策变成可以在本地适用的制度。反映在场外市场建设层面,不仅有全国市场的建设,更需广泛性、代表性、创新性且体现中国差异化区域情况的场外市场的建设,这就不仅需要中央层面的政策支持、制度供给,更需要地方党委、政府对区域场外市场的建设给予政策支持和环境营造。只有这样,包含证券场外市场与场内市场、全国场外市场与区域场外市场的差异化资本市场方能有效建立,真正为一方中小微企业提供融资服务,同时为企业治理贡献政策力量。

参考文献

[1] 张艳:《试论我国场外证券交易市场的功能缺失与制度设计》,《技术经济与管理研究》2010 年第 3 期。

[2] 高峦主编《中国场外交易市场发展报告(2011~2012)》,社会科学文献出版社,2012。

[3] 我国场外股权交易市场发展模式研究课题组:《场外股权交易市场的困境摆脱:国际借鉴及启示》,《全球化与中国》2010 年第 5 期。

[4] 胡经生:《证券场外交易市场发展研究》,中国财政经济出版社,2010,第 284 页。

[5] 深交所网站中关村园区非上市股份公司板块,http://bjzr.gfzr.com.cn/bjzr/,2012 年 8 月 19 日。

[6] 深圳证券交易所总经理宋丽萍在贵州"2012 亚太金融高峰论坛"的发言,载 http://www.szse.cn/main/aboutus/bsyw/39748233.shtml,2012 年 8 月 25 日。

[7] 周密、邓向荣等:《探索与创新:2000 年后场外交易市场考察》,载高峦主编《中国场外市场发展报告(2009~2010)》,社会科学文献出版社,2009。

[8] 叶林:《证券法》(第 2 版),中国人民大学出版社,2006。

[9] 李政辉:《场外交易市场制度创新的比较法视野》,《上海金融》创刊 30 周年征文。

[10] 李响玲、周庆丰:《试论我国场外交易市场法律制度的完善》,《证券市场导报》2010 年 9 月号。

[11] 秦洪军、刘忠燕:《美国场外交易市场的监管及其启示》,《金融与经济》2010 年第 8 期。

The Thinking on the Laws about Differential Construction of OTC Market

—Two-dimensional point of view based on the discrepancies between national and regional market

Abstract: This article through the comparison of the capital market from the main countries (regions), especially OTC market, combined with our country's market operation, as well as china's numerous small and medium-sized enterprise and economic development according to the reality of unbalanced, on the one hand, emphasize the construction of the regional market, on the other hand, in the OTC market and regional market system crystallize, and regulate the construction level, not only should pay attention to the traditional financing function, more should comprehensive function of the play.

Key Words: OTC Market; Regional OTC Equity Market Exchange; Regional Property Right Trade Market

借鉴篇

Referance Papers

B.5
台湾兴柜市场的法律实践及对大陆资本市场的借鉴

强 力 王莹莹[*]

摘 要：

台湾兴柜股票市场主要为非上市上柜公司提供融资和股份转让服务，同时为台湾证券交易所和证券柜台买卖中心培育上市上柜公司。其市场建设和制度创新体现出法律实践中的本土化与国际化成功融合的特征。相比之下，大陆低层次资本市场法律制度的建设略显滞后与保守，应该在入市门槛、做市商制度、交易机制、信息披露机制以及转板和退市机制方面借鉴台湾兴柜股票市场的创新理念和立法技术，避免在多层次资本市场的建设上走弯路。

关键词：

兴柜股票市场 场外交易 低层次资本市场

---

[*] 强力，西北政法大学经济法学院院长，教授；王莹莹，西北政法大学经济法学院，副教授。

场外交易市场是证券市场最初和最古老的形式,是指证券交易所外的所有证券交易场所,又叫柜台交易市场、店头交易市场。① 在成熟的资本市场体系中,场外交易市场是多层次资本市场体系的重要组成部分,是在主板市场成立前就存在的完整体系。有学者指出,虽然交易所市场在提高直接融资效率和促进虚拟经济发展方面有着场外交易市场不可比拟的强大功能,但后者不仅没有因前者的发展而失去其存在价值,而且其规模反而因前者的发展而扩大。② 台湾资本市场系由证券交易所、柜台市场、兴柜市场和盘商市场构成的多层次资本市场体系。台湾场外市场的经验对大陆建设多层次证券市场,特别是兴柜市场的发展经验对于大陆低层次资本市场的发展具有重要的借鉴意义。中小企业上市一个途径是直接上市,另一个途径是从低层次转板,向高层次过渡。"我们认为其(中小企业)上市的路径应该从低层次开始逐步转到高层次,这样稳健一点,必然加快创业改革与海外市场建设的步伐。"③

一 台湾兴柜股票市场的设立背景

台湾的证券交易所成立于 1962 年,之后场外交易曾一度不被法律认可,直到 1968 年《证券交易法》的颁布,柜台交易才获得了合法地位,然而由于与之配套的政策和措施的缺乏,场外交易市场的发展非常缓慢。④ 这种缓慢发展状态一直持续到 1982 年台湾制定《证券商营业处所买卖有价证券管理办法》之后,立法正式允许有价证券在场外交易市场进行交易,从此场外交易开始逐步复兴。但是由于交易流程非常不便,价格形成不透明,买卖撮合困

---

① See Bozena Chovancova, Tomas Gregor: Over-the-Counter Markets and Their Role in the Financial System, Financial Market, October 2003 (10).
② 参见(台湾)林宜男《健全兴柜股票交易机制——推荐证券商资格之松绑》,《中正法学集刊》2003 年第 11 期;过文俊:《场外交易市场改革:台湾之鉴与大陆所向》,《第五届国有经济论坛"海峡两岸企业改革与重组"学术研讨会论文集(2005)》。
③ 深交所总经理宋丽萍曾在深圳举行的"2007 资本中国年会"上表示,中小企业的上市路径应该由低层次开始逐步转到较高层次的市场。
④ 参见(台湾)杨明杰《上柜新制简介》,《证券柜台》2004 年第 103 期;楚义芳、姜晶晶:《台湾证券柜台买卖市场的发展及其对大陆建设全国性 OTC 市场的启示》,《港口经济》2011 年第 7 期。

难，致使成交量很小，上柜股票流动性差，最终导致发行市场规模过小，无法吸引投资人的兴趣，造成初级市场与次级市场之间的恶性循环。进入 21 世纪之后，台湾加快了柜台买卖中心制度创新的步伐，一是对柜台买卖中心进行重新定位，降低中小企业上柜的门槛；二是强化对上柜公司的监管；三是鼓励那些符合证券交易所上市条件的公司转至证券交易所上市。① 其中最显著的举措之一就是 2002 年初建立了兴柜股票市场，将未上市或未上柜的股票纳入管理范围，股票在兴柜市场挂牌几乎没有门槛。

兴柜股票市场设置的一个主要目的，是要取代当时不规范的以盘商中介为主的未上市上柜股票交易。长期以来，此类股票发行公司财务、经营状况不及时公开，交易信息不明，甚至假股票充斥，盘商操纵股价，造成损害投资人利益的事情经常发生。改革未上市上柜股票交易制度就成为证券市场改革的重要内容。在改革过程中，台湾有关部门曾规划建立"报备股票制度"与"登陆股票制度"，也曾计划建立类似香港的"二板市场"，均未能达成共识，最后则确定为"兴柜股票"。② 依照《兴柜股票买卖办法》的规定，兴柜股票必须是已经申请上市上柜、还未正式上市上柜之前的公开发行公司发行且经过"柜台买卖中心"核准在证券商营业处所议价买卖的股票。

兴柜开市之初，交易有些混乱，甚至交易系统堵塞。其主要原因：一是硬件不完备，证券商之间没有完全连线，影响交易；二是投资人对兴柜交易规划还不十分熟悉；三是给付结算日在交易后 1 日完成。尽管如此，证券商对兴柜市场表现出极大热情，积极争取商机，随后出现证券商联谊组织。元京证券公司联合大华、倍利、富邦、台证、建弘、元富、金鼎等证券公司组成一个新的证券商联盟，试图填补兴柜交易的一些缺失，提供包括所有买、卖盘价的完整信息，为投资人提供便利，以争取市场份额与利益。③ 该联盟成立后，吸引不少证券商加入。同时，其他证券商也有意筹组新的联谊组织，争取市场商机。尽管兴柜股票的发行公司规模小，知名度不高，风险大，但其成长机会与发展

---

① 左英霞：《台湾场外交易市场的发展及其对我国的启示》，《中国市场》2012 年第 6 期。
② 王建民：《台湾第三类股票交易市场兴柜股市上路》，中国网，2012 年 7 月 9 日访问。
③ 王建民：《台湾第三类股票交易市场兴柜股市上路》，中国网，2012 年 7 月 9 日访问。

空间也大,回报也就越高。同时,由于兴柜股市交易条件宽松,机制简单,对中小企业与投资人具有很大吸引力,对投资人与投资机构提供了新的投资工具与机会。① 截至 2011 年 4 月底,兴柜市场挂牌公司达到 284 家,总市值 8395.63 亿新台币。②

兴柜市场的建立成为台湾资本市场最令人关注的金融创新之一。这一低层次的场外交易市场不仅与高层次的场外交易市场之间存在很强的互补性,而且也为包括交易所市场在内的多层次资本市场体系和谐发展奠定了基础;同时发展低层次场外交易市场的制度安排,有助于克服高层次资本市场垄断引致的股市内幕交易。③

二 台湾兴柜股票市场的法律规制内容及特点

台湾资本市场发展至今形成了多层次、多功能的分布结构,包括证券交易所、柜台买卖中心、期货交易所和集中保管结算所。兴柜股票市场处于台湾场外交易市场结构的低层级,与高层级市场垂直分工,相互衔接补充,为处于不同层次的中小型企业提供了融资平台。

(一)入市机制

台湾柜台买卖中心实行强制性的兴柜市场登陆运行、辅导和相应的市场宽入制度。自 2005 年起,要求拟上市、上柜公司,需先在兴柜市场中登陆运行 6 个月后才可以着手准备上市或上柜。该板块挂牌时采取的是证券公司备案制,登陆时无实质性审查,但要求证券公司在一年前开始辅导、规范企业的内控制度的建立和执行,并由证券公司判断何时可进行兴柜市场挂牌的申报并承

---

① 数据来源:台湾柜台买卖中心网站,http://www.gretai.org.tw,2012 年 8 月 9 日访问。
② 资料来源:群益金融网,http://www.capital.com.tw/Etrade/News/detial.asp?uni = {5302E89E - D683 - 4CF3 - B470 - CDF29711B42A} &xkind = J&pp = 1&next1 = 0。
③ 过文俊:《场外交易市场改革:台湾之鉴与大陆所向》,《第五届国有经济论坛"海峡两岸企业改革与重组"学术研讨会论文集》(2005);以及参见张宗新、徐冰玉《上海场外交易市场发展模式与路径》,《新金融》2010 年第 1 期;林财发:《台湾场外交易市场发展现状评析及其启示》,《现代财经》2010 年第 11 期。

担后续辅导责任。① 与此相应的是兴柜股票市场宽松的挂牌交易条件,与台湾证券交易所和台湾柜台买卖中心上市(上柜)标准不同,发行公司的股票只要有两家证券商推荐即可挂牌交易,对申请进入的公司规模、赢利能力、设立年限、股权分散、股份流通都没有具体规定,只需向柜台买卖中心提出登陆申请即可进入市场。② 参与兴柜市场的投资者主要以机构投资者为主(分为企业法人和券商),挂牌公司多集中于新兴行业,且规模较小。③

(二)交易机制

在兴柜挂牌后的公司其交易机制有别于上市、上柜,系采取做市商制(Market-making)。投资者买卖股票的交易对象为该公司的做市商证券公司,做市商证券公司每天对该公司股票的买入、卖出提供报价和数量。投资人参考报价后,可以通过证券经纪商与推荐商议价交易,或直接与推荐证券商议价交易。④ 即投资人买卖兴柜股票有两种方式,一是自行与推荐证券商议价,投资人必须在该兴柜股票推荐证券商的总公司或任一分公司开立柜台买卖账户;二是委托证券经纪商议价,投资人可在任何一家证券经纪商开立柜台买卖账户。

兴柜股票交易无涨跌幅限制,最低交易量为1股,交易时间为每周一至周五的早上九时至下午三时。交易机制与目前上市上柜股票集中撮合不同,买进兴柜股票时,款项应在成交当日存入划拨银行所开立的银行账户,卖出兴柜股票则一律通过证券集中保管公司账户划拨方式办理交付,股票必须在成交日之前三日送达证券集中保管公司,才可办理交割。如果投资人已在柜台市场开立

---

① 参见(台湾)证券柜台买卖中心《"中小企业股票上柜"制度说明》,http://www.gretai.org.tw/ch/index.php。
② 参见(台湾)证券柜台买卖中心《"中小企业股票上柜"制度说明》,http://www.gretai.org.tw/ch/index.php。
③ 以2009年统计数据为例,截止到2009年底,兴柜市场有223家挂牌公司,85%的企业集中于光机电、电子信息、生物医药和通信等新兴行业;股本在5000万股以下的企业有127家,占比47%;1亿股以下的企业达到192家,占比87%;而3亿股以上的企业数量只有9家,仅占4%,数据来源:http://www.gretai.org.tw/ch/index.phpt,参见丁志卿、吴彦艳《台湾兴柜市场对大陆场外市场建设的启示》,《对外经贸实务》2011年第1期。
④ 参见(台湾)杨明杰《上柜新制简介》,《证券柜台》2004年第103期。

账户，则不必另开账户，只要签署兴柜股票风险预告书及兴柜股票议价买卖授权书，就可以用相同的交易账户买卖兴柜股票。①

（三）信息披露机制

《兴柜股票买卖办法》对主要交易信息的披露要求进行了界定，取消了披露投资者委托的做法。为保障投资人的利益，《兴柜股票买卖办法》规定，对上柜公司季度财务报告、财务预测公布并不强制要求，但必须公布半年度财务报告、年度财务报告。每月公布营业收入、背书保证金额、资金贷放金额及衍生性商品交易等信息。对重大事项必须及时披露。信息披露方式主要为发行公司自行输入柜台中心股市观测站，推荐证券商在券商网站上披露相关的信息。②

（四）转板和下柜机制

一般来讲，兴柜公司交易的活跃性不如上市、上柜公司，故挂牌运行6个月后，根据公司情况可向台湾证券交易所提出上市请求和向柜台买卖中心提出上柜请求，由台湾证券交易、柜台买卖中心的审核部门进行实质性的审查。一般至少需要6个月时间完成审批。兴柜市场被认为是上市、上柜的热身，当然也有公司在发展后愿意留在兴柜市场。当兴柜市场挂牌公司达到台交所或上柜市场的财务标准，并且在兴柜市场交易满6个月，向交易所或上柜市场提出转板申请，在获得主管机关所出具的同意意见书后，即可升入相应市场进行交易。从兴柜市场设立至今累计已有900多家企业登陆过兴柜市场，部分企业完成上市、上柜，尚有200多家兴柜市场企业。③ 当挂牌公司出现推荐证券商少于两家；或者未按规定披露年度或半年度财务报告；或者未按规定披露重大事项且限期未改者等情况时，将被做下柜处理。④

（五）监管机制

场外交易市场的监管权限在2004年7月统一于直属"行政院"的金融监

---

① 参见《兴柜股票买卖办法》。
② 参见《兴柜股票买卖办法》。
③ 参见《兴柜股票买卖办法》。
④ 参见《兴柜股票买卖办法》。

督管理委员会。通过金融监督管理委员会统一对场外交易市场进行监管，台湾资本市场的监管漏洞和各层次资本市场之间的摩擦大大减少，整个资本市场的运行和监管效率明显提高。与柜台交易市场的监管相比，兴柜市场的监管体系和内容有其一定的独立性。柜台交易市场采取的是"平入严督"的方式。所谓"平入"是相对于证券交易所的"严入"标准而言，但又比兴柜股票市场的准入标准要高不少。而在兴柜股票市场则采取"宽入严督"的方式进行管理。所谓"宽入"，即准入标准十分宽松，几乎没有什么限制条件，只要有两家或两家以上综合证券商推荐即可上柜。① "严督"则由柜台买卖中心直接负责。监管的重点在于对保荐人的监管。柜台买卖中心通过健全适度的监管体系，对做市商的做市行为进行有效监管，其监管内容主要体现在对做市商履行报价义务的监管、对做市商履行成交义务的监管以及对做市商违规做市行为的监管。要求保荐人对被保荐人的经营、发布的信息以及交易行为负有监督责任，对被保荐人的违规行为承担连带责任；并实行严格的信息披露机制，要求发行兴柜股票的公司必须定期公开年报、半年报、交易信息，必须定时发布企业财务预测报告，必须及时公告重大投资决策；实行"反黑"条款，以防止黑道介入公司经营。②

三 台湾兴柜股票市场的发展经验

（一）做市商制度的技术设计

公司在兴柜股票市场上市，没有营业利润、税前利润等获利能力的要求，也没有资本额、设立年限、股东人数、股权分散程度的限制，只需申报上市（柜）辅导及有两家以上证券商书面推荐即可。证券柜台买卖中心通过制定《兴柜股票买卖办法》，建立了一整套与做市商制度相配套的交易规则，这套制度有效调动了券商积极性，提升了市场交易规模。

---

① 左英霞：《台湾场外交易市场的发展及其对我国的启示》，《中国市场》2012 年第 6 期。
② 王建民：《台湾第三类股票交易市场兴柜股市上路》，中国网，2012 年 7 月 9 日访问。

做市商制度的核心内容是做市商的权利义务。为加强推荐券商责任，要求其持有一定数量的上柜公司股票，① 并在二级市场承担做市商的义务，这样既能保证上柜公司的质量，又确保了流动性和定价的合理性。做市商负有连续报价和报价更新的义务，做市商必须在规定的范围内确定买卖报价价差及最小报价数量。为了维护市场的稳健和均衡做市商的权益，台湾兴柜市场对做市商的报价义务规定了豁免情形，例如做市商持有做市股票数量超过一定范围时，可以豁免其报价义务。对于日常股票库存量和做市商之间调剂库存股票的管理，《兴柜股票买卖办法》也作出了明确的规定。②

兴柜市场还建立了计算机议价点选系统，在报价转让系统中引入做市商制度，规范交易流程。做市商提供和发布报价信息、投资者委托申报与回报、做市商点选成交操作、信息发布与清算等均能在做市商架构下规范运行。与竞价交易机制不同，做市商制度采用报价驱动机制，由具备一定实力和信誉的证券公司作为特许做市商，不断地向投资者双向报出某特定证券的买卖价格和买卖数量，并在该价位和数量上接受公众投资者的买卖要求，以其自有资金和证券与投资者交易。③ 在报价转让系统引入做市商交易制度，做市商通过双向报价维持市场的流动性，满足公众投资者的投资需求，这个经验十分值得借鉴。

（二）法律制度的创新理念

制度创新是台湾场外市场发展的一条重要经验。为了充分适应场外交易市场管理的具体要求，台湾先后制定了60部相关的法律法规，而且每一部法规都经历过多次修正。④ 台湾兴柜市场的法律发展充分体现出这种理念，即立法跟随经济发展进行不断创新，与现实磨合变通，避免一刀切或僵化的法律规制。

---

① 参见《兴柜股票买卖办法》。
② 参见（台湾）林宜男《健全兴柜股票交易机制——推荐证券商资格之松绑》，《中正法学集刊》2003年第11期。
③ 参见《兴柜股票买卖办法》。
④ 过文俊：《场外交易市场改革：台湾之鉴与大陆所向》，《第五届国有经济论坛"海峡两岸企业改革与重组"学术研讨会论文集（2005）》。

1. 交易价格机制变迁过程中的创新理念

由于兴柜股票的风险很高,因此,价格发现功能相当重要。市场成立之初,由于市场流动性不足,采用了造市者主导的报价驱动市场,完全以人工议价方式进行,由投资人与推荐证券商议价交易。然而由于人工议价效率低下,交易量相当少。2003年9月开始引进兴柜股票计算机议价点选系统辅助人工议价。投资人可委托证券经纪商将其委托数据输入兴柜股票计算机议价点选系统,与推荐证券商议价交易,由推荐券商点选成交,成交额稳步增长。然而,这样的方式仍不足以应付市场的成长。由于兴柜市场的交易以中小散户为主,存在大量小额委托单,单纯的报价驱动方式增加了投资者的交易成本;同时,兴柜市场的推荐券商间竞争不足,导致原本需靠造市商提供的价格发现功能也无法有效彰显。针对这种情况,兴柜市场新增小额委托计算机辅助自动点选成交功能,即就其买卖申报与推荐证券商之报价,根据价格优先、时间优先的原则进行自动点选成交。① 这种创新使得投资者的委托单成交效率得到大幅提升,也不需要再对推荐券商是否履行到价成交义务进行监管。这个过程中法律规制的每一次检讨和创新都对提高市场的流动性起到了重要的作用。

2. 交易主体低门槛设计中的创新理念

作为兴柜股票市场的交易主体,兴柜股票的发行者必须是已经申请上市上柜、还未正式上市上柜、处于辅导期的股份公司。与服务于大型企业的集中市场以及服务于中型企业的柜台市场对资产和赢利条件要求较高不同,兴柜市场的主体资格非常宽松:总资产在3000万新台币以上且无累积亏损,成立满一个完整会计年度,对公司收益状况则没有要求。② 这些企业多以机构投资者为主,集中于新兴行业,且公司的规模偏小。兴柜市场不仅面向机构投资者,而且面向普通投资者,只要投资者在柜台交易中心或证券商处开立买卖账户就可以进行兴柜股票的交易。这样的制度设计为中小型企业打通了直接融资的渠道,降低其资本融资的门槛,并为风险投资提供一个进入与退出的渠道。

3. 制度本土化中的创新理念

为了扶持和活跃兴柜股票市场,台湾"证券管理局"规定,自2003年1

---

① 参见《兴柜股票买卖办法》。
② 参见《兴柜股票买卖办法》。

月 1 日起，除公营事业外，初次申请上市、上柜的股票都必须先在兴柜股票市场交易满 3 个月后才能转到更高层次的资本市场挂牌。2005 年又将申请上市公司在兴柜市场的过渡期延长为 6 个月，以便兴柜股票市场挂牌的股票保持相当的规模。[①] 美国纳斯达克市场也允许低层次的场外交易市场将优质上柜公司转板上市，但没有硬性规定创业板上市股票都必须先在低层次的场外交易市场过渡一段时期。[②] 台湾这种规定，可以说是在借鉴西方经验基础上结合本地区经济、金融现实发展状况而进行的一种务实的创新。

四　大陆低层次资本市场与台湾兴柜市场之比较

大陆的资本市场目前可分为四个层次，分别为始创于 1990 年的沪深主板市场，设立于 2004 年的中小企业板，2009 年启动的创业板，2006 年在中关村科技园区开始试运行的股份报价转让系统以及地方产权交易市场。与台湾兴柜市场相比，大陆低层次资本市场存在着一些问题。

（一）法律规制的缺乏

从 2012 年我国与世界发达国家的金融资产结构比对（见图 1）可以看出，我国金融市场目前仍然过于依赖银行信贷。与此相应的问题是存在着严重的民间资本混乱融资现象。这些现象说明我国资本市场的发展仍很落后，有很大的发展空间。而资本市场发展的核心问题之一就是尚未形成多层次的资本市场体系，尤其是场外市场及其法律规范的长期缺乏。

就全国性立法而言，1998 年出台的《证券法》回避了场外交易合法性的问题。出于防范系统风险的考虑，当年国务院出台文件，对场外交易市场进行了一刀切的清理整顿。武汉、天津、淄博的证券交易中心及成都、郑州、乐山等地涉嫌从事"场外非法股票交易"的产权市场被关闭。之后各相关部门虽先后出台一些关于产权交易的管理条例，但大都是规范和约束国有或集体产权

[①] 参见（台湾）杨明杰《上柜新制简介》，《证券柜台》2004 年第 103 期。
[②] See Bozena Chovancova, Tomas Gregor：Over-the-Counter Markets and Their Role in the Financial System, Financial Market, October 2003（10）.

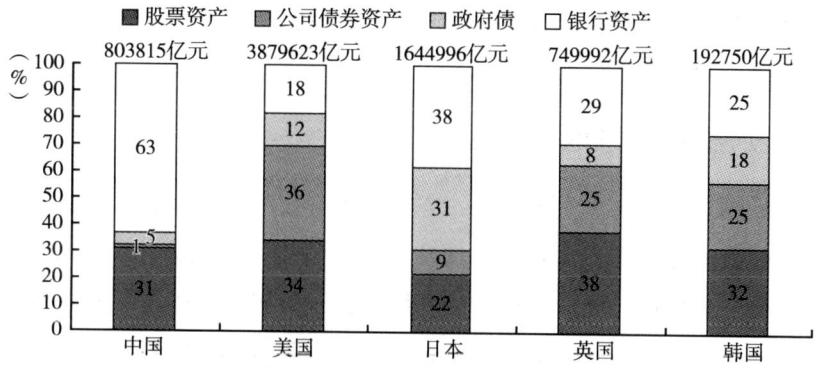

图1　我国与世界发达国家的金融资产结构比对

注：2012年中国资本市场报告，中国数据截止到2007年9月底，其他国家数据截止到2006年底。

数据来源：中国数据来自中国银监会网站、中国债券信息网，其他国家数据来自世界银行。

交易行为的，与中小企业特别是非公经济主体投、融资相关的场外交易市场法律法规仍然缺位。[①] 2001年6月，为配合代办股份转让系统的推出，中国证券业协会制定了《证券公司代办股份转让服务业务试点办法》和《关于改进代办股份转让工作的通知》，虽然确定了场外交易市场的交易办法，但因为这两个文件只是证券业协会发布的，法规的权威性有限；而且所规定的交易对象范围过窄，没有把有潜质的中小企业上柜挂牌交易的事项纳入其中。2005年《证券法》修订时，以法律确立了场外交易市场存在的合法性，法律条文为场外市场的发展预留空间，但没有赋予股票在场外交易市场连续、拆细交易的合法性。[②]

从地方层面来看，2000年之后，场外交易市场以地方产权交易市场等方式发展，并争取到各级政府对国有企业股权托管和股权协议转让的认可。对地方产权交易市场向柜台交易转化的探索，各级政府大都采取了默许的态度。[③] 各省市出台的与场外交易市场相关的管理条例纷繁杂乱，配套性较差，监管的漏洞和死角很多，以至于一段时期各地的场外交易市场"一阵风"上得很快，

---

① 陈汉平、叶永刚：《我国场外交易市场制度建设再思考》，《金融创新》2011年第12期；过文俊：《构建武汉城市圈区域性场外交易市场研究》，《武汉金融》2009年第8期。
② 陈汉平、叶永刚：《我国场外交易市场制度建设再思考》，《金融创新》2011年第12期。
③ 陈汉平、叶永刚：《我国场外交易市场制度建设再思考》，《金融创新》2011年第12期。

当出现违规操作证券回购、虚假包装乱集资、贱卖国有资产等偏差时,又被大批整顿和关闭。①

(二)法律规制的保守

我国大陆对于低层次资本市场一方面缺乏有效的法律规制,另一方面已有的法律又显得十分保守,这集中体现在关于交易主体以及入市门槛的规定上。从表1中的中关村代办股份报价转让系统、天津股权交易所与台湾兴柜股票市场的交易对象、市场准入条件以及信息披露要求和监管的比较结果来看,目前大陆低层次资本市场的平台其实并不"低"。

表1 中关村代办股份报价转让系统、天津股权交易所与台湾兴柜股票市场对比

	中关村代办股份报价转让系统	天津股权交易所	台湾兴柜股票市场
交易对象	非上市股份有限公司	高科技、高成长性、非上市、非公众股份公司	无
市场准入条件	公司存续期满两年;投资者适当性制度,只准许机构投资者进入	最近两年连续赢利;单笔委托数不得低于3万股,市场分为多个板块及全国及区域两个层次,提供了多样化的准入条件;最小交易单位是挂牌企业总股本的1/200	总资产在3000万新台币以上且无累积亏损,成立满一个完整会计年度者;也面向普通投资者
信息披露要求及监管	由证券业协会监管,披露的信息应包括股份挂牌报价说明书、年度报告和临时报告,并通过专门网站发布	接受天津市金融办直接备案监管,已形成行政监管与市场自律监管互相支撑的格局	柜台中心直接监管有成熟的信息披露体系、规范的信息披露制度、明确的交易信息和财务信息的披露要求

我国大陆不仅在入市门槛上设置高标准条件,在公司治理方面,中小企业组建股份有限公司和公开发行股票的难度也非常大。从我国与世界发达国家和地区的股份有限公司资本门槛比对来看(见表2)②,我国的股份有限公司资

---

① 过文俊:《场外交易市场改革:台湾之鉴与大陆所向》,《第五届国有经济论坛"海峡两岸企业改革与重组"学术研讨会论文集(2005)》。
② 资料来源:梅因哈特:《欧洲十二国公司法》,李功国等译,兰州大学出版社,1988;郭励弘:《台湾中小企业的融资和股票交易》(研究报告),2002年9月。郭励弘:《低层次股票市场的比较》,《产权导刊》2009年第6期。

本门槛是最高的。按照目前《公司法》第81条的规定,设立股份有限公司的最低注册资本限额为500万元人民币,[①] 这无疑是大多数中小企业难以企及的门槛。股份有限公司资本门槛偏高的结果是,实践中股份有限公司与有限责任公司的数量相比,比例偏小。[②]

表2 股份公司资本门槛比较

单位:万元

国家与地区	资本门槛	国家与地区	资本门槛
中国大陆	500	中国台湾地区	25
日本	82	其他欧盟国家	20
英国	64	美国	0

同时,根据《证券法》第10条的规定,公开发行股票必须报经国务院证券监督管理机构核准,而且准入条件非常严格,[③] 即使已经组建成立的股份有限公司,争取公开发行股票也是障碍重重。再加之我国资本市场改革都是从顶层结构入手自上而下地改革,公募先于私募,私募的法律地位一直迟迟得不到法律的肯定,以致私募(含定向募集)的比例很低。有学者根据2004年北京非上市股份公司信息统计推断大陆股份有限公司若按9000家推算,其中仅上

---

① 《公司法》第81条规定:股份有限公司采取发起设立方式设立的,注册资本为在公司登记机关登记的全体发起人认购的股本总额。公司全体发起人的首次出资额不得低于注册资本的百分之二十,其余部分由发起人自公司成立之日起两年内缴足;其中,投资公司可以在五年内缴足。在缴足前,不得向他人募集股份。股份有限公司采取募集方式设立的,注册资本为在公司登记机关登记的实收股本总额。股份有限公司注册资本的最低限额为人民币五百万元。法律、行政法规对股份有限公司注册资本的最低限额有较高规定的,从其规定。……

② 根据2004年的《中国统计年鉴》,我国2003年有股份公司8919家,有限责任公司39914家。此后年份的统计年鉴中,取消了关于企业法人数的统计。而且,以上统计只包括"规模以上"、"限额以上"的企业;在未进入统计的"规模以下"、"限额以下"的企业中,有限责任公司占的比例肯定要大得多。2002年7月底,台湾计有股份公司159076家,有限责任公司(设立的最低实收资本额合人民币12.5万元)422263家。也就是说,大陆31个省市自治区能够通过股票募资的企业,不及台湾一地的6%。郭励弘:《低层次股票市场的比较》,《产权导刊》2009年第6期。

③ 《证券法》第10条规定:公开发行证券,必须符合法律、行政法规规定的条件,并依法报经国务院证券监督管理机构或者国务院授权的部门核准;未经依法核准,任何单位和个人不得公开发行证券。……

市公司就占了15%以上，再扣除公开发行而未上市的公司，私募（含定向募集）的比例肯定相当低。① 反观我国台湾地区，凡股份公司均可申请公开发行，也就是说公开发行无下限门槛，但是2002年7月底，台湾公开发行的公司约1600家，在股份公司中仅占1%。②

　　大陆资本市场目前的问题跟台湾资本市场曾经走过的路极为相似。台湾在交易所市场发展起来之后也曾一度打算取缔不便管理的场外交易市场，但由于中小企业资本融资需求和投资者对柜台交易的需求一直比较旺盛，强行关闭场外交易市场反而刺激了地下证券交易的泛滥，以盘商中介为主的不规范的股票交易吸引了大量的民间投资。③ 与台湾的兴柜市场相比较，我们可以看到大陆低层次资本市场目前的制度设计略显滞后和保守，与主板、中小板的界限并不清晰，共享同一交易规则和监管系统，并且还存在着规模小、流动性差、投资者数量少等问题。再加之中小企业在产权市场上，由于其股票不能连续、拆细交易，也难以有效地融集资金，由于制度的限制使全国各地的产权交易市场都面临发展困境。

五　台湾兴柜市场对大陆低层次资本市场发展的借鉴

　　台湾资本市场的分层以及交易制度的创新，使得不同规模、不同类型的中小企业比较容易获得直接融资的机会，对于化解中小企业融资难问题起到了一定的作用。兴柜市场活跃和发展低层次资本市场的经验正是我们现阶段发展低层次资本市场值得借鉴的。

（一）大力发展区域性股权交易市场

　　大陆需要在建设多层次资本市场的同时，建设多元化、多极化市场，即建

---

① 2004年7月，北京产权交易所副总裁梁雨在"国际服务业大会"上的讲话中披露，北京市有非上市股份公司255家；以此推断，全国约有9000家股份公司。我国大陆股份有限公司若按9000家推算，其中仅上市公司就占了15%以上。郭励弘：《低层次股票市场的比较》，《产权导刊》2009年第6期。
② 郭励弘：《低层次股票市场的比较》，《产权导刊》2009年第6期。
③ 过文俊：《场外交易市场改革：台湾之鉴与大陆所向》，《第五届国有经济论坛"海峡两岸企业改革与重组"学术研讨会论文集（2005）》。

设区域性股权交易市场,以搞活资本市场和控制风险。首先,改革和规范原有产权交易市场。现有的主板、中小板和创业板容量有限,且进入门槛较高,以致中小企业普遍缺少资本融资平台。在这种情况下,借鉴台湾兴柜市场为中小企业提供股权融资的市场定位经验,改变原有的区域技术、产权交易市场只作为中介机构和信息发布平台的定位,转而重新定位于为处于成长期的中小型企业提供股权融资的场所,使其真正成为多层次资本市场的一部分,应是大陆构建多层次资本市场进程中首选的步骤。从我国多层次资本市场发展的要求来看,需要加快区域性股权交易市场的制度建设,一方面要在企业规模、发行数量和赢利要求方面降低门槛;要准许并鼓励具备承销保荐业务资格的证券公司参与区域性股权交易场外市场的业务活动,为挂牌公司提供股权转让、定向股权融资、债券融资以及投资咨询等服务,以提高与多层次资本市场其他板块衔接的紧密度。① 其次,以省为区域单位建立股权交易市场。近年来,全国各地方政府基于扶持当地企业发展促进地方经济增长的考虑,在积极推动当地企业上市的同时,都有发展区域性股权交易市场的冲动和举措,但由于缺少统一规范,造成发展方式不一、监管乏力、违规操作普遍,导致乱象丛生,集资风险加大,亟须制度的规范。因此,应充分发挥省一级地方人民政府的作用,以省为单位,建立区域性股权交易市场。这样,既能有效动员地方资本集中,促进地方经济发展,又能发挥地方政府作用,加强监管,控制风险。再次,实行强制的上市前区域性市场"实战演练"。可以考虑今后所有中小企业上市(包括沪深主板和深圳创业板)均应在区域性市场上挂牌半年甚至一年以上。同时可以考虑取消深圳中小板市场,以避免与区域性市场的职能重叠。最后,适度实行两级资本市场监管。完善资本市场监管体制,明确地方与中央的监管权限划分。省级人民政府及其金融工作职能部门应发挥更大的作用,让市场风险由地而生,划地而解。

(二)放宽入市门槛

较高的门槛确实可以提高发行质量,但也有可能将一些有潜力的初创企业

---

① 参见沈立群《为区域性股权交易场外市场正名》,《上海国资》2012年第6期。

拒之门外，错过发展的黄金期。台湾兴柜的入市条件非常宽松，采取了无赢利要求的零门槛，其看中的是企业的未来发展潜力而非历史的盈利数据。而且台湾现行的公司治理规则和金融管制办法，对组建股份有限公司并公开发行股票没有太明显的企业规模歧视，中小企业在这方面并不会因为企业规模小而融资受限。[①] 台湾经验启示我们在设置低层次资本市场入市门槛时，不仅要通过立法降低场外交易市场的准入门槛，以大大拉开低层次场外交易市场与高层次市场准入标准的差距，而且要与民间资本和中小企业投、融资相适应，应修订《公司法》等法律法规中关于设立股份有限公司最低资本金要求和公开发行股票等条款，使中小企业在低层次场外交易市场上直接融资具有相对平等的机会。

（三）发展做市商制度

低层次资本市场由于市场上的挂牌企业规模较小、公司股票的交易率低、股价低和交易量小的特点使得股票交易的买卖差价较大，形成了比较大的流动性风险；基于这种流动性风险的存在，加之企业信息透明度较低，很容易成为投机者的目标。台湾兴柜市场通过做市商制度有效地降低了低层次资本市场存在的流动性风险和投机风险。在兴柜市场，做市商一方面负责保荐，被称为推荐证券商；另一方面持有股票并承担做市商义务。这个制度的设计需要注意三个层面的内容：一是做市商的市场主体应该是证券商，这样可保证做市商的数量、规模、资金实力与专业人才配备，降低其"做市"成本。二是上市资质的实质判断要交由推荐券商进行，这样可以降低主管当局的监督成本。三是要让推荐券商持有股票并承担做市商义务。推荐券商持有股票可在一定程度上抑制一级市场发行价过高，又能加强二级市场的流动性。如果发行价过高，推荐券商所持有的股票也将面临巨大的价格风险，因此在制定发行价格时将更加谨慎，这样可防止推荐券商在二级市场迅速抛售或不愿卖出潜力股的情况；同时

[①] 根据台湾"经济部"2001年的规定，除汽车业以外的制造业，股份有限公司设立的最低实收资本额仅为10万台币（约折合52万人民币）。另外，凡是股份有限公司，均有权申请公开发行（无下限门槛）。申请公开发行虽需"证券暨期货管理委员会"审核，但只要申请事项未违反法令或存在虚假文件，获准通过并不难。

投资者可按推荐券商报价立即进行交易，而不必等待交易对手的买卖指令，而市场投机者也会因为担心推荐券商抛压、抑制股价而不敢妄为。这三个层面的制度保障，可促使市场进行不间断的交易活动，从而保证市场充足的流动性，在客观上也会减缓低层次资本市场的投机风险。

（四）建立更具有流动性的交易机制

引入加强流动性的交易机制，吸引更多交易主体，特别是专业投资主体的加入。做市商制度可以保证市场流动性，形成有弹性的混合交易市场。世界主要交易所的共同趋势是采用混合市场模型。[1] 中国证券市场长期以来以散户居多，小单交易频繁，采用委托单驱动机制，有助于提高市场成交效率。如果能再逐步发展做市商制度，以被动造市来加强市场的流动性，吸引法人与巨额交易者积极参与，可更进一步发挥市场自发性的价格发现功能，建立一个具有竞争性的多层次交易市场。

（五）建立适应低层次资本市场的信息披露机制

台湾的兴柜市场信息披露制度的变迁显示出市场的健康发展，需要兼顾公司、投资大众以及交易市场三方之间利益的权衡，否则很可能面临曲高和寡的窘境。加强信息披露可以适度降低市场监管，保障投资者利益。但过于严格，则会使某些企业因为在公众面前暴露太多而失去私有信息上的优势。考虑到低层次资本市场挂牌企业规模相对较小，能够承受的信息披露成本相对有限，低层次资本市场的信息披露方式和内容应该区分于高层次资本市场，要以持续信息披露为重点，淡化公司治理监管；建立市场化的监管理念，充分发挥保荐人、会计师事务所、律师事务所及媒体的监督作用；强化及时性要求；简化信息披露格式，提供基于互联网的一站式信息披露服务；对需要保密的信息采取"汇总"披露或不披露的方式。[2]

---

[1] 参见刘玉珍、刘佳《创业板：台湾经验》，《当代金融家》2009年第12期。
[2] 参见孔翔、吴林祥《公众公司制度研究报告》，深圳证券交易所综合研究所，2006年6月20日，深证综研字第0139号。

（六）建立完善的双向转板和退市机制

不同层次的证券市场之间不是孤立的，而是互相补充、相互承接的，应该在制度上为企业提供根据自身经营状况和入市门槛选择转板或者退市的平台。这种制度设计必须是双向的，一方面要允许低层次资本市场向高层次转换，这样既可以发挥低层次市场作为高层次市场的"孵化器"和"蓄水池"的功能，也可以利用高层次市场更为优越的企业生存环境来激励低层次市场中的企业，从而提高低层次市场参与者的积极性，当企业经过一段时间培育后，达到高层次市场的企业上市标准，可以到高一层市场挂牌；另一方面要建立高层次向低层次市场的转板机制，当高层次市场的企业达不到该市场的要求时，将被强行退入到低一层次的市场中去或者退出市场，这样既能实现市场的优胜劣汰功能，又对高层次市场中的企业起到督促作用。

结 语

台湾兴柜市场的发展经验告诉我们在大陆低层次市场建设过程中，需要不断地进行法律制度的创新，本土化资本市场发达地区和国家的法律制度及立法技术，使得低层次资本市场能够真正成为非上市公司股份顺畅转让和市场化定价的平台，拟发行上市、上柜公司接受市场检验的平台，股权私募基金与创投的聚集中心；同时也要通过双向转板机制让上市或上柜公司能够在场外交易市场和交易所市场之间实现有序升降，以推进不同层次资本市场之间的联动和互补，从而保持整个资本市场的和谐发展。

参考文献

［1］左英霞：《台湾场外交易市场的发展及其对我国的启示》，《中国市场》2012年第6期。

［2］王建民：《台湾第三类股票交易市场兴柜股市上路》，中国网，2012年7月9日访问。

[3] 陈汉平、叶永刚:《我国场外交易市场制度建设再思考》,《金融创新》2011 年第 12 期。

[4] 过文俊:《构建武汉城市圈区域性场外交易市场研究》,《武汉金融》2009 年第 8 期。

[5] 陈汉平、叶永刚:《我国场外交易市场制度建设再思考》,《金融创新》2011 年第 12 期。

[6] 过文俊:《场外交易市场改革:台湾之鉴与大陆所向》,《第五届国有经济论坛"海峡两岸企业改革与重组"学术研讨会论文集(2005)》。

The Legal Practices of Taiwan OTC Market and Its Reference to Mainland Capital Market

Abstract: Taiiwan OTC market mainly provides service of financing and transfer of shares for non-listed companies, as well as nurture listed companies for Taiwan Stock Exchange market and OTC Market. Market construction and system innovation reflects the successful integration of legal practice in the localization and internationalization features. By contrast, the construction of the legal system of the mainland low-level capital market lagged conservative threshold to enter the market, the market maker system, trading mechanisms, disclosure mechanism, transfer board and delisting mechanism should learn from Taiwan OTC Stock market innovative ideas and legislative technique to avoid detours in the construction of multi-level capital market.

Key Words: OTC Stock Market; Exchange; Low-Level Capital Market

B.6
美国场外交易市场介绍及对我国的启示

秦川川*

摘　要：

美国资本市场是目前世界上层次最多、结构最完整、运行最成熟的市场，美国的场外交易市场作为其资本市场发展中的重要组成部分，对资本市场的发展壮大起到了巨大的作用。本文就美国场外交易市场的整体情况作了系统介绍，整合了其发展历程、现状和层次结构，以及监管机制，并针对中国资本市场的现状，在借鉴美国经验的基础上，提出了完善中国场外交易市场的建议。

关键词：

美国场外交易市场　OTCBB　粉单市场　FINRA　中国场外交易市场

一　场外交易市场的特点

美国的股票交易市场存在两类运行相异的交易模式，一类是证券交易所市场，另一类是叫作 over-the-counter 的证券交易市场，简称 OTC 市场，OTC 市场的这一叫法起源于 100 多年以前，那时的美国证券市场就已经有许多不在纽约交易所和其他证券交易所市场交易的有价证券，投资者可以通过证券公司或是银行购买这些股票，由于当时的投资者只能到证券公司和银行开的门市部的柜台上买卖股票，柜台市场和柜台交易也因此得名。与场内市场相比较，场外交易市场主要有以下特点①。

---

* 秦川川，中央财经大学法学院研究生。
① 参见 http://baike.baidu.com/view/10948.htm，2012 年 9 月 11 日访问。

（1）场外交易市场是一个分散的无形市场。它没有固定的、集中的交易场所，而是由许多各自独立经营的证券经营机构分别进行交易，并且主要是依靠电话、电报、传真和计算机网络联系成交的。

（2）场外交易市场的组织方式采取做市商制。场外交易市场与证券交易所的区别在于不采取经纪制，投资者直接与证券商进行交易。

（3）场外交易市场是一个拥有众多证券种类和证券经营机构的市场，以未能在证券交易所批准上市的股票和债券为主。由于证券种类繁多，每家证券经营机构只固定地经营若干种证券。

（4）场外交易市场是一个以议价方式进行证券交易的市场。在场外交易市场上，证券买卖采取一对一交易方式，对同一种证券的买卖不可能同时出现众多的买方和卖方，也就不存在公开的竞价机制。场外交易市场的价格决定机制不是公开竞价，而是买卖双方协商议价。具体地说，是证券公司对自己所经营的证券同时挂出买入价和卖出价，并无条件地按买入价买入证券和按卖出价卖出证券，最终的成交价是在牌价基础上经双方协商决定的不含佣金的净价。券商可根据市场情况随时调整所挂的牌价。

（5）场外交易市场的管理比证券交易所宽松。场外交易市场分散，缺乏统一的组织和章程，不易管理和监督，其交易效率也不及证券交易所。但是，美国的NASDAQ市场借助计算机将分散于全国的场外交易市场联成网络，在管理和效率上都有很大提高。

二 美国场外交易市场的发展历程

股票是资本主义信用经济的产物，出现于16世纪末。伴随着股票的出现，股票的发行与流通就成为历史必然，股票市场应运而生。美国资本市场的发展中，最初的股票交易流通都是通过柜台交易（OTC）实现的，因此OTC市场是资本市场中最古老、历史最悠久的证券市场，可以说现今的各种股票市场都是由OTC市场发展而来的。美国的场外交易市场从产生、发展壮大到成熟经历了两百多年的发展历史，具体可以分为以下几个发展阶段。

(一) 18 世纪末,出现场外交易市场原始雏形

最早的股票市场并没有集中的固定场所,股票交易可以在街头树下、咖啡馆任何方便的场所进行。人们形象地把这些场所称为"店头市场",将这种交易方式称为"店头交易"。1792 年 5 月 17 日,24 位在街头买卖股票的经纪人聚集在华尔街 68 号前的一棵梧桐树下,开始讨论起有价证券交易的条件和规则。讨论的结果就是举世闻名的《梧桐树协议》,英语称之为 Buttonwood Agreement,协议行文十分简短和明了,这一份被称为包括一切的简短协议,只表达了三个交易守则的合同:第一,只与在梧桐树协议上签字的经纪人进行有价证券的交易。第二,收取不少于交易额 25% 的手续费。第三,在交易中互惠互利。这 24 位在协议上签了字的经纪人组成一个独立的、享有交易特权的有价证券交易联盟。①

股票交易的店头市场是场外交易市场的原始雏形,其市场特点主要包括:股票交易不受时间、地点的限制;没有严格的交易规则;股票交易的品种、数量都很小;交易的区域范围狭小。这一时期的股票交易既可以由买卖双方自行讨价还价协商确认,也可以通过经纪人中介完成。经纪人代理买卖双方交易股票并从中收取佣金。②

(二) 18 世纪末到 20 世纪中期,场外交易市场与证券交易所并存发展

场外交易形式由店头市场逐渐衍生出柜台市场。随着股票交易品种与规模的不断扩大,早期的一些规模较大的店头市场逐渐演变为证券交易所。如 1773 年建立的伦敦证券交易所,其前身就是店头市场伦敦的新乔纳森咖啡馆。1863 年正式成立的纽约证券交易所,其前身就是美国的店头市场华尔街"梧桐树"。1817 年,纽约股票拍卖中心的主要经纪人派人到费城股票交易所进行考察,于 2 月 25 日起草了一份与费城股票交易所章程几乎一模一样的章程,

---

① 林建:《大交易场:美国证券市场风云实录》,机械工业出版社,2008。
② 马达:《美国场外交易市场发展历程及对我国的启示》,《消费导刊》2008 年第 5 期。

将原先由28名经纪人构成的经纪人委员会更名为"纽约股票交易委员会"。同时,新的股票交易委员会将证券交易转移到华尔街40号大楼的二层室内,从此纽约有了真正的股票交易所,这便是纽约证券交易所的雏形。随后,美国新的证券交易所不断涌现。1864年,煤洞(Cole Hole)交易所重组更名为公开经纪人交易所(Open Board of Brokers)。1865年,石油交易所(Petroleum Board)成立,它主要是为交易石油公司股票而设立的。1868年,国民股票交易所(National Stock Exchange)成立,专门实现伊利公司股票的交易。1869年,公开交易所与纽约股票交易所合并,组建了新的纽约股票交易所。1870年,矿业交易所重新开业,它的交易对象是矿业公司的股票。

证券交易所建立以后,原先的店头市场仍然存在。此外,一些证券经纪人设立固定的柜台,吸引和方便投资者到柜台上买卖股票,这种交易称为柜台交易,柜台交易市场(Over-the-Counter Market,简称OTC市场)开始形成。至此,股票交易市场开始分为证券交易所场内市场和以店头市场、柜台市场为主要形式的场外交易市场两种基本类型。场外市场交易的股票品种主要是未在证券交易所挂牌交易的股票。①

股票交易所设立后,场外市场的交易依然运转着,并始终是股票交易所的主要竞争者。但直到20世纪初,美国OTC市场股票报价和信息披露也没有系统性,1904年之前,美国全国分布着许多柜台交易市场,由于各个市场都是散布在全国各地,彼此间信息隔绝,没有统一的治理和统计,券商和客户很难全面了解某种股票的报价和交易情况,也不知道是否得到了最好的报价。为了解决这个问题,1913年一家从事印刷和出版业务的私人公司(美国全国报价局National Quotation Bureau,NQB)开始向美国的券商和投资者提供报价服务,天天用粉红色纸张刊印公布10000多种柜台交易股票和5000多种债券的价格、交易量等,并将各种证券的报价信息定期制作成刊物印刷并发往全国,称之为粉红单市场(简称粉单市场)。由于粉单市场不提供审计过的财务报表,也不将财务报表递交给SEC(美国证券交易委员会)或进行任何公开的披露,所以投资者很难了解这些公司的信息。因此通常认为在粉单市场上挂牌

---

① 马达:《美国场外交易市场发展历程及对我国的启示》,《消费导刊》2008年第5期。

的公司具有很高的交易风险。1914年7月下旬,第一次世界大战爆发的前夜,华尔街股市开始放量下跌。7月31日,伦敦交易所宣布暂停交易,随后,纽约股票交易所也宣布闭市。与此同时,场外交易市场几乎在一夜之间就活跃起来了,一些场外经纪人宣布他们愿意买卖纽约交易所的挂牌股票,每天上午10点到下午3点,大约有100名经纪人在紧张地进行交易。

(三)20世纪中期至21世纪初期,场外交易市场快速发展

从美国证券市场发展史看,先有场外交易市场,然后有证券交易所,再有证监会和相关法律。《1933年证券法》、《1934年证券交易法》制定后,美国证券市场才开始进入"管制"时代。《1934年证券交易法》则主要针对证券交易市场,要求建立专门机构SEC,授权其管理股票交易所,并对绝大多数的证券经纪商和自营商进行监管;1938年的修正案把SEC对证券市场的监管扩大到OTC市场,通过建立全美证券商协会(National Association of Securities Dealers,NASD)实行自律监管,促进柜台交易市场的有序发展。现代意义上的场外证券市场正是在这一背景下蓬勃发展的。[①]

这一时期,第三市场(The Third Market)、第四市场(The Fourth Market)也开始出现。由于当时最低佣金的限制,大笔的股票交易费用很高,为减轻大额交易费用的负担和获得较低的佣金服务,那些买卖上市股票的投资者便寻找在场外市场经营的、非交易所会员的交易商,由此便产生挂牌上市股票却由非交易所成员经纪人在场外交易的渠道,即第三市场。许多机构大投资者,进行上市股票和其他证券的交易,完全撇开经纪商和交易所,直接与对方联系,采用这种方式进行证券交易,形成了第四市场。

1968年,为解决场外市场的市场分割问题和股票报价信息混乱问题,进一步提高场外市场效率,全美证券交易商协会接受了美国证监会的建议,着手为OTC市场建设一个实时和连续的电子报价系统,这一系统的英文名称为National Association of Securities Dealers Automated Quotation Systems,简称NASDAQ,即"全美证券商协会自动报价系统"。1971年2月8日,NASDAQ

---

① 吴林祥:《何为"OTC"——话说美国场外证券市场》,深交所,2010。

系统正式启动，成为全球第一个电子交易市场并且是最大 OTC 市场。这是现代场外交易市场形成的标志。

NASDAQ 的发展史，代表了美国场外市场的快速发展演进史。1971 年 NASDAQ 设立时只是一个报价系统，并不撮合交易，交易仍通过证券商达成，并且不设立挂牌标准，做市商愿意做市就可以挂牌并出现在报价系统中，因而没有改变其场外市场的性质。1975 年，NASDAQ 提出了它的上市标准，规定只有在 NASDAQ 上市的股票才能在该系统报价，至此，NASDAQ 彻底割断了与其他 OTC 股票的联系，成为一个完全独立的上市场所。1982～1986 年，NASDAQ 把该系统中的高市值股票同其他小型股票分离开来，组建了 NASDAQ 全美市场（National Market System，NMS）和 NASDAQ 小型资本市场（Small Cap Market），并规定了各自的上市标准。①

1990 年，NASDAQ 再为没有挂牌标准的小型股市场（Small Cap Market）中部分股票设立了挂牌标准，并将其余股票组成 OTCBB（OTC Bulletin Board）场外公告板市场，开通了 OTCBB 电子报价系统。它只是一种实时报价服务系统，不具有自动交易执行功能。在 OTCBB 报价的股票包括：不能满足交易所或 NASDAQ 上市标准的股票以及交易所或 NASDAQ 退市的证券。OTCBB 没有上市标准，任何股份公司只需向美国证券交易委员会（SEC）提交文件，并且公开财务季报和年报就可以在此报价。

20 世纪 90 年代后期，随着信息技术及互联网的发展，OTC 市场上开始出现一种基于互联网技术的全自动化电子撮合市场，Electric Communication Network，ECN，俗称电子券商。这种新型的市场交易模式迅速崛起，市场交易份额不断攀升，逐渐成为美国证券市场上一个重要组成部分。美国证监会为 ECN 市场做出了如下的定义：ECN 是一个电子交易系统，为指定价格的买单和卖单做自动撮合，只有价格相同的买单和卖单才能够成交。ECN 市场的机构投资者、经纪人、做市商可以直接向 ECN 输送交易订单，个人投资者需要通过经纪人输送交易订单。ECN 市场只接受定价交易订单。ECN 市场把客户

---

① 刘岩、丁宁：《美日多层次资本市场的发展、现状及启示》，《财贸经济》2007 年第 10 期。

的定价交易订单放在统一的订单簿上向客户揭示。① 在此系统中股票买卖双方直接交易,按照价格优先、时间优先原则,对接收到的客户定价交易订单自动撮合成交,摆脱了做市商的人为干预。平台可以买卖在纽交所和NASDAQ上市的股票。ECN市场的出现,使场外交易市场与交易所市场之间的界限变得模糊起来。2000年3月14日,美国太平洋交易所关闭了自己的交易大厅,把股票交易业务转移到了群岛公司提供的ECN交易平台之上,致使美国的证券市场上出现了第一个采用ECN交易模式的证券交易所。其交易机制与证券交易所相似,但是ECN市场又可以交易场外市场的挂牌股票,因此从市场结构上看,它又属于场外市场,但其已经不是纯粹意义上的场外市场,而是成为证券交易所与场外交易市场中间的一个新型市场。②

(四)2002年至今,场外交易市场形成新格局

2002年NASDAQ转变成为一家以营利为目的的股份制私人公司。2001年3月,NASDAQ正式向美国证监会提出成为证券交易所的申请。2006年1月13日,SEC正式批准NASDAQ注册成为继NYSE和AMEX之后的美国第三家全国性证券交易所,从而使得这些板块正式成为场内市场。但在此之前,市场普遍认为NASDAQ的上述两个板块早已是场内市场,只有OTCBB才是场外市场。2006年2月,NASDAQ宣布将全国市场(NMS)和小型股市场(Small Cap Market)改组为三个层次——NASDAQ全球精选市场、NASDAQ全球市场(即原来的全国市场)以及NASDAQ资本市场(即原来的"小型股市场")。③ 随着NASDAQ转型成为证券交易所后,美国场外市场格局也发生了变化。

三 现时期美国场外交易市场的结构

美国的场外市场在经历了上述的变迁后,形成了目前以粉单市场和

---

① 马达:《美国场外交易市场发展历程及对我国的启示》,《消费导刊》2008年第5期。
② 马达:《美国场外交易市场发展历程及对我国的启示》,《消费导刊》2008年第5期。陈杰:《美国场外市场的制度变迁及对我国的借鉴》,《武汉金融》2011年第7期。
③ 陈杰:《美国场外市场的制度变迁及对我国的借鉴》,《武汉金融》2011年第7期。

OTCBB 为主的,同时还包括第三市场、第四市场和私募股权转让市场,结构清晰、功能明确的场外交易市场。

(一)粉单市场

粉单市场既不是在 SEC 注册的股票交易所,也不是 NASDAQ 系统的 OTC,而是隶属于一家独立的私人机构美国全国报价局设立的报价系统。1913 年,粉单市场产生后,"粉单"系统按照将报价信息定期制作成刊物印刷发行的方式延续了几十年。1999 年 NQB 开始为 OTC 平台上的股票及债券引入实时的电子报价服务。2000 年 6 月,NQB 正式更名为粉单有限责任公司(Pink Sheets LLC),再后来更名为 Pink OTC 公司,尝试利用 OTC 的知名度。2010 年 11 月,再次更名为 OTC 市场集团(OTC Markets Group),并沿用至今。时至今日,OTC Markets 本质上已经成为为所有 OTC 股票提供电子报价的系统,超过 160 个股票经纪人通过粉单市场的平台,对超过 10000 只 OTC 股票进行交易。

OTC Markets 的层次结构分为三个层次,即 OTCQX、OTCQB 及 OTC pink。

OTCQX 市场是美国场外交易市场中最优先级别的市场平台,在该市场交易的股票需要披露最新的信息并达到最低的财务标准。正在关注投资者的企业通常会通过 OTCQX 的有效质量控制平台将透明的交易和优质的信息提供给投资者,并借助合格的做市商方便地进入市场。OTCQX 市场被分割为 OTCQX 国际市场和 OTCQX 美国市场,OTCQX 国际市场主要服务于希望能交叉上市的国外公司,OTCQX 美国市场主要服务于希望通过 OTCQX 作为其主要上市场所的国内公司。

OTCQB 是风险市场,服务于那些满足美国监管机构报告要求的公司。这一市场中不要求财务或定性标准,但在 OTCQB 上交易的股票需要向 SEC 进行申报并披露最新信息。

OTC pink 是开放市场。对于遵循了国际报告标准或选择性报告标准,即通过满足依照"OTC 市场集团关于提供合适正确的信息指引文件"中 OTC 信息披露和新闻服务标准的公司,其提供的材料应具有公开可用性,这些信息即被认定为 OTC pink 的当前信息。当前信息的分类是以信息披露水平划分,而不是依照指定质量或投资风险划分。这些类别包括壳公司或那些很少或没有经营发展阶段的公司以及未经审计的财务公司和应当被投资者认定为极具投机性的机构。在 OTC pink（即粉单市场）上交易的股票则根据信息披露更少及时效性更差而被划分为更低的级别。①

在 OTCBB 诞生前，绝大多数场外交易的证券都在粉单市场进行报价。粉单市场的创立有效地促进了早期场外市场的规范化，提高了市场效率，解决了长期困扰场外市场的信息分散问题。② 1990 年 OTCBB 市场设立之后，一部分粉单市场的优质股票转到了 OTCBB 市场。1999 年美国证券交易委员会要求在 OTCBB 市场挂牌的公司定期提供财务报告以后，又有一部分 OTCBB 市场的股票重新回到了粉单市场上进行交易。

粉单市场的功能就是为那些选择不在美国证券交易所或 NASDAQ 挂牌上市或者不满足挂牌上市条件的股票提供交易流通的报价服务。在粉单市场报价的是那些"未上市证券"（Unlisted Securities），具体包括：（1）由于已经不再满足上市标准而从 NASDAQ 股票市场或者从交易所退市的证券；（2）为避免成为"报告公司"而从 OTCBB 退到粉单市场的证券；（3）其他的至少有一家做市商愿意为其报价的证券。

粉单公司一直致力于报价系统的效率和透明度提升。2003 年，粉单公司启动电子报价系统，新系统启用后，证券经纪商和交易商间实现电子化报价，而 OTCBB 仍然采用电话报价方式，这促使做市商转向使用粉单公司开发的报价系统。由于越来越多的做市商借助粉单公司开发的电子报价系统提供证券报价，近年 OTCBB 的做市商数量不断下降。根据 Pink Sheets 提供的数据，目前美国场外市场 80% 的做市商使用粉单报价系统，20% 的做市商使用 OTCBB 报价系统。③

（二）OTCBB 场外交易市场行情公告板

OTCBB（Over the Counter Bulletin Board）全称是场外交易（或柜台交易）

---

① 参见 http：//www.otcmarkets.com/otc－101/otc－market－tiers。
② 陈杰：《美国场外市场的制度变迁及对我国的借鉴》，《武汉金融》2011 年第 7 期。
③ 参见 http：//finance.591hx.com/article/2012－05－14/0000181264s.shtml。

市场行情公告板（或电子公告板），是美国最主要的小额证券市场之一，也是美国金融业监管局 FINRA（原先为 NASD）的注册成员之间用来进行交易的电子报价系统。由 NASDAQ 成立并由 SEC 和 FINRA 负责监管，显示挂牌企业的实时报价和成交量信息。

OTCBB 报价系统是一个通过做市商以实时处理方式进行报价输入、更改和显示信息的电子报价媒体系统，并不具有交易撮合的功能，仅提供实时的报价资料。通常不在 NASDAQ 或任何证券交易所上市的股票，其报价与成交等交易资料都可以通过该系统获得。OTCBB 的基本条件是净资产、净利润、销售量没有限制条件，但要求股东人数至少为 80 人，有会计报告和财务审计报告。[①] 在 OTCBB 上交易的品种包括美国国内外的各种股票、证券、认购权、基金单位、美国存托凭证（ADRs）以及直接参与计划（DPPs）等。

OTCBB 市场具有多种特点，并作为美国证券市场的最初级市场，其制度安排和运作形式也有其自身的特点。OTCBB 是按照保荐人制度运作的市场，所有在 OTCBB 报价的公司必须至少通过一家做市商保荐，发行人只有通过做市商才能申请证券报价。OTCBB 的价格形成机制主要采用做市商制度，做市商根据自身的职责维持股票价格的稳定和流动性，并完成报价和交易。参与 OTCBB 的做市商是自愿的和满足柜台交易市场财务与运作要求的协会成员。做市商每月根据价位平均数量收取费用，发行人不需向 OTCBB 支付报价费用，OTCBB 不因提供服务向发行人收取任何费用。OTCBB 具有严格的信息披露机制，做市商所有国内股票发行、加拿大和 ADRs 交易必须在 90 秒内通过 ACTSM 报告，其他交易在 T＋1 内报告。做市商需向美国证券交易委员会（SEC）或其监管机构提供 OTCBB 报价公司的年报，发行人无须向 NASDAQ 市场公司或美国证券交易商协会（NASD）报告或履行披露责任。然而，所有在 OTCBB 报价的股票发行人应该定期向 SEC 或其他监管机构履行披露职责。[②]

OTCBB 与 OTC Markets 的区别：

OTCBB 与 OTCQX 及 OTCQB 类似，因为在此挂牌的股票也是通过场外系

---

① 张艳：《美国场外证券交易市场的发展经验与借鉴》，《特区经济》2009 年第 12 期。
② 张元萍、蔡双立：《境外柜台交易市场分析及对我国的启示》，《北京工商大学学报》（社会科学版）2008 年第 3 期。

统进行交易。当然，OTC Markets 与 OTCBB 也有几点不同。

首先，OTC Markets 是一个开放的电子交易平台。投资者可以通过传统的或在线的股票经纪账户买卖在 OTCQX、OTCQB 及粉单上挂牌的股票。OTCBB 是一个"会员报价的媒介，并不是发行商的挂牌服务"。因此，为了买卖只在 OTCBB 上报价的股票，买方和卖方的做市商必须通过电话联系来确认任何交易，投资人不能直接进入 OTCBB 系统进行交易。

其次，使用系统的费用不同。在给定的一个月内，OTCBB 做市商报价的每一只股票都会被 FINRA 收取 6 美元的"会员费"。对于每月进行几百只股票报价的做市商而言，这些费用可能会迅速上涨到很高。OTC Markets 不收取参与费，从而吸引了那些手里有大量股票需要报价的做市商。所以，当 2010 年 OTCQB 正式运行的时候，很多公司及做市商都对 OTC Markets 系统表现出了浓厚的兴趣。

最后，OTCBB 要求所有在此挂牌的公司需要至少有一个注册的做市商来保持公司在 OTCBB 上的挂牌；如果在四天之后，系统内没有有效报价，公司将被从 OTCBB 中除名。因此，如果公司从交易收费的 OTCBB 转移到交易免费的 OTC Markets 平台，则会被视为从 OTCBB 市场摘牌（delisted）。

事实上，这对绝大多数公司而言没有丝毫影响，这种摘牌（delisting）并不意味着公司的品质或是 SEC 的报告状态出了任何问题。这些公司仍然需要向 SEC 提交完整的报告，并且像往常一样运营。从电话交易平台转移到电子化交易平台，这只是一种形式上的变化，这种变化的结果就是老旧的 OTCBB 正逐渐过渡到新的 OTC 市场集团报价与交易体系。迄今为止，超过 95% 的经纪人已经通过 OTC 市场集团的三个层次的交易平台进行报价，只有少部分公司仍然只在 OTC Bulletin Board 上报价。①

（三）第三市场②

第三市场是指非交易所会员在交易所以外从事大笔的已经在交易所上市股

---

① 参见 http://wenku.baidu.com/view/5172224169eae009581bec80.html。
② 参见 http://wiki.mbalib.com/wiki/%E7%AC%AC%E4%B8%89%E5%B8%82%E5%9C%BA。

票的交易而形成的市场。换言之，是已上市却在证券交易所之外进行交易的股票买卖市场。它是一种店外市场。事实上，第三市场属于场外市场交易，但与其他场外市场的区别主要是第三市场的交易对象是在交易所上市的股票，而其他场外交易市场则是从未上市的股票。

第三市场的作用：（1）第三市场的出现，不但使参与者能够降低交易成本，进而得到实惠，而且对促进股票市场的进一步发展也产生了积极影响，使已上市的股票出现多层次的市场，加强了证券业的竞争。（2）既为已上市的股票交易增加了机会与渠道，扩大了市场的宽度和流通性，又促使证券交易所降低服务费用，提供更好的服务。（3）繁荣了股票市场。

（四）第四市场[①]

美国投资者和证券持有人绕开证券经纪人，相互间直接进行证券交易而形成的市场，称为第四市场。第四市场的交易通常只牵涉买卖双方。有时也有帮助安排证券交易的第三方参与，但他们不直接参与交易过程。第三方作为中间人，无须向证券管理机关登记，也无须向公众公开报道其交易情况。利用第四市场进行交易的一般都是一些大企业、大公司。它们进行大宗的股票交易时为了不暴露目的，不通过证券交易所，而直接通过第四市场的电子计算机网络进行交易。

第四市场的吸引力和优点首先在于其交易成本低廉，因为买卖双方直接交易不需要支付中介费用，即使有时须通过第三方来安排，佣金也要比其他市场少得多。其次是价格合理。由于买卖双方直接谈判，所以可期望获得双方都满意的价格，而且成交比较迅速。因此，第四市场有很大的发展潜力，同时也对证券交易所内和场外的大批量证券交易形成巨大的竞争压力，促使这些交易以较低的成本和更直接的方式进行。

（五）私募证券转让市场

私募证券转让市场，包括地方柜台市场和 PORTAL（Private Offering Resale and Trade through Automated Linkages）市场。地方柜台市场主要交易小额发行

---

① 参见 http：//baike.baidu.com/view/145535.htm。

公司根据条例进行州内小额发行的股份,而 PORTAL 通常被称为私募证券转让市场,是限售期未满的私募证券流通市场。PORTAL 市场是 NASDAQ 从 1990 年起开始运营的市场,在 2007 年专门为合格机构投资者之间转让私募证券推出了"限制证券"的集中议价系统。机构投资者和经纪商可通过终端和 PORTAL 系统相连进行私募股票的交易,系统中所有的合格机构买方都可以看到其他合格机构买方的报价和交易情况。PORTAL 有价证券不在 SEC 登记,不受《1934 年证券交易法》、股票相关法规的约束,同时也不受《萨班斯—奥克斯利法》的约束。但参与该市场的投资者必须是合格机构买方。因机构投资者具有较强的研究能力和抗风险能力,故此类交易不需要在 SEC 注册,也无须向公众披露信息。参与该市场的投资者必须拥有超过 1 亿美元的资产,且其背后的股东数不能超过 499 个。

四 美国场外市场的监管

(一)监管机构:FINRA 和 SEC

美国证券交易委员会(SEC)并不主要负责场外交易的管理,而是予以监督和指导,美国金融业监管局(The Financial Industry Regulatory Authority,FINRA)是场外交易的主要管理机构。其监管方式是以自律管理为主、国家集中统一管理为辅的监管模式。

美国金融业监管局是美国最大的非政府的证券业自律监管机构,于 2007 年 7 月 30 日由美国证券商协会(NASD)与纽约证券交易所中有关会员监管、执行和仲裁的部门合并而成。依据《1934 年证券交易法》和 1938 年的修正案,美国国会授权由在美国证券交易委员会注册的美国金融业监管局管理场外交易市场。它主要负责证券交易商的柜台交易市场的行为,以及投资银行的运作,监管对象主要包括 5100 家经纪公司、17.3 万家分公司和 66.5 万名注册证券代表。其核心目标是加强投资者保护和市场诚信建设,通过高效监管,辅以技术服务,实现此目标。

OTCBB 接受美国证券交易委员会和美国金融行业监管局的监管。粉单市场（OTC Markets Group）既不是股票交易所也不是自我监管组织,不受 FINRA 或 SEC 的监管。但是由于 OTC 市场上的行为和证券经纪人在市场上的活动都受到 FINRA、SEC 和各州证券监管者的监督,在 SEC 注册登记的证券公司也受到 FINRA 的监管。因此,FINRA 和 SEC 会对粉单市场上证券的所有做市商进行严格的监管。对于挂牌交易的公司的投诉,可直接向 SEC 反映;而对于经纪交易商或其他专业投资者的投诉,可直接向 FINRA 提起。因此,FINRA 履行的是对做市商行为的监管职责。

其主要职责为①:(1)制定规章制度并监督执行。FINRA 在 SEC 的监督指导下,制定本协会的规章制度以及 NASDAQ 的证券交易法规;防止欺诈、操纵市场的行为;监督手续费收取的标准,对不加入 FINRA 的从事场外交易的券商,同样有监督权。(2)建立和完善会员制度,检查会员的日常经营活动。FINRA 通过审查,吸收符合规定的注册经纪商成为自己的会员,要求并约束会员公平、公开进行经营活动,不得与任何金融部门有关联交易;对于违反规定的会员,给予行为和营业上的罚款、限制、终止的处罚,情节严重的,注销其会员资格。

(二)美国场外交易市场的监管制度

完善的监管体制是场外市场良性发展的重要保证。美国对于场外交易市场监管主要包括以下内容:

1. 建立完善的上市公司市场准入标准

挂牌公司在 OTCBB 首次上市,虽然对其净资产、净利润和销售量并无特别限制,但要求其股东人数至少有 80 名,做市商 3 个,要求有会计报告和财务审计报告。在粉单市场上,美国证券交易委员会对挂牌公司的净资产、净利润和销售量没有限制条件,但要求股东人数最少有 40 名,做市商有 1 个。同时发行人也不必向美国证券交易委员会提交财务报告。

2. 制定严格的信息披露制度

美国监管当局对于场外交易市场的信息披露规定主要体现在以下几个方面:

---

① 张艳:《美国场外证券交易市场的发展经验与借鉴》,《特区经济》2009 年第 12 期。

（1）制定明确的会计要求。美国财务会计准则委员会从1981年至1998年分阶段推出了9个涉及场外金融衍生品的会计准则，逐步建立了场外交易市场的会计认证、评价和披露标准，提高了市场透明度，使市场参与者获得了更充分的信息。

（2）制定针对不同市场的信息披露标准。在OTCBB市场上，从1993年底开始，各证券公司必须通过自动确认交易服务系统在成交90秒内披露国内股票柜台市场的交易信息，而在1998年4月则扩大到所有经过SEC注册的外国证券和美国存托凭证交易。为进一步促进市场信息的及时公开，1999年1月4日，美国证券交易委员会通过了《OTCBB监管规则》，在OTCBB报价的金融品种须向SEC以及有关金融保险监管机构报告当前的财务状况。

（3）建立中央清算机构。2008年11月，美国几家联邦监管机构（总统工作组、财政部、联邦储备理事会FRB）、美国证券交易委员会、美国商品期货交易委员会（CFTC）、财政部货币监理署（OCC）联合提出针对场外金融衍生产品市场尤其是信用违约互换（CDS）的监管措施，其中最重要的一项就是建立中央清算机构，以便向市场参与者公开CDS交易的交易量、交易价格、总的风险敞口等信息，以提高市场透明度。①

3. 保护投资者利益

美国各场外交易市场均明文规定了保护投资者的条款。主要包括：

（1）禁止欺诈投资者。在OTCBB市场，投资小型股票市场存在相当大的风险，美国证券交易委员会规定经纪商和交易商在交易前必须向客户提供书面文件并获得客户亲笔签字并接受有关文件约定的内容，否则进行任何小额股票交易均被视为非法。此外，在OTCBB市场，券商应当至少向3个做市商询价，当少于3个做市商时，券商须对全部做市商进行询价。券商一旦报出某种证券的买卖价格，就有义务按此价格成交，券商应在正常营业时间内精确报价并有足够的人力来应付客户的询价。

（2）向投资者进行充分的风险提示。根据场外交易市场的投资者保护要求，交易商须向交易对手特别是自然人进行风险提示。如美国商品期货交易委

---

① 秦洪军、刘忠燕：《美国场外交易市场的监管及其启示》，《金融与经济》2010年第8期。

员会（CFTC）和美国证券交易委员会均提出：交易商要遵守"适当性原则"，了解投资者及其相关信息的变化，特别是要了解投资者有无相关的风险认知能力①。

五 美国场外交易市场制度对我国的启示

（一）构建我国场外交易市场的总体思路

由于我国幅员辽阔，各地的经济和市场条件存在着巨大的差异，建立一个全国统一的市场并不能从现实上满足各地中小企业融资的需求，而且，这样的市场可能会使地方性的风险扩散成为全国性的风险。建议引入合格证券公司作为做市商，在中小企业发达的长江三角洲、珠江三角洲以及天津滨海新区等地先行试点，成熟后再逐步向其他区域推广，并最终实现全国统一的报价信息联网和交易系统网络。②

（二）构建我国场外市场的建议

根据美国场外市场的构建思路提出以下几点建议。

1. 总体定位

从证券市场的起源来看，最早的证券交易都是场外交易市场，集中交易的证券交易所是从场外交易所发展而来的。场外市场的上柜条件低于交易所，有的甚至不规定上柜条件，达不到交易所上市条件的企业的股份可以在这里转让。从美国证券场外交易市场发展的成功经验来看，我国的场外交易应定位为中小企业、创业企业股份的流通场所，准确地说，是为公开发行非上市股份有限公司的股票和转让非公开发行的股份有限公司股份提供服务。

2. 挂牌标准

根据场外交易市场的功能定位，在场外交易市场挂牌交易的股票应包括两

---

① 参考 SEC. the CFTC and SIB：OTC Derivatives Oversight Statement，2007。
② 刘静静：《美国场外交易市场发展模式对我国的启示》，《华北金融》2008 年第 9 期。

大类：一是因不满足沪深证券交易所上市交易条件而退市的股票；二是中小企业，尤其是高科技中小企业的股票。挂牌条件总体上应大幅低于沪深交易所的上市条件，但在设立初期，挂牌条件应相对严格，待市场成熟后再适当放宽挂牌条件。[①] 例如，目前新三板规定挂牌公司股东不能超过200人，这影响了挂牌公司的交易活跃程度。另外，企业挂牌过程基本按照上市公司标准来规范，导致新三板挂牌企业并未享受到上市公司交易的自由却受到股东人数的限制。因此，应当在适当的时机考虑突破股东人数200人的限制。

3. 信息披露机制

我国场外交易市场应当采取"先严后松"的信息披露制度。由于我国场外交易市场仍处于发展初期，规范程度较低，同时，拟挂牌企业存在治理不健全、资金实力不足、自主创新能力弱的问题，从维护投资者利益、控制市场风险的角度考虑，场外交易市场建设应当实施严格的信息披露制度。当场外交易市场发展进入成熟期时，为了满足更多中小企业的筹资需求，信息披露制度可以适当放宽。[②]

4. 交易机制

美国场外交易市场的经验表明，场外交易市场实行做市商制度，可很大程度上提高市场的流动性。我国场外交易市场也可以采用做市商制度和"统一报价、分散成交"的方式。"统一报价"就是指通过计算机网络等通信手段，构建电子报价系统，做市商通过这个报价系统提供证券的买卖报价。"分散交易"是指投资者根据该报价系统提供的买卖报价与做市商进行一对一的交易，成交后再通过统一的清算交收系统完成交易。

5. 转板制度

要理顺场外交易市场与交易所市场的关系，使两者间形成相互补充、相互联通的良性互动机制。明确交易所市场和场外交易市场不同的市场定位和发展重点，在两个市场间形成一种良性竞争的局面，并在两者之间建立相互联通的机制，使交易所的退市公司可以到场外交易市场挂牌，场外交易市场的挂牌公司如果达到

---

① 刘静静：《美国场外交易市场发展模式对我国的启示》，《华北金融》2008年第9期。
② 白冰、逯云娇：《中国场外交易市场发展研究——基于国内外场外交易市场的比较分析》，《经济问题探索》2012年第4期。

交易所的上市条件，也可以申请到交易所上市，使场外交易市场起到上市公司孵化器的作用。①

6. 监管制度

与深沪交易所市场相比，我国场外交易市场由于企业上市门槛低、交易分散、做市商报价等特点使得场外交易市场的运作风险更加突出。因此，政府监管部门应引导交易主体建立合理的风险管理架构、独立的风险管理机制，以及采用科学的管理方法，引导场外交易市场交易主体加强风险管理与内部控制；实行政府监管和行业自律监管相结合，坚持集中监管与自律监管相结合的模式，同时使自律监管发挥更大的作用。

参考文献

[1] 林建：《大交易场：美国证券市场风云实录》，机械工业出版社，2008。

[2] 马达：《美国场外交易市场发展历程及对我国的启示》，《消费导刊》2008年第5期。

[3] 刘岩、丁宁：《美日多层次资本市场的发展、现状及启示》，《财贸经济》2007年第10期。

[4] 陈杰：《美国场外市场的制度变迁及对我国的借鉴》，《武汉金融》2011年第7期。

[5] 张艳：《美国场外证券交易市场的发展经验与借鉴》，《特区经济》2009年第12期。

[6] 张元萍、蔡双立：《境外柜台交易市场分析及对我国的启示》，《北京工商大学学报》（社会科学版）2008年第3期。

[7] 秦洪军、刘忠燕：《美国场外交易市场的监管及其启示》，《金融与经济》2010年第8期。

[8] 白冰、逯云娇：《中国场外市场发展研究——基于国内外场外交易市场的比较分析》，《经济问题探索》2012年第4期。

[9] 刘静静：《美国场外交易市场发展模式对我国的启示》，《华北金融》2008年第9期。

---

① 张艳：《美国场外证券交易市场的发展经验与借鉴》，《特区经济》2009年第12期。

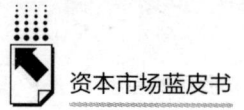

An Introduction to US OTC Market and Its Enlightenments to China

Abstract: Now, the U. S. capital market is the best one on the fracts of market levels, market structure and the operation mode. OTC market as the most important constituent part, which play a key role in the capital development and expansion. Thus, this article introduces the whole condition of OTC systermaticaly, integrating the development, current situation, hierarchical structure as well as supervision mechanism. And this paper provides the suggestions to perfect China's OTC market, which based on China's capital market situation and the reference to U. S. .

Key Words: US OTC Market; OTCBB; Pink sheet Market; FINRA; China's OTC Market

B.7 场外交易市场做市商的监管机制设计

肖伟 喻琼*

摘　要：

　　做市商的固有风险及违规隐患是做市商监管机制设计的前提。做市商的市场进退条件、义务边界和行为约束是监管机制设计的重要切入点。美国纳斯达克市场和我国台湾兴柜股票在上述方面具有值得借鉴的成功经验。立足于我国场外交易市场现状，借鉴美国、台湾的经验，提出我国做市商监管机制设计的具体方案。

关键词：

　　场外交易市场　做市商　监管机制

做市商是场外交易市场不可或缺的要素。我国理论及实务界对做市商制的引入探讨热烈。做市商的监管机制，应当从做市商的固有风险和违规隐患出发，抓准切入点，借鉴国外成功经验，立足国情，进行科学设计。

一　做市商监管机制设计的前提

做市商制度是具备一定实力和信誉的证券经营机构为特许交易商，向公众投资者进行连续的买卖双向报价，并在该价位上作为交易的对方以其自有资金与投资者进行证券交易的一种交易制度，以此维持市场的流动性。

---

* 肖伟，厦门大学法学院教授；喻琼，厦门大学法学院硕士研究生。

（一）做市商制度的固有风险和违规隐患

1. 做市商制度的固有风险

（1）资本结构风险。做市商应具备雄厚的资金实力，建立足够的证券库存来支撑做市行为。我国券商整体的资产安全水平较低，资本结构方面比一般企业更容易产生偿债风险。总体呈现"整体规模偏小、赢利模式同质、行业集中度不足、治理结构和内部控制机制不完善、整体创新能力不足"的状态。我国相关制度缺乏风险防范的内控建设要求和完善的退市机制安排，不利于保证做市商具备较强的风险抵御能力。

（2）存货价值风险。做市商需拥有一定数量的证券存货以保证交易的连续性，在价格波动性较大的欠成熟市场，做市商常常面临承受存货价值风险。

（3）效率风险。做市商市场相对于竞价交易市场，在持续报价、即时交易的模式下，交易成本相对较高。我国证券交易市场中小宗交易次数相对较多，做市商模式不利于降低成本，交易成本的上升会影响市场的流动性和效率，阻碍交易的进行。起步阶段的做市商制度缺乏风险防控机制，做市商无从化解风险成本，便靠设置较高的报价差额将风险转嫁给投资者，市场效率也会受到损害。

（4）信息风险。做市商根据其所能搜集的信息确定报价。因做市商分布不集中、信息能力不一，加之我国缺乏电子化交易系统这一做市硬件保障，做市商因信息不对称而形成的做市风险增加。另外，其不贴近真实市场的报价也不能及时被发现并予以纠正，给违规行为提供机会。场外交易市场加强软件与硬件的构建，可保障做市商及时获取信息，降低信息搜寻成本和信息误差，便于其积极、稳定地进行做市。

2. 做市商的违规隐患

做市商属于券商，兼具证券自营与经纪职能双重身份，两种角色难免产生冲突。做市商在追求更低的成本和更高的价差时，易利用自身优势进行合谋操纵市场、欺诈客户、限制竞争、内幕交易等违规违法行为。1994年"克里斯蒂—舒尔茨讨论"后，大家开始对做市商违规行为进行深入研究与探讨，甚至连做市商制度都被怀疑是否公平有效。

(二)我国做市商监管制度的现状

做市商制度这一舶来品的法律移植成功与否,关键是能否建立完善的监管机制。目前我国做市商制度仅存在试点区域规制,仍缺乏健全的监管机制。

1. 监管规定虚偏

监管对象的明确是落实监管的前提基础。场外交易市场做市商制度虽有试点运行之实,于我国证券法体系中却未有规定之名。《证券法》的相关规定虽为场外市场做市商制度的引入及监管提供了空间,① 但我国法律体系缺乏对场外交易市场做市商制度的明确规定,且相关条文存在制约做市商运行发展的规定。② 监管对象的模糊化不仅妨碍监管的落实,也在一定程度上约束做市商市场功能的充分发挥。

2. 监管模式低效

我国占主导地位的监管模式仍是传统的职能集中监管模式,产生于场内市场,与灵活、分散、复杂的场外市场难以对接。而自律监管仍然十分贫弱。加快构建与场外市场适应性强的监管模式显得尤为重要。

3. 监管标准混乱

我国监管机构的现状是监管部门过多,实行做市商制度的交易机制从属于不同的监管部门。产权交易市场分属不同的部委主管(地方政府产权交易管理办公室和国有资产管理机构),代办股份转让系统则由证券从业协会监督管理,而在天津新成立的两家股权交易所都是在天津市市政府的推动下成立的。此外,证监会为了加强非上市股份公司的监管,也专门成立了证券监管二部,负责对非上市股份公司及其股票的监管。监管部门过多,难以形成统一监管标准,不仅增加监管成本、降低监管效率,监管真空现象亦在所难免。

4. 监管机制缺失

(1)做市商资质管控机制缺失。做市商需要面临券商的一般市场风险以

---

① 《证券法》第 39 条规定:依法公开发行的股票、公司债券及其他证券,应当在依法设立的证券交易所上市交易或者在国务院批准的其他证券交易场所转让。

② 《证券法》第 76 条禁止内幕信息知情人在信息公开前买卖证券的条款,应以"但书"的形式指出做市商为履行做市义务而买卖证券的行为不在此条款禁止之列;第 77 条禁止利用各种优势操纵市场的规定,同样应对做市商豁免,其正常做市的行为并不能归于操纵市场之列。

及做市业务带来的特殊风险的双重考验。在我国场外市场目前的市场环境下，更是对做市商的运行资质提出了更高的要求。规定做市商进退约束是监管的第一道防线。我国做市商缺乏明确的资质门槛，亟待完善。

（2）做市商行为合规准则缺失。做市商很可能利用其特殊地位和优势进行违规操作。对做市商的行为设定合规性要求，明确做市商的权利义务边界是监管机制的保障。我国场外交易市场做市商制度仍缺乏明确统一的合规准则。

（3）做市商内控机制缺失。做市商面临多重风险，而我国许多券商仍缺乏风险控制意识及内控能力，没有内控机制予以控制风险，反而往往采用不法手段规避风险。内控机制是做市商亟待建设的薄弱环节。

二 域外做市商的监管机制

（一）美国纳斯达克市场做市商监管机制

美国场外交易市场的监管，采用的是 SEC 统一指导下的由 NASD 行业协会进行自律监管的体制，而做市商制度是美国场外交易市场的核心。NASD 制定的自律性规范和 NASDAQ 市场规则是监管的主要法律依据。

1. 纳斯达克市场做市商的市场进退条件

（1）准入条件。成为做市商之前，需要按照《纳斯达克市场规则》（NASDAQ Stock Market Rules）第 4611 条的要求向纳斯达克提出注册申请，并得到批准与授权，注册成为 NASDAQ 市场内某一证券的做市商。申请注册成为纳斯达克市场做市商需要首次并持续地具备以下条件：a. 执行与 NASDAQ 的协议规定；b. 经证监会注册的具备 NASDAQ 市场中心配对交易结算功能的清算机构的会员，或者与之有相关安排者；c. 于该体系中进行做市行为时，遵守 NASDAQ 以及证监会所有的法则与运行程序；d. 加入 NASDAQ 做市商之前应保持物理安全（Physical Security）措施，以防止不合理使用或非法潜入 NASDAQ 系统，包括非法窃取 NASDAQ 市场中心信息；e. 对 NASDAQ 市场中心认为受此类参与者行为影响的 NASDAQ 市场中心交易行为进行验收和清算，或者如果通过其他清算机构进行清算，保证由清算机构在定期结算日验收和清算认定 NASDAQ 市场中心交易行为；f. 向系统输入准确的信息，包括但不限于会员是否是以本人、代理或无风险本人身份所为的行为；在资本运营、中介代理和无风险资本量等行为。收到 NASDAQ 会员注册批准通知后，才有效地注册成为 NASDAQ 做市商。① 另外，做市商应负有持续告知 NASDAQ 体系任何其不符合前述注册要求的情形的义务。为保证做市商的准入与市场的高质量以及投资者的保护相一致，做市商应满足最低程度的遵守合同约定、财政约束以及规章控制的要求。②

（2）退出条件。NASDAQ 市场体系适应于证券市场做市环境的变化，为做市商制定了退市规则。做市商退市可分为自愿退市与被动退市。自愿退市的情形可见于《纳斯达克市场规则》第 4620 条（a）项，做市商自愿撤销某一证券的做市注册，其在撤销做市注册后的 20 个交易日内，不得再重新对该证

---

① 4611. Nasdaq Market Center Participant Registration

(a) Participation in the Nasdaq Market Center as a Nasdaq Market Maker, Nasdaq ECN or Order Entry Firm requires current registration as such with Nasdaq. Such registration shall be conditioned upon the participant's initial and continuing compliance with the following requirements:

(1) execution of applicable agreements with Nasdaq;

(2) membership in, or access arrangement with a participant of, a clearing agency registered with the Commission which maintains facilities through which Nasdaq Market Center compared trades may be settled;

(3) compliance with all applicable rules and operating procedures of Nasdaq and the Commission in their use of the System;

(4) maintenance of the physical security of the equipment located on the premises of the Nasdaq Market Maker, Nasdaq ECN or Order Entry Firm to prevent the improper use or access to Nasdaq systems, including unauthorized entry of information into the Nasdaq Market Center;

(5) acceptance and settlement of each Nasdaq Market Center trade that the Nasdaq Market Center identifies as having been effected by such participant, or if settlement is to be made through another clearing member, guarantee of the acceptance and settlement of such identified Nasdaq Market Center trade by the clearing member on the regularly scheduled settlement date; and

(6) input of accurate information into the System, including, but not limited to, whether the member acted in a principal, agent, or riskless principal capacity.

A member's registration shall become effective upon receipt by the member of notice of an approval of registration by Nasdaq. The registration required hereunder will apply solely to the qualification of a Participant to participate in the System. Such registration shall not be conditioned upon registration in any particular Nasdaq Market Center securities.

② 参见 4610. Registration and Other Requirements (d) (2) Compliance 规定。

券进行做市注册。① 而被动退市规定更体现了 NASDAQ 市场对于做市商资质的严格控制。《纳斯达克市场规则》第 4612 条 (c) 项规定, 如果做市商在取得某一证券做市注册资格后的 5 个交易日内没有进行报价, NASDAQ 将终止其这一证券的做市注册。②

2. 纳斯达克市场做市商的义务边界

法律明确做市商的义务, 为监管机构提供监管标尺, 可谓是监管的第二道防线。《纳斯达克市场规则》第 4613 条分类明确了做市商的几大义务。做市商应当遵守该条规定, 利用自己的账户从事一系列交易, 在合理的操作中辅助市场公平、有序运行。

(1) 报价义务。某证券的做市商应在定期的市场交易时间内持续地以自己的账户买卖这一证券, 以取得、保有双边交易利益。这一利益由 NASDAQ 交易所确认为履行义务的利益并随时显示在交易所的体系上,③ 且其报出买卖数量至少为一正常的交易单位 (100 股), 此为其一。其二, 做市商提供的报价数据必须具有合理性, 应符合该证券实时市场价格, 买卖价差应当在 NASD

---

① 4620. Voluntary Termination of Registration

(a) A market maker may voluntarily terminate its registration in a security by withdrawing its two-sided quotation from the Nasdaq Market Center. A Nasdaq Market Maker that voluntarily terminates its registration in a security may not re-register as a market maker in that security for twenty (20) business days in the case of Nasdaq-listed securities or for one (1) business day in the case of ITS securities.

② 4612. Registration as a Nasdaq Market Maker

(c) A Nasdaq Market Maker's registration in an issue shall be terminated by Nasdaq if the market maker fails to enter quotations in the issue within five (5) business days after the market maker's registration in the issue becomes effective.

③ 4613. Market Maker Obligations

A member registered as a Market Maker shall engage in a course of dealings for its own account to assist in the maintenance, insofar as reasonably practicable, of fair and orderly markets in accordance with this Rule.

(a) Quotation Requirements and Obligations

(1) Two-Sided Quote Obligation. For each security in which a member is registered as a Market Maker, the member shall be willing to buy and sell such security for its own account on a continuous basis during regular market hours and shall enter and maintain a two-sided trading interest ("Two-Sided Obligation") that is identified to the Exchange as the interest meeting the obligation and is displayed in the Exchange's quotation montage at all times.

定期发布的最大价差范围（Designated Percentage）①之内。

（2）维持报价义务。做市商在交易时间内，必须维持其所有向系统报出的买卖报价和订单，②应按接收到要求时市场上公开显示的报价和正常的交易单位来执行这一交易。如果无故取消报价，将被取消其在该股票上的做市商资格，在20个交易日内不得重新申请为该股票的做市商。但如果做市商由于一定的原因需要临时取消报价，例如出现设备或通信障碍、自然灾害、上市公司购并（此时须提供相应法律文件作证明）、清算系统出现故障等情况，其在事后立即继续提供报价或与纳斯达克市场运行部联系，并得到准许后取消报价时，可以不受报价不可撤销义务的限制，此时不会收到处罚。

（3）报价及更新能力受损告知义务。NASDAQ做市商报价及更新能力受损时，应立即联系NASDAQ市场运营部，请求撤回其报价。而NASDAQ做市商报价及更新能力受损，却仍选择保留在NASDAQ时，NASDAQ做市商应当以NASDAQ市场中心形成的报价执行来自另一会员的要约买卖。③

（4）做市商提供的报价应尽量避免形成"交义"（cross）市场或"锁定"

---

① 4613. Market Maker Obligations
　　(a) Quotation Requirements and Obligations
　　(2) Pricing Obligations.
　　(D) For purposes of this Rule, the "Designated Percentage" shall be 8% for securities subject to Rule 4120 (a)(11)(A), 28% for securities subject to Rule 4120 (a)(11)(B), and 30% for securities subject to Rule 4120 (a)(11)(C), except that between 9：30 a.m. and 9：45 a.m. and between 3：35 p.m. and the close of trading, when Rule 4120 (a)(11) is not in effect, the Designated Percentage shall be 20% for securities subject to Rule 4120 (a)(11)(A), 28% for securities subject to Rule 4120 (a)(11)(B), and 30% for securities subject to Rule 4120 (a)(11)(C). The Designated Percentage for rights and warrants shall be 30%.

② 4613. Market Maker Obligations
　　(b) Firm Quotations
　　(1) All quotations and orders to buy and sell entered into the System by Nasdaq Market Makers, Nasdaq ECNs, and Nasdaq Order Entry firms are firm and automatically executable for their displayed and non-displayed size in the System.

③ 4613. Market Maker Obligations
　　(c) Impaired Ability to Enter or Update Quotations
　　In the event that a Nasdaq Market Maker's ability to enter or update quotations is impaired, the market maker shall immediately contact Nasdaq Market Operations to request the withdrawal of its quotations.
　　In the event that a Nasdaq Market Maker's ability to enter or update quotations is（转下页注）

(lock) 市场。根据《纳斯达克市场规则》第4613条（e）项规定，"交叉"是指定期交易时间内，做市商对全国市场体系（NMS）股票提出的买入价高于之前依据全国市场体系股票计划形成的 NMS 股票卖出价，或是做市商对全国市场体系（NMS）股票提出的卖出价低于之前依据全国市场体系股票计划形成的 NMS 股票买入价；"锁定"是指对于同一证券的报价，某做市商提出的 NMS 股票最高买入价等于之前依据全国市场体系股票计划形成的 NMS 股票卖出价，或是做市商对全国市场体系（NMS）股票提出的卖出价等于之前依据全国市场体系股票计划形成的 NMS 股票买入价。[①] 做市商竞争做市时，在其综合报价基础上，应遵循最高买入价低于最低卖出价的规则，以避免该证券的买卖价差异常或消失。做市商应尽量避免其报价出现交叉和锁定，一旦出现交叉和锁定的情形，做市商应撤销该报价或者以扫架订单（sweep order）的方式全额执行。

（5）显示客户限价委托订单。如果投资者想在指定的价格买卖某一数量股票，这个委托叫作限价委托。限价订单指令是以特定价格或更好的价格买进或卖出股票。1997年颁布的《委托处理规则》对做市商的报价责任做了一些调整。如果客户提交的限价委托优于做市商的报价，那么做市商必须将客户限价委托的价格在其报价中显示出来；如果客户的限价委托与做市商的报价相

（接上页注③）impaired and the market maker elects to remain in Nasdaq, the Nasdaq Market Maker shall execute an offer to buy or sell received from another member at its quotations as disseminated through the Nasdaq Market Center.

[①] 4613. Market Maker Obligations

(e) Locked and Crossed Markets

(2) Inter-market Locked and Crossed Markets. Beginning March 5, 2007, the provisions of this subsection (e) (2) shall apply to the trading of securities governed by Regulation NMS.

(A) Definitions. For purposes of this Rule, the following definitions shall apply:

(ii) The term crossing quotation shall mean the display of a bid for an NMS stock during regular trading hours at a price that is higher than the price of an offer for such NMS stock previously disseminated pursuant to an effective national market system plan, or the display of an offer for an NMS stock during regular trading hours at a price that is lower than the price of a bid for such NMS stock previously disseminated pursuant to an effective national market system plan.

(iii) The term locking quotation shall mean the display of a bid for an NMS stock during regular trading hours at a price that equals the price of an offer for such NMS stock previously disseminated pursuant to an effective national market system plan, or the display of an offer for an NMS stock during regular trading hours at a price that equals the price of a bid for such NMS stock previously disseminated pursuant to an effective national market system plan.

同,做市商必须将客户限价委托买卖数量包含于其报价的数量中。这一规定体现了保护投资者利益的立法宗旨。

(6) 最优尽职义务。NASDAQ OMX BX (Boston Stock Exchange) Rules IM-2320条规定,NASDAQ市场的所有做市商必须承担尽职义务。当做市商与客户进行交易时,做市商必须尽可能选择当时市场上最优报价与客户成交。[①] 做市商尽职义务可以防止做市商以非市场最优报价与客户交易。

(7) 成交报告义务。《纳斯达克市场规则》第4616条规定做市商应时常按要求向NASDAQ提出报告。[②] 做市商提交成交报告主要是向市场其他参与者披露成交信息,保证交易的公平透明。在集中竞价制度下,交易由证券交易所集中撮合,并由交易所向社会公众发布。在做市商制度下,所有的交易都是在做市商处完成,做市商需要向市场管理者报告,然后由市场管理者汇总后向社会公众发布。及时有效地上交成交报告义务的设立,通过掌握最大信息量的做市商的自律监管一定程度上保证了证券市场的公平有效,更是节约监管成本的有效路径之一。NASDAQ市场规则规定交易时间内,所有的交易必须在成交后90秒内完成成交报告。下述特殊情况可以不需要成交报告:零股交易、新股发售、与市场价格没有任何关联的交易。

3. 纳斯达克市场做市行为的监管

《纳斯达克市场规则》第2110条规定做市商在执行业务时,应当遵循商业信誉高标准以及正当与公平的交易原则,对做市商一系列违规行为进行监管。

(1) 客户限价订单前交易 (Trading Ahead of Customer Limit Order)。做市商兼具证券自营与经纪职能等多重身份,在利己心的驱动下,很可能先于客户

---

① NASDAQ OMX BX IM-2320. Interpretive Guidance with Respect to Best Execution Requirements Rule 2320 (a) requires, among other things, that a member or person associated with a member comply with Rule 2320 (a) when customer orders are routed to it from another broker/dealer for execution. This Interpretive Material addresses certain interpretive questions concerning the applicability of the best execution rule.

② 4616. Reports
A Nasdaq Market Maker, Nasdaq ECN, or Order Entry Firm shall make such reports to Nasdaq as may be prescribed from time to time by Nasdaq.

限价委托订单进行了自营业务牟利，违反了其应当承担的"确定报价"义务以及"显示客户限价委托订单"义务，直接侵害了订单客户的利益，更扰乱了证券市场有序的秩序。针对这一隐患，《纳斯达克市场规则》IM-2110-2条对做市商此类行为进行了限制，NASDAQ和美国金融业监管局（FINRA）都可予以规制。

（2）"提前行动"（Front running）。做市商的做市业务优势使其相较于一般投资者提前知悉了相关市场的交易信息，为了防止做市商利用该内幕信息操作牟利，NASDAQ《纳斯达克市场规则》IM-2110-3条对禁止做市商得知交易即将成交的非公开信息时，在相应的证券上进行"提前行动"予以规定。①

（3）研究报告发表前的交易（Trading Ahead of Research Reports）。任何做市商会员不得在提前得知未公开研究报告中某一证券的内容或时点的基础上，利用NASDAQ的设施对某证券或其衍生产品进行建仓、增加持有、减少持有或清算相关证券的存货头寸。做市商应当建立、维持并执行合理设计的程序来限制信息在研究部门人员（或其他知悉研究报告内容或时点的人）和交易部门人员之前的流通，以此来防止交易部门人员利用未公开研究报告信息牟利。② 这一内部建立必要内控制度的措施，可防止故意调整相关股票的存货头寸的行为。

（4）禁止做市商限制竞争行为（Anti-Intimidation/ Coordination）。《纳斯达克市场规则》IM-2110-5条对相关限制竞争行为予以禁止：不得与其他会员公司或会员公司相关人员协调价格（包括报价）、交易或者交易报告，不得命令或要求其他做市商取消或调整价格（包括报价），不得试图以诸如威胁、骚

---

① IM-2110-3. Front Running Policy

　　Nasdaq members and persons associated with a member shall comply with NASD Interpretive Material 2110-3 as if such Rule were part of Nasdaq's rules.

② IM-2110-4. Trading Ahead of Research Reports

　　(a) No member shall use any facility of Nasdaq to establish, increase, decrease or liquidate an inventory position in a security or a derivative of such security based on nonpublic advance knowledge of the content or timing of a research report in that security.

　　(b) A member must establish, maintain and enforce policies and procedures reasonably designed to restrict or limit the information flow between research department personnel, or other persons with knowledge of the content or timing of a research report, and trading department personnel, so as to prevent trading department personnel from utilizing non-public advance knowledge of the issuance or content of a research report for the benefit of the member or any other person.

扰、强迫、胁迫等不当行为来影响其他会员公司或会员公司相关人员。其中包括但不限于任何要求其他会员公司调整或保持某一价格或报价的行为，不论其是否显示于 NASDAQ 设施中；以及危害或阻碍其他做市商或市场参与者的竞争性活动的类似拒绝交易等不当行为。①

（二）台湾兴柜股票做市商监管机制

台湾地区兴柜股票采用传统的竞争性做市商制度，做市商称为"推荐证券商"，2008 年在兴柜股票计算机议价点选系统中增加了小额委托计算机辅助自动点选成交功能，初步形成了以报价驱动为主、指令驱动为辅的混合交易制度。《证券交易法》、《证券商业同业公会章程》、《兴柜股票审查准则》、《兴柜股票买卖办法》等法律法规都对做市商制度有所规制。

1. 推荐证券商的市场进退条件

（1）准入条件。台湾《证券交易法》第 48 条证券商之最低资本额的规定，是推荐券商准入的上位条件，证券商应有最低之资本额，由主管机关依其种类以命令分别定之。

第 7 条统一规定，推荐证券商应自行订定兴柜股票议价买卖之内部作业办法，作为执行兴柜股票议价买卖作业之依循。而推荐证券商分为辅导推荐证券商与一般推荐证券商，《兴柜股票审查准则》第 6 条规定，发行人申请其股票登陆为柜台买卖需要"经二家以上辅导推荐证券商书面推荐，惟应指定其中一家证券商系主办辅导推荐证券商，余系协办辅导推荐证券商"。一般推荐证

---

① IM-2110-5. Anti-Intimidation/Coordination

　　Nasdaq is issuing this interpretation to codify a longstanding policy. It is conduct inconsistent with just and equitable principles of trade for any member or person associated with a member to coordinate the prices (including quotations), trades, or trade reports of such member with any other member or person associated with a member; to direct or request another member to alter a price (including a quotation); or to engage, directly or indirectly, in any conduct that threatens, harasses, coerces, intimidates, or otherwise attempts improperly to influence another member or person associated with a member. This includes, but is not limited to, any attempt to influence another member or person associated with a member to adjust or maintain a price or quotation, whether displayed on any facility operated by Nasdaq or otherwise, or refusals to trade or other conduct that retaliates against or discourages the competitive activities of another market maker or market participant.

券商为不参与发行的证券商在某股票开始柜台买卖届满一个月后可以向柜台买卖中心申请成为该股票的推荐证券商，须持有三万股以上该股票，并满足辅导推荐证券商除认购股份以外的其他资格条件。①

辅导推荐证券商。推荐证券商必须首先应为具备证券承销商、证券经纪商及证券自营商资格的证券商业同业公会会员，并且符合证券商管理规则第23条规定；自有资本适足比率达200%以上；现为与该发行人签有辅导契约之证券商，且主办推荐证券商应为主办辅导证券商。

主办辅导推荐证券商。主办辅导推荐证券商应是最近三年内曾担任股票初次申请上市或上柜，或办理现金增资或发行转换公司债之主办证券商，案经主管机关核准且已挂牌交易者，合计达三件以上；或其承销部门主管及至少三名承销业务人员具有前述承办案件之资历，同时该券商的合格登记承销业务人员应达十人以上。②

（2）退出条件。推荐证券商退出交易市场同样具有主动与被动两种情形。对于辅导推荐证券商：自其所推荐之股票开始柜台买卖之日起一年内不得辞任，但辞任后仍有二家以上辅导推荐证券商，则不受时间限制。对于一般推荐证券商：自申请同意之日起六个月内不得辞任。形式上要求都为正式发函向柜台买卖中心申请，并自中心复函内所载明的核准辞任日起，丧失其推荐证券商身份。③而被动退出则是柜台买卖中心依据《兴柜股票审查准则》第13条规定的适用情形取消推荐证券商的准入资格。④

2. 推荐证券商的义务边界

《兴柜股票买卖办法》和《兴柜股票审查准则》相关规定中规定了推荐证券商的主要义务，简述如下。

---

① 《兴柜股票审查准则》第9、10、12条。
② 《兴柜股票审查准则》第9条。
③ 参见《兴柜股票审查准则》第11、12条。
④ 《兴柜股票审查准则》第13条规定：推荐证券商有下列情形之一者，本中心取消其推荐资格：丧失证券承销商、证券经纪商或证券自营商之任一资格者；经主管机关依证券交易法等相关规定，或经台湾证券交易所股份有限公司依其营业细则等相关规定，或经本中心依业务规则等相关规定为停业以上之处分或处置者；自有资本适足比率连续三个月未达150%者；有本准则第十条各款所列情形之一者。

（1）双边、持续报价。推荐证券商有义务于每营业日交易时间开始前，使用兴柜股票计算机议价点选系统就其推荐之兴柜股票为至少一千股买进及卖出之报价，且其买进与卖出报价间之差距不得逾卖出报价之百分之七；于每营业日交易时间内，应就其推荐之兴柜股票负连续报价之义务，且其买进与卖出报价间之差距不得逾卖出报价之百分之十五。如前次报价经取消或其数量全数经点选成交后，推荐证券商应于五分钟内重新将报价资料输入兴柜股票计算机议价点选系统。①

（2）确认报价。推荐证券商使用兴柜股票计算机议价点选系统进行的报价，除法令另有规定或本中心规章另有订定外，一律为其所报卖出或买进的价格以及数量与相对应的买方或卖方成交的报价，应遵守报价的确定性。依次确定报价议价成交后，若没有使用兴柜股票计算机议价点选系统将原报价取消或变更，视为推荐证券商继续以原申报之价格及数量为其确定报价。②

（3）回复询价。证券商在库存股票数量少于两千股时豁免提供卖出报价的义务。《兴柜股票买卖办法》第 21 条第 4 款要求推荐证券商"对客户或其他证券商之询价应立即回复"，即推荐证券商对投资者负有立即回复其询价的义务，提高做市业务效率。

3. 对推荐证券商做市行为的监管

兴柜市场上发行的公司大多为成长性高科技公司，经营缺乏一定稳定性，台湾证券市场对推荐证券商市场行为的监管较为严格。采用计算机议价点选系统较全面地依次对其报价做市、成交履行做市以及违规做市行为等各环节进行监管。

（1）对推荐证券商履行报价义务的监管。议价点选系统③记录市场上的申报点选信息，以此作为评价考核推荐证券商的依据，提示监督功能。推荐证券商报价和数量超出规定的范围，系统将对其进行提示，应重新报价。当报价被取消或点选成交而推荐券商没有在 5 分钟内重新报价，计算机议价点选系统将

---

① 参见《兴柜股票买卖办法》第 21 条。
② 参见《兴柜股票买卖办法》第 10、11 条。
③ 议价点选系统，是兴柜股票买卖中心所建置供推荐证券商、证券自营商及证券经纪商在其营业处所透过计算机联机申报买卖资料，并提供推荐证券商执行议价点选成交之计算机议价交易系统。

提示警示信息，要求推荐券商重新输入报价，这是对连续报价的监督。

（2）对推荐证券商履行成交义务的监管。证券自营商自行买卖兴柜股票、证券经纪商受托买卖兴柜股票后，与各该兴柜股票之推荐证券商进行议价买卖，且指定议价交易对象者。若受指定之推荐证券商未于证券经纪商指定对象之委托资料送达后二十分钟内全数执行议价点选成交者，系统自动将尚未成交之指定委托资料传送予各该兴柜股票之全体推荐证券商，进行议价成交。确保推荐证券商在其报价范围有效率地履行买卖义务。

交易委托时，计算机议价点选系统可以对推荐券商处理投资人委托单时优先点选成交的顺序和效率进行实时监控。交易完成时，推荐证券商在其营业处所使用兴柜股票计算机议价点选系统进行议价点选成交后，系统即依序回报成交资料。推荐证券商于其营业处所与客户自行买卖兴柜股票，应于确定成交后迅即将其成交资料，依本中心规定之格式，输入本中心信息系统。从而建立完整的委托和成交数据库，对异常交易进行实时监察，提高监管效率水平。

（3）对做市商违规做市行为的监管。《兴柜股票买卖办法》第37～43条、《兴柜股票审查准则》第八章违规处理（第47～49条）都对推荐证券商的违规做市行为进行了系列规定。按其行为的违规影响程度依次选择不同程度的处罚：违约金、警告，并通知其限期补正或改善、股票停止柜台买卖并将该惩罚信息于公开信息观测站揭示等予以警诫、惩处。

（三）域外场外交易市场做市商监管制度借鉴评价

美国与中国台湾的场外交易市场做市商监管制度的构建分别代表着成熟发达证券市场与新兴创新证券市场的监管，但其做市商监管制度有共性亦有区别，有经验亦有教训。

美国、中国台湾均以证券立法的形式明确场外交易及其做市商交易制度的合法地位，以上位法指挥与具体行业法规细化补充相结合的方式予以监管，且采取较为宽松的准入标准结合严格的监管措施，但因市场发展程度不一，宽松与严格的标准也相对不一。对于监管系统建设，二者都采用强大的电子监管系统为技术保障。美国以自律监管为核心，实行分组监管，并配有投诉举报奖励制度。台湾地区则通过计算机议价点选系统全方位掌控推荐证券商的动态，监控不法行为。在监管侧重点方面,二者对于做市商信息披露义务的监管也愈发严格,对其信息披露的内容、要求等进行专门规制。

就监管模式而言,美国现行对场外交易的监管采取以自律监管为主、政府监管为辅的监管模式,由证券商协会或证券业协会直接管理场外交易;台湾地区经历了20世纪仅强调制度先行却不重视统一监管体系建立而导致的"多头管理"状态,出现监管真空后,2004年7月成立了"金融监督管理委员会"集中统一监管。而我国正处于监管机构混乱、条块分割的阶段,监管漏洞频现、效率低下。

就准入制度而言,在成熟的市场环境下,美国做市商准入标准较低,对报价价格和价差有一定约束,对净资本等财务指标没有严格规定。[①] 与此相比,我国现阶段处于市场参与者结构畸形、多层次证券市场缺乏、券商融资处于适用摸索期,渠道不畅、金融创新产品管制较严、券商资质及抗风险能力弱等瓶颈市场环境中,市场不稳定,风险大,宽松准入标准不适合我国市场。

就做市商风险控制而言,美国对做市商的净资本要求并不高,而其资本杠杆率则相对较高,不利于控制风险,尤其在金融危机的背景下,容易放大风险。而台湾对推荐证券商的资本充足率有所要求,以保障其做市能力。

三　中国场外交易市场做市商监管机制的构建

(一)市场准入与退出

1. 做市商准入条件

对于准入条件,我国国内的证券公司仍与成熟市场做市商的要求有一定的差距,但通过收购重组、自律监管及人才培养研究计划的逐一开展,证券公司

[①] 《纳斯达克市场规则》第4612条对土做市商的入门标准做出了要求:1. 在市场上维持最佳买卖报价的时间不少于整个时间的35%;2. 买卖差价不应高于平均差价的102%;3. 做市商在没有执行最少一个单位的交易的情况下更新报价次数不得超过更新报价总次数的50%。

资质跟随市场发展也在日益提升。现阶段做市商资格应采用核准制,由证监会负责审批;发展成熟到一定阶段,可适时引入注册制。

对于具体资格条件,由于场外交易市场是柜台交易市场、第三市场、第四市场等构成的多层次体系,各个层级的市场参与者类型、交易风险不一。做市商首先应为会员,以便统一监管。然后根据实际情况从注册资本、净资本量、财务状况、信用等级、经营行为记录、业务及研究人才储备、内控制度、自律管理能力等多方面以不同的标准综合评估、核定。

对于具体特殊标准,我国市场环境不同于成熟市场,对做市商的准入应设立较高门槛以保证做市商的综合能力。对做市商的净资本指标、持股数量、净资本与做市业务规定的比例都应有较高的要求,对资本杠杆率的控制要保持在较低的水平。对于资格监管,动态场外交易市场中做市商经营期间的做市能力多变,应动态考评做市商的资格条件。查证属实后,应切实采取相应措施予以规制,停业改良或撤销核准等。

2. 做市商退出机制

我国证券市场不稳定因素较多,设置做市商退出机制可起到过滤网的作用,既可增强做市能力,也是保护投资者及券商的表现。做市商资质变化或做市行为不能满足要求,如:信用能力和可信度严重不足、报价与主要市场价格背离较大、所做市股票未达到最低交易额要求等,监管机构有权命其退市,并作出相应惩罚:违约金、警告,并通知其限期补正或改善、股票停止柜台买卖等。

(二)做市商的义务边界

基于我国场外交易市场发展现状及做市商制度全面引入的空白,我国做市商需负担相对较重的责任和义务。

1. 双边连续报价

场外做市商对自己业务范围内的品种,应连续以其自有账户,按照规定的时间、价差、持续挂单时间、数量进行买卖报价(实时价格和报价数量),创造交易市以维持交易连续性。做市商报价应尽可能接近市场最优价格,遵循价差的限制,保护投资者利益并维护市场的稳定。世界各大证券市场对于做市商报价的价差范围，有的给予具体规定，有的仅是概要规范。①

关于报价连续性的保障，上文所述的美国纳斯达克市场和中国台湾兴柜市场则设立了对报价进行自动调整、警告报价的体系。而天津股权交易所设置了5分钟的报价空白的实践尝试，适应于我国场外交易市场试点引入做市商制度监管初期的特殊情况。场外交易市场全面引入做市商后，可学习天交所设置一定的报价空白得以度过制度适用的过渡期，便于做市商及时调整报价。在制度成熟之后，设立电子系统自动调整、警告，维持连续报价。

2. 确定报价

报价应是确定的，任何其他投资者向其提交委托时，应以不劣于其公开的报价条件执行交易，避免市场价格大起大落，稳定市场价格，保证市场交易的公正有序。公众投资者若有疑问，提出询价时，做市商有义务作出回应报价。可参考《纳斯达克市场规则》的规定，② 制定取消报价的相关规定，并对违规取消的行为予以惩处。而为了保护做市商的应有利益，确定报价应存在例外情况：自然灾害等不可抗力、上市公司购并等法律事实，消减做市商做市能力原因等，做市商可提出取消报价报告。紧急情况消除后，做市商须立刻在纳斯达克系统输入报价。

3. 交易相对方"适当性"评价

我国证券市场中小投资者偏多，可借鉴英美法中的适当性原则，即当向客户建议购买、销售或者交易任何证券时，根据客户告知的有关其证券持有状

---

① 台湾兴柜市场设置了5%的价差。天津股权交易所设置了盘前10%、盘中15%的价差。美国纳斯达克市场没有规定具体的价差范围，但是做市商的报价必须在市场最优成交买价和卖价之间，而且《纳斯达克市场规则》就报价偏离最优价格的幅度进行了限制，除此之外，规则鼓励接近市场最优价格的报价。参见蒋宇《"新三板"做市商制度之法律构建》，中国政法大学硕士学位论文，2011，第30页。

② 做市商在正常交易时间必须维持其确定性报价，如果取消报价可以分为两类情况处理。一类是临时性的取消报价，做市商由于一定的原因而临时取消报价时，必须先与纳斯达克市场运行部联系，市场运行部会通知是否要提交书面文件，并决定是否准许其取消报价。如果做市商事先不通知市场运行部，即使取消报价的理由符合相关规定，也将视为无故取消报价。在临时性取消报价期之后，做市商必须立刻在纳斯达克系统输入报价，否则将被视为违反了确定性报价义务，按无故取消报价处理。另一类是无故取消报价，若做市商没有任何理由无故取消报价，将撤销其在该股票上的做市商资格，必须在20个交易日后才能重新申请注册为该股票的做市商。参见周民源《美国NASDAQ市场的成功运作及启示》，《武汉金融》2001年第3期。

况、财务状况及需要，交易商应当有合理理由认为建议对于客户是适当的。可先制定相关标准对市场上的投资者进行分类，如英国的《金融服务和市场法》将其消费者分为三类，分别为个人消费者、中级消费者、市场交易对手，并对这三类消费者适用适当性原则的具体情况作了区分，规定个人消费者必须受到"适当性原则"的保护。做市商交易前须对交易相对方的适当性分类进行评估，确定交易规格，保护其交易利益，减轻做市商的交易效率风险及交易辨识成本。

4. 完成报告

成交报告向公众披露成交信息，关系到做市商制度的透明度和市场效率，做市商应当立即成交符合价格、数量要求的订单，保证市场的流动性。面对众多做市商的众多交易，可采用电子监管系统为技术保障，对不同种类的交易申报规定不同的交易时限，小型申报对应于较短时间，提高做市效率。做市商遵循由监管机构按具体系统技术条件而制定的报告时间，向监管部门提交包括证券名称、成交价格及数量、交易相对方等内容的完成报告，经检查后向公众予以公告。

5. 信息披露

存货控制、不对称信息交易对价格变动的影响很大，对做市商的监管一定要考虑这两个因素。尤其是后者，要努力建设信息披露制度完善的市场。做市商的"提前行动"是对证券市场公平交易环境及市场参与者的损害。内幕信息的规制理念可适用于做市商信息披露义务的监管机制设计，要保证信息及时、充分、准确地披露，维护证券交易的效率。披露范围主要为可能对证券市场股票价格或投资者决策产生影响的信息。

做市商应负有保存交易记录的义务，并即时向证券监管部门报告交易情况，定期汇总向其报告公开其每种买卖报价上的成交情况。交易信息的输入及即时公开，提供信息知悉的途径，曝光于公众眼前。群众监督的广泛渗透是机构监管无法企及的，提高违规行为的发现、侦查率的同时产生威慑作用。媒体发挥重要的舆论监督作用，同时也可能成为市场传播虚假消息、操纵市场、误导投资者的工具。证监会虽然无法监管媒体，但可以通过对操纵者的监管来实施间接监管。

6. 做市商内控建设

风险的良好控制可减轻风险转移的市场压力。证券业是一个高风险行业，场外交易市场更为不稳定，处于场外交易市场交易中枢的做市商要负担诸多固有风险、业务风险、市场风险。建立包含认识风险、预测风险、处理风险等机能的全方位风险控制体系是加强做市商内控建设的必要环节之一。建立由业务专家组成的管理风险专门委员会和完整、可靠的信息网络，动态地收集、整理、分析做市商的资本充足性、投资结构、资产流动性以及获利能力等信息进行检测、评估、预测，变更做市各项规划。

内部合规稽核可有效防控做市商内部违规行为。建立独立的稽核部门，配备一定数量业务素质较高的专职稽核人员，开展定期审计活动，检查监督自身及所属机构的财务、会计及业务经营管理活动的合规性、效率性，加强内部稽核审计。这也是自律组织自我监管的一种机制表现，自律组织可对自身内部以及证券市场的动态予以快捷反应，有效规制。

（二）做市行为的监管

1. 对报价义务履行的监管

做市商报价义务是所有交易实现的基础，对其履行效果的监管意义重大。应考察做市商是否履行了双向持续性报价，其报价是否为确定的，其报价是否符合时间、数量方面的要求。升级完善证券交易所的电子化交易系统，使该系统能检查做市商是否遵守了报价的确定性义务以及做市商是否连续报价，以此通过电子系统实现对做市商报价的有效监管。监管发现违规报价后，应及时予以警告，提醒其及时变更报价，履行报价义务。

对报价义务的监管主要是两方面，一是要检查做市商是否遵守了报价的确定性义务，另一方面则要检查做市商是否连续报价。无疑，对报价义务的监管还是应该由证券交易所来执行，建议应在证券交易所中成立专门的机构从做市商是否遵守报价、做市商报价是否公平等方面对做市商报价进行监控。

2. 对做市行为的监管

对做市商业务行为进行监管的技术前提是电子化交易系统的建立，做市商所有交易必须通过该系统完成，实时公开做市交易。系统中应配备异常情况预警及处理系统，实时监测价格、成交量波动过于联合的交易活动等的异常情况。及时分析调查异常现象并实施应急措施。改善做市商做市行为透明度低的缺陷，起到事前、事中、事后统一监控效果。

3. 违规行为的监管

针对做市商的多重身份，应对做市商实行类似 NASDAQ 的 OHR 的规则，禁止做市商在其客户限价订单做出前进行做市，不得在客户作出指令前"提前行动"。操纵市场、关联交易都是典型的做市商违规行为，其对投资者、证券市场的危害不可忽视。在缺乏做市商不法行为规制环境下，首先法律上应明确场外交易做市商操纵市场行为、做市商不得从事与其负责做市的股票发行公司有关联关系的行为等禁止条款，禁止做市商间的合谋协同行为。关于操纵价格、限制竞争与关联交易的认定须由制定者采取定义与列举相结合的规定加以细化。规定其责任惩罚，一旦发现将没收所得收益并加以罚款，永久取消该做市商的做市商资格并勒令退出证券市场，并将该处分予以公告，更甚者需面临司法审理。保证做市商行为的独立、公正，尽职做市，保护投资者利益。上文所述的各项监管机制切实开展后的现实效果都可达到监管违规行为的作用，促进场外交易市场公正、有效运行。

4. 责任规定

做市商的事后监管的落脚点是相关责任规定及规则机制的完善，"美国证券法下完善的证券私人诉讼制度和以一般反欺诈条款为核心的民事法律责任体系，使得交易商对义务的违反还往往可能导致承担民事责任"。《证券法》上位法及其他相关具体规章条文应确定对违纪违法的做市商行为进行民事、刑事究责的范围，引入代表人诉讼机制的规定，加强打击力度，形成威慑，为尚不成熟的我国场外交易市场的各类投资者提供坚实保障。

参考文献

[1] 中国证券监督管理委员会：《中国资本市场发展报告》，中国金融出版社，2008。

［2］张栩：《做市商监管制度研究》，北京化工大学硕士学位论文，2011。
［3］周子凡：《浅议做市商的监管》，《法制与经济》2010年第6期，第108页。
［4］任晟缘：《做市商制度比较研究》，天津大学社会科学与外国语学院硕士学位论文，2007。
［5］楚鹏：《中国场外交易市场做市商制度研究》，天津财经大学硕士学位论文，2010。
［6］冯巍：《做市商制度研究》，深圳证券交易所综合研究所研究报告，2001。
［7］李哲：《我国创业板市场做市商制度研究》，厦门大学硕士学位论文，2009。
［8］哈维尔·E. 杰克逊、小爱德华·L. 西蒙斯著《金融监管》，吴志攀译，中国政法大学出版社，2003。
［9］郭锋：《金融发展中的证券法问题研究》，法律出版社，2010。
［10］何国庆等主编《期货市场的实践与探索》，上海学林出版社，1998。

The Supervision Mechanism Design of the OTC Market Maker

Abstract: The market maker inherent risks and irregularities hidden is the premise of the market makers supervison mechanism design. Market retreat conditions market maker obligations boundary and behavioral constraints is an important regulatory mechanism design entry point. Based on our OTC market situation, learing from the experience of the United States and Taiwan, putting forward specific programs to our market makers regulatory mechanisms design.

Key Words: OTC Maket; Maket Maker; Supervision Mechanism

专题研究篇

The Special Papers

B.8
非上市公众公司治理的路径选择
——以市场监管与公司自治的制度衔接为视角

傅穹 关璐*

摘　要：

非上市公众公司是公众公司与闭锁公司的临界状态，其公司治理的关键在于解决闭锁型治理结构与外部市场规则的衔接与相互调试问题。独特的组织形态和制度定位决定了非上市公众公司应遵循以公司章程自治为基本架构，以适度信息披露制度满足投资者信息需求，以内部管理与外部审核相结合的联动机制保护股东利益、维护市场交易安全的治理路径。

关键词：

非上市公众公司　公司治理　场外交易市场　市场监管

2012年6月15日，中国证监会出台《非上市公众公司监督管理办法（征

---

* 傅穹，吉林大学法学院教授，博士生导师，吉林财经大学特聘教授；关璐，吉林大学法学院博士生。

求意见稿)》,非上市公众公司正式作为独立的监管对象进入立法者视野。然而,在实务界和理论界,非上市公众公司远非一个新兴概念。20 世纪 90 年代,我国 STAQ 市场和 NET 市场的建立催生了非上市公众公司这一公司形态,非上市公众公司一直被视作在股份代办转让系统进行股权交易的"准上市公司"或者从主板市场退市的转型期公司。有关非上市公众公司的法规,仅涉及场外市场股份发行、股权交易、信息披露、禁止非法发行股票等市场监管规则,并没有将非上市公众公司作为一个独立的监管对象进行系统规制。近年来,随着中关村股份代办转让系统、天津股权交易所以及各地方产权交易市场的建立和发展,强化非上市公众公司监管在维护场外交易市场秩序、促进中小企业成长、加快民间资本流动等方面的重大意义日益凸显。这使得政府有必要出台专门法规对非上市公众公司加以系统监管。

非上市公众公司是场外交易市场的融资主体和监管对象。完善非上市公众公司治理结构,既是公司自身发展的需要,也是保证场外交易市场安全稳定运行、防范系统性风险的基本诉求。然而,可否简单地将场外股权交易视为公司上市的前置程序,从而将上市公司的治理规则"一刀切"地适用于非上市公众公司?非上市公众公司应如何定位?非上市公众公司应选择何种治理路径?为回答以上问题,本文首先分析了非上市公众公司的制度特性,揭示了为什么非上市公众公司既不能简单适用上市公司的治理规则,也不能一味坚持闭锁型的治理结构。既然这两种主流治理框架都不能满足非上市公众公司的治理需求,那么,非上市公众公司治理应如何架构?强制性市场监管措施与既有的以股东自治为中心的闭锁型治理结构如何衔接?本文将从外部监督和内部管理两个维度去考察非上市公众公司的治理规则。文章第二部分将从非上市公众公司治理的基本理念入手,探讨公司章程自治和强制性法律规范在非上市公众公司治理中的共存与互动关系。第三部分从外部治理角度,探讨了适度信息披露和中介机构认真履行审慎核查义务对保护外部投资者利益的重要作用。第四部分从内部治理角度,强调强化董事会、监事会的监督职能以及建立内部审计制度,对防止大股东及公司管理者机会主义行为、保护股东利益的重要意义。非上市公众公司治理的核心是要解决闭锁型治理结构与外部市场规则的衔接与相互调试问题;公司独特的组织形态决定了其治理既要遵循基层资本市场的游戏规则又要充分尊重商人自治空间，也要遵循强制规范与自治规则并行的展开与收敛路径。

一 非上市公众公司的制度定位：介于公众与闭锁之间的公司形态

依据公司股票是否在主板市场上市交易来划分，公司可分为上市公司与非上市公司；依据公司股东人数多少、股东是否参与公司经营、股权可否自由流通来划分，可分为公众公司与闭锁公司。为什么非上市公众公司没有被划入上述这些分类，而是作为一个独立的概念受到立法者和法学研究者的关注？非上市公众公司与一般公众公司或闭锁公司相比存在哪些显著差异？这些差异是否将导致其必须遵循一条特殊的治理路径？我们将从股权结构、市场属性及治理机构三方面探讨非上市公众公司的制度特性，以及这些特性对公司治理结构的影响。

（一）股权结构意义上的公众公司

从股权结构上来说，非上市公众公司具有明显的公众属性。依据美国法，公司可划分为三个等级：一级公司是至少有 2000 名在册持股股东且总资产达 1 亿美元的大型公众公司；二级公司是至少有 500 名在册持股股东且总资产达 500 万美元的公司；三级公司包括股东人数较少的闭锁公司和股东人数达到 100 但小于 500 的公众公司。① 非上市公众公司因其股东人数和交易规模的限制，类似于三级公司以及二级公司中非在主板市场上市的公司。且依据美国 1933 年《证券法》、1934 年《证券交易法》规定，此类公司也需向美国证监会（SEC）注册方可发行证券，因此也属于"报告公司"的一种。

在英国，依据 2006 年《公司法》规定，非上市公众公司有两种来源：一种是按照法定程序和条件："设立登记载明是公众公司，或相关日期后登记或

---

① 参见美国法律研究院《公司治理原则：分析与建议（上卷）》，楼建波等译，法律出版社，2006，第 92～94 页。

再登记为公众公司的公司。"① 这种公司虽未在主板市场上市，但却依据《金融服务与市场法》在场外交易市场（OFEX）和另类交易市场（AIM）上发行和交易股票；另一种是通过与投资者以非公开形式发行股份，从而使公司具有公众属性，而这种公司"在配售前应再登记为公众公司，或承诺在要约发出后6个月内登记为公众公司"。②

在我国，2006年《公司法》、《证券法》修订以前，公司在除证券交易所外的其他市场公开发行和交易股份的合法性一度受到质疑。2006年《公司法》首度赋予公司股份在证券交易所以外的市场发行交易的合法性。2006年修订后的《证券法》第10条将"公开发行"定义为：向不特定对象发行证券，或向特定对象发行证券导致公司股东超过200人的发行行为。由此承认了场外交易的合法性。2006年12月，国务院发布的《关于严厉打击非法发行股票和非法经营证券业务有关问题的通知》规定，向不特定对象发行股票或向特定对象发行股票后股东累计超过200人的，为公开发行，应依法报经证监会核准；向特定对象非公开发行股票不得超过200人，且向特定对象非公开发行股票及其股权转让，不得采用广告、公告、广播、电话、传真、信函、推介会、说明会、网络、短信、公开劝诱等公开方式或变相公开方式向社会公众发行。非上市公众公司可归纳为，经证监会审批或在证监会指定场所发行股票，股东超过200人的股份有限公司。2012年证监会发布的《非上市公众公司监督管理办法（征求意见稿）》第2条对非上市公众公司作出明确定义，即股票向特定对象发行或者转让导致股东累计超过200人，或者股票以公开方式向社会公众公开转让，且股票不在证券交易所上市交易的股份有限公司。

（二）股份流通市场意义上的半公众公司

非上市公众公司股份流通市场并不是一个真正意义上的自由流通市场，只是一个做市商操纵下的半流通市场。非上市公众公司股份发行与交易途径有两种：一种是零散的通过个别契约行为进行股份转让；另一种是在诸如美

---

① S 1, Companies Act of 2006 (UK).

② S 755, Companies Act of 2006 (UK).

国 NASDQ 市场、粉红单市场（Pink Sheet），英国场外交易市场（OFEX）和另类交易市场（AIM），以及我国股份代办转让系统等三板市场通过做市商制度进行的股份发行与交易。个别契约行为的私人性不言而喻，而这种做市商市场也并不是一个可供股份自由流通的现成市场（Ready Market）。"这种位于资本市场最底层的所谓'私人的'或'人为制造的市场'，是通过单个的投资银行不断地吸引买者与卖者加入来加以维持的。"[1] "只有一个出价而没有要价，而且无法保证在报出价格水平或在此价格水平左右达成实际买卖。在此市场交易的公司处于公众与闭锁公司之间。"[2] 因此，非上市公众公司的股份虽然可以在场外市场流通，与普通闭锁公司相比其股权具有一定的流动性，但受市场运行机理的限制，非上市股份的交易过程仍然依赖做市商与股份发行公司、做市商与投资者间的契约行为来进行，场外交易市场仍然是一个以契约为基础的半私人市场，或者说是一种"一级半"市场。从这个意义上讲，非上市公众公司并不是一种完整意义上的公众公司，仍然具有一定的私人、闭锁属性。

（三）治理结构意义上的闭锁公司

非上市公众公司不因持股人数众多而背离闭锁型的治理结构。虽然各国都没有在立法中对闭锁公司和公众公司划分明确的界限，但可以肯定的是，公司规模和股本额度，并不能作为划分闭锁与公众公司的标准；是否在公司章程或登记机构上注明是闭锁公司，股东人数是否达到一定上限，只是区分公众公司与闭锁公司的形式标准；股东间是否关系紧密、股东是否参与经营，股东退出途径是否自由，才是区分闭锁公司与公众公司的实质性标准。非上市公众公司多适用于创新型中小企业，公司进入场外交易市场的目的在于解决融资瓶颈而非稀释控制权，公司管理者通常为公司大股东，相对于大股东来说，所有权与经营权并未完全分离。且受市场流通性的限制，非上市

---

[1] 〔美〕阿道夫·A. 伯利、加德纳·C. 米恩斯等：《现代公司与私有财产》，甘华鸣等译，商务印书馆，2005，第297~298页。

[2] 〔美〕罗伯特·W. 汉密尔顿：《美国公司法》（第五版），齐东祥等译，法律出版社，2008，第257页。

公众公司的股份并不能完全自由流通，仍然体现出明显的资本锁定效应。因此，从公司治理结构的本质来说，非上市公众公司属于闭锁公司的一种。只是典型闭锁公司里大股东与小股东的利益纠纷，演变成公司内部管理者和外部投资者之间的权利博弈。

另外，近年来，机构投资者成为非上市公众公司的主要投资者。从机构投资者本身来说，机投资者多为长线投资者，且场外交易市场流动性有限，使得机构投资者不能直接适用"以脚投票"的华尔街规则（Wall Street Option），进而激励了其参与公司治理。"他们可以通过专职调查与新设公司管理者建立关系、选任代表自身利益的董事，来积极参与和监管其投资；通过契约设计避免道德风险和信息不对称；通过增值服务（Value-Added Service）来提升公司价值。"① "机构投资者持股数量的急剧增加为研究现代公众公司中股东角色提供了舞台。股东越专业化，其参与公司经营的成本就越低。"② 机构投资者参与公司经营正体现了非上市公众公司治理的契约化路径依赖，体现了其本质上的闭锁型治理结构。

综上所述，从股东人数和交易规则来看，非上市公众公司具有明显的公众属性，应遵循公开市场的交易规则和强制性规范；但从其股份流通市场和治理结构来看，非上市公众公司仍然是一个充分体现公司自治需求，需要在不违反法律强制性规则的前提下，遵循公司章程和股东协议安排的闭锁型公司。单纯的闭锁型公司治理结构显然不能满足场外交易市场规模化、一体化、透明化的监管需求，未能为投资者交易安全和市场秩序的维护提供足够保证。而仅仅因股东人数的多少而人为地套用公众公司治理规则又不符合公司本身的制度特性，降低了治理效率、增加了融资成本，也违背了场外交易市场作为基层资本市场，为中小企业提供简便、直接融资途径的制度定位。因此，非上市公众公司治理必将遵循着一条以公司自治为核心，同时兼顾外部市场监管需求的折中路径。

---

① See Joseph A. Mocahery and Erik P. M. Vermeulen. *Corporate Governance of Non-listed Companies*. Oxford University Press, 2008: 8-10.

② See Melvin Aron Eisenberg: *Corporations and Other Business Organizations*. Foundation Press, 2005: 157.

二 非上市公众公司治理的基本理念：坚持以公司章程自治为中心

场外交易市场不是主板市场的"简化版"，其存在的意义在于为不同规模企业提供层级性的融资平台，场外交易市场的监管目的在于维护市场秩序的稳定和投资者交易的安全，而不是将所有融资主体强制改造成"准上市"公司。因此，就非上市公众公司治理而言，政府监管的重点应从管制转向引导，尊重非上市公司原有的运营形态，坚持公司自治为主、适度干预为辅的原则，不因股东人数增多而强行改变公司原有的闭锁型治理结构。

随着公司法由规范性规则向赋权性规则转变，公司章程也逐步从法定文件转变为自治规则，体现出明显的公司契约主义特性。然而，不同股权结构又导致股东对公司经营的参与程度不同、信息获知能力不同、对自身利益判断能力不同，导致公众公司与闭锁公司的章程制定路径不同。在闭锁公司中，股东人数较少且直接参与经营，是自身利益最佳的维护者与判断者，公司章程体现出明显的自治特点，任意性、赋权性规则多于强制性规则。其中强制性规则设立的目的在于"一是股东'充分知情'条件不能得到满足时，防止机会主义行为并保护股东合理的公正预期；二是设定经理人与控制股东的义务；三是为小股东提供退出路径；四是减少小股东力量增强时公司僵局的出现。"[①] 而在公众公司中，大部分股东不直接参与经营，为保护投资者权益、约束管理者机会主义行为，公司章程体现出明显的他治特点，公司法的强制规范多于股东自定的自治规则。公司法的强制介入有利于化解股东与管理者间的利益冲突，因为在公众公司中"股东力量分散且信息不足，股东意思表示存在局限性"。[②]

在非上市公众公司中，强制性规则是为了满足维护市场秩序、保护投资

[①] 朱慈蕴：《公司章程两分法论——公司章程自治与他治理念的融合》，《当代法学》2009年第5期。

[②] 〔美〕M. V. 艾森伯格：《公司法的结构》，张开平译，载王保树主编《商事法论集》（第3卷），法律出版社，1999。

者交易安全的需求，而自治规则是为了调节公司内部的权利分配，保护以外部投资者为主的小股东的利益不被大股东或者公司管理者的机会主义行为损害。在英美等国家，公司章程采取两分法：章程大纲记载公司法要求的强制性记载事项，如公司名称、住所、设立目的、资本、责任、公告等；内部细则则依据股东意志，在法律允许且不违反章程大纲规定的情况下，自主设定公司内部的权利分配与行使事项。我国采取大陆法系国家的单一式章程，2006年《公司法》第82条规定了公司章程的必要记载事项，包括名称、住所、经营范围、设立方式、资本情况、发起人情况、董事会监事会议事规则、法定代表人、利润分配办法、解散清算办法及公告、通知办法等。其中公司法定代表人、利润分配方法、董事会及监事会部分职权都是根据《公司法》规定，可以由公司章程按照股东意志约定的，尤其第82条第12项规定章程中还可以记载"股东大会会议认为需要规定的其他事项"，更体现了我国《公司法》由指令性规则向赋权性规则转变的态度，放松了立法对公司章程的强制性规制。

虽然我国目前场外交易尚未形成统一市场，未颁布针对场外交易和非上市公众公司的统一的法律法规，但是2012年6月证监会公布了《非上市公众公司监督管理办法（征求意见稿）》（以下简称《监管办法》），这也反映了我国政府对非上市公众公司这一特殊公司形态的关注和监管态度。该《监管办法》第6条规定，证监会对公司章程的必备条款作出具体规定，规范公司章程的制定和修改。此外该《监管办法》第8条、第9条、第10条、第13条、第15条、第16条将股东权利、股东大会及监事会和董事会的议事程序、关联交易表决和回避制度以及公司纠纷的解决机制等事项交由公司章程规定。这体现了我国政府对非上市公众公司治理的立法态度，即以章程自治为主、以外部规则为辅，以原则引导为主、以强制干预为辅，兼顾非上市公司特点与市场监管的需求。这一监管态度既有利于完善非上市公众公司治理结构，又适应了非上市公司规模小、治理结构简单、融资需求迫切的现状。然而，该《监管办法》仍然需要配套性规定的配合，证监会通过颁布《非上市公众公司章程指引》，既为非上市公司自治的范围和程度设定框架，也有助于为政府"规范公司章程制定和修改"行为提供一个权力的边界。

三 非上市公众公司的外部治理规则：信息披露与外部核查相结合的治理模式

如同美国大法官布兰德所言：阳光是最好的杀菌剂，路灯是最好的警察。任何公开市场的监管必然需要可靠的公司信息，而这种信息一方面来自公司的主动披露，另一方面来自证券公司、评级机构、会计师事务所、律师事务所等中介机构的考察和审核。真实充分的信息披露和审慎客观的核查报告，既是保护投资者利益、维护市场秩序的首要条件，又是推动公司治理结构完善的重要动力。

（一）公司的适度信息披露义务

及时充分的信息披露是调和大小股东间利益冲突，监督管理者决策行为和效果的先决条件。信息作为一种资源起初分布就呈现出一种不均衡性，信息披露本身就是一种公司资源的分配过程。尤其在公开市场中，信息披露有助于防止欺诈、增强公众对市场的信心、提高整体治理和商人道德标准、提升投资分析和公司估值的准确性以及促进公众整体利益的增加。① 然而，信息作为一种特殊商品，不可避免地会出现搜集、公布、核实等"信息成本"，将提高证券交易成本、降低证券本身的盈余反应系数。因此，信息披露的程度与范围必将随披露主体、披露对象的性质不同，以及证券市场规模和流通性差异而变化。从非上市公众公司本身来说，"一则，非上市公众公司的群体性特征是规模较小、组织结构简单、抗风险能力弱、承担成本能力弱，因而对信息披露成本更为敏感；二则，场外交易市场的投资者具有风险偏好的群体特征，具有更多投资经验与更高的投资技巧，对市场信息的依赖程度没有一般公众投资者强烈；三则，场外交易市场是一个零散的、自发的市场，一般由行业协会管理，具有高度的自律性。"② 因此，非上市公众公司信息披露既要充分又要恰当，在披

---

① 何美欢：《公众公司及其股权证券（上册）》，北京大学出版社，2001，第86~96页。
② 李建伟：《非上市公众公司信息披露制度研究》，《21世纪商法论坛第十届国际学术研讨会：公司法制结构性改革的前景论文集》，清华大学，2010。

露成本与披露效果间寻求平衡。

美国作为全球资本市场发展和公司治理改革的先行者和领军者,早在1933年的《证券法》中即对非上市公司股份发行的信息披露的内容和标准进行了规定。根据美国1933年《证券法》,公司非公开发行证券可以免于向SEC注册和提交注册说明,也不必在招股说明书中向公众进行信息披露。① 随后,美国证监会颁布的《证券法规则》将"公开发行"这一标准具体化,将发行对象划分为两种:一种是包括机构投资者、组织、内部人、风投公司、信托基金以及资产过百万或年收入超过20万的个人在内的"合格投资者"(Accredited Investor);另一种是具有专业知识和投资经验的"不合格投资者"。其中向合格投资者以非公开方式发行股份可以免除注册和披露义务,而向不合格投资者以非公开方式发行股份则须履行信息披露义务,且发行人数不得超过35人。② 但股份发行前12个月及发行期间累计发行金额不超过100万美元的,也可以免除注册和披露义务。③

在信息披露的内容和范围上,美国法给予了适当的限制。针对首次发行股份时非上市公司的信息披露义务,美国证监会依据1933年《证券法》制定了《公司招股说明书规则A》,要求披露的内容包括:主要发起人、主要发起人依据《证券法》第262条规定是否适格、关联交易、股份发行所适用的司法管辖、一年内未登记证券的发行及出售、股份发行的其他相关事宜、公司未来营销计划、在招股说明书中提到专家发行人间的关联关系以及所募集资金的用途。④ 针对股份发行后的持续信息披露内容,1934年《证券交易法》规定,公开发行公司定期向SEC提供年度报告表10-K、季度报告表10-Q以及重大事件报告表8-K。⑤

在英国,2000年《金融服务和市场法》将公司向社会公众发行非上市证券的审批权赋予金融服务局,且依欧盟《招股章程指令》规定,只有经主管

---

① Sec 42, Securities Act of 1933.
② Rule 501 ~ Rule 506, Regulation D.
③ Sec 10, Securities Act of 1933.
④ Form 1 - A, Regulation a Offering Statement under the Securities Act of 1933.
⑤ Sec 15 (d), Securities Exchange Act of 1934.

部门（金融服务局）审批后，方能公布招股章程，其中包括：注册文件、证券说明和摘要。① 此外，与美国相似，英国同样采用了注册披露豁免制度。2000 年《金融服务和市场法》同样将公司证券发行对象分为"合格投资者"和"不合格投资者"。向"合格投资者"发行股份、对不超过 100 人的"不合格投资者"发行、单个投资者投资金额不少于 5 万欧元、每股面额不低于 5 万欧元、发行总价不超过 10 万欧元时，公司免于信息披露，可以不制作招股章程。②

结合非上市公众公司规模小、风险负担能力差的特点，我国非上市公众公司信息披露仅要求重点突出并满足投资者需求。我国证监会发布的《非上市公众公司监督管理办法（征求意见稿）》和证券业协会《股份进入证券公司代办股份转让系统报价转让的中关村科技园区非上市股份有限公司信息披露规则》（以下简称《中关村信息披露规则》）借鉴了美国的区分披露原则：非定向公开股份发行的公司需披露"公开转让说明书"、"发行情况报告书"以及"定期报告"；特定对象转让导致股东累计超过 200 人的公司，仅要求简要披露"定向转让说明书"、"定向发行股票预案"以及"定期报告"。且公司信息仅需在中国证监会指定的信息平台披露即可，无须在期刊、报纸上刊登。这一规定明显降低了非上市公司的披露成本。

（二）中介机构的审慎核查责任

场外交易市场秩序的维护不仅依赖政府强制力的监管，也依赖市场自律机制。而以证券公司、会计师事务所、律师事务所为代表的中介机构所负有的尽职审查、审慎核查义务和行业协会制定的行业内监管制度是这一自律机制的重要组成部分。中介机构在市场中扮演着"看门人"的角色，"一方面通过不合作或不同意的方式阻止市场不当行为；一方面以自己的职业声誉为担保向投资者保证发行证券的品质"。③ 行业协会作为行业内部的自律组织，在法律规定

---

① PR 2.1.1, PR 3.3.1, PR 2.2.2, Prospectus Rules.
② Sec 86, Financial Service and Markets Act 2000.
③ 〔美〕约翰·C. 科菲：《看门人机制：市场中介与公司治理》，黄辉、王长河等译，北京大学出版社，2011，第 2~3 页。

之外，为市场参与主体，尤其是融资主体提供一个"准法律"约束机制。美国1934年《证券交易法》第3（a）条明确了证券市场经纪商、交易商和投资顾问的概念，并建立了从注册到资格要求到纪律要求再到监管要求的全套中介机构行使监督职责的法律框架。我国2006年《证券法》也引入了这一外部监督机制，分别设立专章对"证券公司"、"证券服务机构"、"证券业协会"的权责范围、勤勉尽责的审查与披露义务以及违反法定义务的责任承担等做出规定。

非上市公众公司股权交易采取做市商制度，公司进入场外交易市场需主办券商推荐。因此，建立非上市公众公司的外部治理机制，一方面在于借助行业自治协会的监督与制约功能，促进行业自律监管氛围的建立；另一方面在于选择注册符合资质要求的主办券商，由主办券商对公司治理结构、财务状况、经营状况及发展前景做审慎核查与验证，在公司存在投资风险或其他应当披露事项时协助披露重要信息。我国证券业协会颁布的《主办券商推荐中关村科技园区非上市股份有限公司股份进入证券公司代办股份转让系统挂牌业务规则》中规定，申请代办系统主办券商资格的证券公司首先应当满足"最近年度净资产不低于人民币8亿元，净资本不低于人民币5亿元；具有不少于15家营业部"；主办券商应勤勉尽责地进行尽职调查和内核，认真编制推荐挂牌备案文件，并承担推荐责任；对挂牌公司及其董事、监事、高级管理人员存在违法、违规行为的，应及时报告证券业协会；采取适当方式持续向投资者揭示股份投资风险。此外，在证券业协会颁布的《主办券商尽职调查工作指引》中，要求主办券商应对挂牌公司财务状况、持续营业能力、公司治理状况、合法合规事项进行审慎核查与验证。并在"尽职调查报告"中对公司控股股东、实际控制人情况及持股数量、公司独立性、公司治理情况、公司规范经营情况、公司法律风险、公司财务风险、公司持续经营能力、公司是否符合挂牌条件等事项发表独立意见。

另外，我国《证券法》、《监管办法》中都规定，中国证券业协会是证券业自律性社团组织；在法律法规和国务院有关规定的框架下，履行对公司股票转让、定向发行、信息披露的监管职责；对从事公司股票转让和定向发行业务的证券公司进行监督，督促其勤勉尽责地履行尽职调查和督导职责；

发现证券公司有违反法律、行政法规和中国证监会相关规定的行为，应当向中国证监会报告，并采取自律管理措施。非上市公众公司进入场外交易市场门槛较低、企业规模较小、技术开发风险大、发展前景稳定性较差，引入主办券商负责和行业协会监管的自律型监管模式，一方面有利于化解因信息不对称产生的投资风险；另一方面有利于建立健康的投资环境，畅通市场参与主体的投融资渠道。

四　非上市公众公司的内部治理规则：董事会、监事会监督与财务审计相结合的治理模式

非上市公众公司具有两个显著特点，"一是所处行业属于新兴的高科技领域，行业成长性高；二是其中某些企业已经成长为某细分市场的隐形冠军，是所在行业中首次登陆资本市场的企业。"[①] 可以说，在场外市场交易的非上市公众公司是市场前景好、发展潜力大的中小型优质企业。然而，与上市公司相比，这些公司具有规模小、资金少、财务管理混乱、股权不明晰、治理结构不完善等特点。完善非上市公司治理，除坚持公司章程自治和建立适度的外部监督机制以外，还应当细化公司内部的治理分工：明确股东权利，平等保障股东知情与参与决策的权利；明晰股东会与董事会、监事会的职能划分，发挥董事会、监事会对大股东权利行使的制衡作用；建立严格的审计制度，保障财务运行规范化、透明化。

（一）平等保障股东权利，强化董事会、监事会的监督职能

闭锁公司治理的重点在于保护小股东利益不受大股东剥夺，或者在小股东利益存在受剥夺之虞时赋予小股东有力的可以制衡大股东权利滥用的救济手段。而公众公司治理的重点在于强化控制权人的受托义务，防止公司董事、管理者的机会主义自利行为。非上市公众公司治理，首先要承认所有股东权利地位平等，知情权、表决权等受到平等保护；其次要明确董事会、监事会的职

---

① 欧卫安：《新三板业务与创新》，法律出版社，2011，第73页。

能,使董事会、公司高管相对独立,强化董事会、监事会的监督力度。

美国法相关规定值得我国借鉴。在股东表决权方面,依据《美国标准公司法》第7.21条之规定,"除公司章程另有规定以外,每股发行在外的股票,无论属于何种类型,对于股东大会上所要表决的事项具有一票表决权,只有股票才有表决权。"① 在董事会构成方面,美国法要求"大型公众公司的董事会多数董事与公司的高级主管应没有重大的关联,除非多数有表决权的股份由单个人、家族集团或控股集团所拥有;而小型上市公司(即本文所讨论的非上市公众公司)的董事会至少有3名董事与公司的高级主管没有重大关联。"② 这样做既保证了董事会与管理者相对独立,能更好地履行监督职能;又降低了"小型上市公司"的董事选任成本。在关联交易方面,根据《美国标准公司法》第8.60条、第8.61条、第8.63条等相关条款规定,"当董事从事与公司有利益冲突的交易时,应向公司股东和其他董事披露他的冲突性利益的存在及其性质,和该董事所知悉的与该交易事项有关的,且任何一个合理谨慎的人都会合理地相信与是否进行该交易的判断有关的所有事实。只有在取得拥有适格董事或者适格股东多数同意时才生效。如果利益冲突股东在表决前未履行披露义务,且并未对投票结果产生决定性影响,则该决议是否有效交由法院裁判。"③

我国《公司法》采用大陆法系国家双层治理结构,即在设立董事会的同时设立监事会,对公司经营和董事会、高管行为进行监督。相对于美国法,我国《公司法》第115条规定,公司董事会可以决定由董事会成员兼任经理。在关联交易方面,我国《公司法》仅在第16条规定,公司为公司股东或者实际控制人提供担保时应经股东会或股东大会决议,由出席会议的其他股东过半数通过。而第125条中的关联交易关联人回避制度,仅适用于上市公司董事。我们认为,《公司法》第16条、第125条的回避制度设立的目的都在于防止关联股东及关联董事利用表决权操纵公司机会、实施机会主义行为,从而损害公司利益。非上市公众公司与上市公司相比投资范围明显减小,但仍然存在保

---

① 《最新美国标准公司法》,沈四宝译,法律出版社,2006,第71页。
② 美国法律研究院:《公司治理原则:分析与建议》(上卷),楼建波等译,法律出版社,2006。
③ 《最新美国标准公司法》,沈四宝译,法律出版社,2006,第119~124页。

护外部投资者交易安全的需要，适用于上市公司的关联交易回避制度也应变通地适用到非上市公众公司中。对于这一问题，我国证监会2012年颁布的《监管办法》有相同的认知。该《监管办法》第二章除将公司股东大会、董事会、监事会的召集及表决程序交由章程约定外，还在第14、15条规定，关联交易及表决权回避制度，根据公司的实际情况，由公司章程约定。这一规则体现了我国政府对非上市公众公司公众属性的关注，也贯彻了非上市公司以自治为主、强制为辅的治理原则。

（二）建立内部审计制度，保障财务透明化

财务制度不健全、财务管理混乱，是非上市公司的顽疾。在缺乏充分信息披露和外部监督的条件下，非上市公司的财务状况常陷于混沌状态。为保护非上市公众公司股东权益、完善公司财务制度，各国纷纷建立了内部审计制度，以保证公司财务透明化。在日本，股本在5亿日元以上或者负债总规模在200亿日元以上的公司即被认定为大型公司，日本《商法典》要求大型非上市公司的财务报告应经独立的审计师审计。"德国法要求大型非上市公司向公司注册机关报送财务报表报告。在英国，所有有限责任公司至少要公开一部分财务情况，小型公司通常仅需要提交资产负债表，但是报告须经审计。"① 美国法律研究院亦对公司实践提出建议，"建议每家小型上市公司都设立一个审计委员会以履行和支持股东会的监督职能，定期审查公司的财务数据编制程序、公司的内部控制和公司的外部审计人员的独立性。审计委员会至少应由3名成员组成，这些成员应是当前没有在公司供职而且在过去的两年中也没有在公司供职的董事，其多数成员与公司的高级主管应没有重大关联。"②

公司内部审计制度作为董事会、监事会职能的补充，有利于保证财务管理的规范化、透明化，有利于防止公司高管或控制人利用财务机会侵害公司利益。然而，德国、日本、英国、美国等国家都对审计委员会的职权采取限

---

① 国务院法制办金融司课题组：《非上市公众公司法律制度研究》，http://www.p5w.net/stock/news/zonghe/200804/t1600909.htm，2011年4月30日。
② 美国法律研究院：《公司治理原则：分析与建议》（上卷），楼建波等译，法律出版社，2006，第113~114页。

缩型的立法态度，要求其不得替代监事会或董事会执行本应由全体成员共同执行的职责。因为，立法者有理由相信，过分扩大审计委员会的权利将有可能削减监事会或股东会的权利，且使得监事会成员和董事丧失应有的责任感。①

结 论

非上市公众公司之所以受到立法者的重视，是因为它是基层资本市场最主要的融资主体，非上市公众公司是否能够健康有序地发展既关乎广大外部投资者的利益，也决定了场外交易市场能否平稳、高效、有序运行。完善非上市公司治理结构，既是公司自身发展的需要，也是保障投资者权益、营造自律性市场氛围的主要手段。原有的法律法规并没有给予非上市公众公司治理应有的关注。有关非上市公众公司的相关立法，仅仅是将其作为场外交易市场的一部分，对公司股份发行、股份托管、股份交易等市场行为进行规制，没有涉及非上市公众公司本身的治理问题。非上市公众公司治理，一直处于模糊和混乱状态，股份代办转让系统和各地方产权交易中心，对挂牌企业的治理要求仅仅是参照上市公司标准略有降低。

随着我国新三板市场和天津股权交易所的建立，非上市公众公司监管在维护市场稳定、加快多层次资本市场建设等方面的重要意义日渐突出。在此背景下，2012年6月，中国证监会发布《监管办法》将非上市公众公司作为一个独立的监管对象进行系统规制，其监管理念中最重要的一部分即强化非上市公众公司治理和规范运作，引导并推动公司在法律框架下健全公司治理机制，依法实行"自治"，保护投资者的合法权益。② 非上市公众公司并不是"准上市公司"或"小型上市公司"，它并不能因股东人数众多、股权可以在场外市场

---

① See Klaus J. Hopt, Patrick C. Leyens. Board Models in Europe: Recent Developments of Internal Corporate Governance Structures in Germany, the United Kingdom, France, and Italy [J]. European Company and Financial Law Review, 2004.
② 参见中国证监会《非上市公众公司监督管理办法（征求意见稿）》起草说明，http://vip.chinalawinfo.com/newlaw2002/slc/slc.asp?db=chl&gid=182213，2012年8月7日。

流通而想当然地适用公众公司监管规则。非上市公众公司公众性与闭锁性并存的制度特性，决定了非上市公众公司治理需要在"他治"与"自治"之间寻求一种既满足市场监管要求，又适应公司实际的折中式治理模式。一味要求非上市公众公司套用上市公司治理规则增加了公司治理和融资成本，也违背了基层资本市场为不同企业提供便捷直接融资途径的设立初衷。结合非上市公众公司这一特性及《监管办法》内容，本文认为，非上市公众公司治理过程中应突出三项内容：

首先，非上市公众公司治理应坚持公司自治，强化章程在公司治理中的核心地位。证监会《监管办法》将章程自治作为非上市公众公司治理的基本理念，将股东大会及监事会和董事会的议事程序、关联交易表决和回避制度以及公司纠纷的解决机制等事项交由公司章程规定，将公司大部分治理事项交由公司章程自主约定。这一规定体现了我国政府对非上市公众公司弱化监管、强调自治的监管态度。

其次，非上市公众公司应建立以公司信息披露和中介机构审查为主要内容的外部治理机制。信息披露和中介机构审查是公司进入公开股权流通市场的第一道门槛，是外部监管机制介入公司内部治理的入口。受非上市公众公司规模小、治理结构简单、风险承受和成本负担能力低等特性的影响，非上市公众公司的信息披露与审查制度应当坚持必要性原则，即仅披露和审查对投资者权益会产生重大影响的关键信息，以此控制公司的治理成本。

最后，非上市公众公司应建立董事会、监事会监督与内部财会审计相互联动的内部治理机制。非上市公众公司内部治理机制的目的在于突出保护股东权益，抑制大股东利用公司控制权对外部投资者实施机会主义行为。为实现这一目的，一方面应强化董事会和监事会的监督职能；另一方面应通过财务审计制度提高公司财务透明度，防止控制权人损害股东利益。证监会《监管办法》在第10条、第12条、第13条、第15条规定了相关内容，要求公司建立有效的会计核算体系，允许公司章程对关联交易的表决及回避制度以及股东会、监事会、董事会的召集与表决程序进行约定。

当前，我国场外交易市场呈"1+N"发展态势，缺乏统一的全国性市场和统一的法律与监管规制，亟须一个既符合国家统一监管要求，又能满足不同地区市场、不同企业投融资需求的多元化、灵活化监管规则。这种统一监管框架下的自治型治理结构，有助于解决外部市场监管与原有治理规则的制度衔接问题，有利于化解中央统一监管与地区市场差异间的规则调试问题，更有利于促进建立场外交易市场自律型监管体系、培育健康稳健的场外投融资环境。这必将对我国经济体制改革和多层次资本市场建设起到积极的推动作用。

参考文献

[1] 美国法律研究院：《公司治理原则：分析与建议》（上卷），楼建波等译，法律出版社，2006。

[2] 〔美〕阿道夫·A. 伯利、加德纳·C. 米恩斯等：《现代公司与私有财产》，甘华鸣等译，商务印书馆，2005。

[3] 〔美〕罗伯特·W. 汉密尔顿：《美国公司法》（第五版），齐东祥等译，法律出版社，2008。

[4] Joseph A. Mccahery and Erik P. M. Vermeulen：Corporate Governance of Non-listed Companies. Oxford University Press，2008：8 – 10.

[5] Melvin Aron Eisenberg：Corporations and Other Business Organizations. Foundation Press，2005：157.

[6] 朱慈蕴：《公司章程两分法论——公司章程自治与他治理念的融合》，《当代法学》2009 年第 5 期。

[7] 〔美〕M. V. 艾森伯格：《公司法的结构》，张开平译，载王保树主编《商事法论集》（第 3 卷），法律出版社，1999。

[8] 何美欢：《公众公司及其股权证券》（上册），北京大学出版社，2001。

[9] 李建伟：《非上市公众公司信息披露制度研究》，载《21 世纪商法论坛第十届国际学术研讨会：公司法制结构性改革的前景论文集》，清华大学，2010。

[10] 〔美〕约翰·C. 科菲：《看门人机制：市场中介与公司治理》，黄辉、王长河等译，北京大学出版社，2011。

[11] 欧卫安：《新三板业务与创新》，法律出版社，2011。

[12] 《最新美国标准公司法》，沈四宝译，法律出版社，2006。

[13] 沈四宝：《最新美国标准公司法》，法律出版社，2006。

[14] 国务院法制办金融司课题组：《非上市公众公司法律制度研究》，http://www.p5w.net/stock/news/zonghe/200804/t1600909.htm，2011 年 4 月 30 日。

[15] Klaus J. Hopt，Patrick C. Leyens. Board Models in Europe：Recent Developments of Internal Corporate Governance Structures in Germany，the United Kingdom，France，

and Italy [J]. European Company and Financial Law Review, 2004.

[16] 中国证监会:《非上市公众公司监督管理办法（征求意见稿）》起草说明，http://vip.chinalawinfo.com/newlaw2002/slc/slc.asp?db=chl&gid=182213，2012年8月7日。

The Path Choice of Non-Listed Public Company Governance

—Perspective on the Convergence of System of Market Supervision and Corporate Autonom

Abstract: Non-listed public company is the critical status between public company and close company, the key of governance is to solve the connection and debugging problems in close governance structure and external market rules. Unique form of organization and system orientation determines that the non-listed company should follow and based on the basic architecture of articles of association autonomy, to meet investors demands with appropriate information disclosure system, the governance path is the linkage mechanism to protect shareholders interests and preserve the market transaction security which is conjunction internal management and external audits.

Key Words: Non-Listed Public Company; Cooperate Governance; OTC; Supervision

B.9 商法思维下的场外交易市场做市商制度构建

蓝 冰*

摘 要：

> 做市商制度是提高场外交易市场活跃度和流动性的必要的交易制度。针对我国场外交易市场迫切的流动性需求和做市商制度在法律和制度上面临的障碍之间的冲突，运用商法对商主体和商行为的营利性的保护和规制的思维，强调在构建场外交易市场做市商时，应当从资金、信誉和经营能力等方面严格设定做市商资格，明确其包括价差利益、做市豁免和信息披露等权利和义务，以及通过强化行政责任来实现严格的监管，并通过卖空机制和证券救济制度的建立来保障做市商制度的运行。

关键词：

> 商法思维 场外交易市场 做市商制度

做市商制度是西方发达国家资本市场上在市场流动性和价格发现机制上表现尤为突出的一种交易制度。随着我国资本市场的发展，尤其是场外市场发展中所呈现出对市场流动性和价格发现机制的需求与日俱增，理论界和实务界关于在场外市场引入做市商制度的探讨亦日趋热烈与深入。从域外经验的介绍与借鉴，到引入该制度的必要性，以及到具体的操作层面，都取得了丰硕的研究成果。整体而言，由于做市商制度对于法治环境、诚信素质和相关金融制度的要求较高，在其是否引入资本市场问题上，赞同与反对两种声音相持不下。赞

---

* 蓝冰，四川省社会科学院助理研究员、北京大学企业与公司法研究中心特约副研究员，法学博士。

同者更强调市场发展的规范和需要，寄望于通过金融领域的这项制度创新来促进场外市场的进一步繁荣和发展，①而反对者则基于现有制度环境的安全性和局限性的考虑，希望延缓到将来条件更为成熟的情形下再实施改革。②两种观点的交锋也频频见诸媒体报端。近来媒体也传出证监会将在新三板引入做市商制度③，同时也有声音表明做市商制度将不会现身场外市场。④由此可见，即便为实务所急需，管理层仍然对做市商制度的引入顾虑重重、犹豫不决。与此同时，新三板已获准扩容，交易制度的改革迫在眉睫。此时，依循商法的思维，从商主体的权利设置、行为规制和责任承担的角度，再度深入探讨场外交易市场做市商制度引入的必要性和构建路径，这对于场外市场交易制度创新乃至整个场外交易市场法律体系的构建均有所帮助。

一 抉择的困境：做市商制度在我国场外交易市场法体系中的缺失

做市商制度是与集合竞价交易制度并列的国际上两大证券交易制度。它是指具备一定资金储备、经营能力和较好信誉的证券经营商作为特许交易商，通过向投资人就特定证券或证券合约的买卖价格持续双向报价，按照投资人的买卖要求，在该价位上以其自有资金或证券、证券合约与投资人进行证券交易，并通过买卖报价的合理差额来补偿其服务成本费用和实现利润的证券交易制度。进一步分析可以发现做市商具有两个本质特征，一是做市商根据客户的委托，用自己的账户自主买进卖出，客户订单之间不直接交易；二是做市商在获悉订单之前报出买卖价格，投资人在获悉报价后提供订单。这两个本质特征决定了做市商具有订单信息流控制权和订单自主成交控制权。而正是这两项权利成为做市商的主要营利模式和积极做市的动力来源，也是做市商制度在市场流

---

① 闻岳春、张志柏：《中小企业板宜引入做市商制度》，《上海金融》2004年第10期；李强、范抒：《中国证券市场实行做市商制度研究》，《中国社会科学辑刊》2003年第2期。
② 石东辉：《我国二板市场需要引入做市商制度吗？》，《证券时报》2000年9月7日。
③ 姚刚：《新三板将引入做市商制度》，《金融投资报》2012年5月9日，第1版。
④ 蔡宗奇：《新三板做市商制度或暂难出台》，《中国证券报》2012年8月24日。

动性和稳定性方面优于集合竞价交易制度,在市场交易成本和透明度方面劣于集合竞价交易制度的根本原因。① 做市商制度发源于 1971 年美国新兴的纳斯达克市场。其时的市场活跃度低,与强大的主板市场相比,完全不具有竞争性。做市商制度的引入满足了中小企业直接融资的需求,提高了市场的活跃性,尤其在提高市场流动性、② 效率性和稳定市场方面绩效显著。相关研究表明,做市商制度可以有效提升场外市场的流动性,是影响场外市场绩效的重要因素。③ 正因如此,做市商制度被世界许多国家纷纷引进场外交易市场。

我国场外交易市场作为多层次资本市场的重要构成部分,是为非上市股份有限公司提供包括融资和股份转让在内的服务的资本市场。④ 其重要目的在于解决中小企业融资难的问题。由于其顶层设计的缺失,场外市场的制度设计和运作并不规范,尤其是作为资本市场核心的交易制度的缺失使场外市场的功能并未凸显,目的并未实现。学者的研究表明,场外交易市场不仅是科技型中小企业的重要融资渠道,⑤ 而且场外市场的发展可以促进中小企业的发展,中小企业的发展反过来也会促进场外市场的发展,场外市场的发展与中小企业的成长具有互动效应。⑥ 因此,实现场外交易市场服务于中小企业资本需求的功能是场外交易市场最终得以发展的根本之举。交易制度是场外交易市场的核心制度,直接关乎场外交易市场的生存和发展。据统计,2011 年至 2012 年 7 月,中关村公司股份转让试点成交金额只有 7.32 亿元,平均换手率 3.4%,大大低于同期场内市场超过 230% 的换手率。⑦ 这表明,目前我国场外交易市场活

---

① 金永军、杨迁、刘斌:《做市商制度最新的演变趋势及启示》,《证券市场导报》2010 年 10 月号。
② Kyle, A. S Continuous Auctions and Insider Trading, Econometrica, 1985, 53: 1315~1333.
③ 李雪峰、常培武:《基于 ANP 方法的场外交易市场运行绩效综合评价——以美国、印度、英国和台湾地区为例的比较研究》,《国际金融研究》2009 年第 12 期。
④ 周友苏:《我国场外交易顶层设计的思考——兼论区域金融中心建设与场外交易发展的对接》,载《国际化视野下的金融创新 金融监管与西部金融中心建设——中国证券法学研究会 2012 年年会论文集》。
⑤ 李燕、赵黎明:《科技型中小企业的融资选择——基于场外交易市场的研究》,《科技管理研究》2010 年第 6 期。
⑥ 李学峰、徐佳:《场外交易市场与中小企业互动效应的实证研究——以美国 OTCBB 市场为例》,《经济与管理研究》2009 年第 9 期。
⑦ 杨颖桦:《全国性场外市场筹建两步走 各地或先清理再发展》,《21 世纪经济报道》2012 年 6 月 27 日。

跃度远远不及场内市场，现有的集中竞价交易制度存在明显缺陷，有必要引入具有提升市场活跃度和流动性功能的做市商制度。①

然而，就现状而言，我国场外市场引入做市商制度还存在如下法律空白和制度缺失。我国《证券法》并未就做市商制度作出明确规定，甚至有些条款直接设置了限制内容。该法第33条仅明确赋予了集中竞价交易制度的合法性，这使场外交易市场做市商制度的构建缺乏法律依据。《证券法》第47条关于5%的持股上限比例的规定非但不适用于做市商制度，甚至为之设置障碍。按照该规定，证券公司持有公司股票的比例超过5%时，其交易受到限制，否则做市商因此而所获的交易利益属于公司归入权。然而，做市商制度的运作基础是做市商大量持有公司股份持仓做市，从而使双向买卖报价持续进行，按约定完成买入卖出的交易。因而允许做市商储存买卖，并通过合理价差获利，无疑是该制度对做市商做市义务所进行的利益鼓励。《证券法》的该条规定显然与做市商制度的设计与运作背道而驰。另外，该法第74条、第76条和第77条对证券交易内幕信息知情人的界定及其行为规制也与做市商持仓做市和连续进行双向报价交易的本质相抵牾。按照该规定，证券交易内幕信息的知情人为持有公司5%以上股份的股东，在内幕信息公开前，禁止从事证券交易。② 正如前文所述，做市商进行做市交易需要持有挂牌公司大量证券，按照5%这一标准，通常很容易把做市商认定为证券交易内幕信息的知情人。做市商一旦被认定为证券交易内幕信息的知情人，就只能依法在公开内幕信息后从事证券交易。这意味着彻底否定了做市商的连续报价、双边持续报价并接受投资人买卖单的交易行为。不能持续进行双边报价并完成交易，做市商制度就失去了运作的意义。

做市商制度立法的缺失，一方面是因为资本市场欠发达所致，不过从《证券法》第77条的规定可以看到做市商制度认识不清的另一面。该条旨在防止"庄家"之类操纵市场的违法行为，但是立法对于做市商作为商主体所具有的营利性认识不清，并且未把做市商连续进行报价和买卖的行为与违法操

---

① 李学峰：《国际资本市场中的做市商制度：功能、影响与趋势研究》，《广东金融学院学报》2007年第2期；《证券法》第76条。

② 《证券法》第76条。

商法思维下的场外交易市场做市商制度构建

纵市场的行为区分开来。做市商制度缺乏法律支撑和指引,其提高交易市场的稳定性和流动性的功能难以保障。

做市商制度的缺失可以从商事法律制度内部构成和外部配套来分析。就做市商制度内部而言,涉及做市商主体资格、交易行为和监管机制几方面的制度设计尚付阙如:一是做市商主体资格的认定。做市商资格认定标准是做市商制度的首要问题。由于场外市场欠缺流动性,对市场稳定和价格发现机制的要求十分迫切,做市商作为做市交易的组织者所应具备的经营能力和风险防控能力就更显重要。与此同时,做市商之间的竞争性对市场流动性和良性运作的影响力及其对操纵市场行为的防范力也不可忽视。由此可见,做市商主体资格要求比较高,除了满足做市所要求的必要的一定数量的资本外,其在营运中还必须具备上述各种能力。鉴于我国券商融资融券渠道狭窄,学界和实务界对于是否有足够多的券商符合这一标准十分担忧。

二是证券商报价机制的建立。证券商报价机制是指以交易会员为市场主体,以交易会员与其投资客户之间的信托合同关系为基础,在执行客户交易要求,并且不违背客户利益的同时,交易会员可以以不超过法定限制的偏高价格,促成交易且拓展成交机会。西方发达国家的实践经验表明,证券商报价制度是做市商存在的前提,因为证券交易会员在承担做市义务的基础上可以储存买卖,应客户的交易要求,把自己购买或自有证券售卖给客户。由于我国长期实行集中竞价交易机制,场外交易市场证券商报价机制的构建成熟运作尚有待时日,其监管规则也亟须监管层充分准备。

三是做市商监管规则的确立。作为市场组织者,做市商享有诸多特殊优惠权利,一旦监管不力,极易利用资金和信息优势实施内幕交易,操纵市场价格,并在加大买卖价差而牟取暴利的同时,把风险转移给投资人。更有甚者,做市商本身与市场操纵者和内幕交易人共谋,给整个市场造成比不实行做市商制度更加严重的灾难,最终颠覆以保护投资人为目标的资本市场发展的初衷。可以说,"市场操纵和内幕交易是做市商制度的天敌。"① 我国目前尚缺乏做市商制度的监管规则,信息披露、公开交易和成交报告等制度均未建立,这为管

---

① 吴风云、赵静梅:《流动性、交易制度与"庄家现象"》,《经济评论》2003年第4期。

197

理层对做市商甚至对整个场外市场交易的监管埋下隐患。

做市商制度的运行除了要求具有全面而完善的内部制度外,必要的外部配套制度也十分必要。目前而言,做市商制度面临卖空机制这一配套规则的缺失困境。做市商通过持续买进卖出证券维持市场的流动性和稳定性,需要大量资金支持证券储备,这使资金有限的做市商面临存货风险,因而允许做市商以一定比例进行卖空操作具有合理性。目前我国现行的相关法律对卖空机制的规定并不全面和明确,只有《证券公司融资融券业务试点管理办法》第38条、《上海证券交易所融资融券交易试点实施细则》第49条和《深圳证券交易所融资融券交易试点实施细则》中有泛泛规定,在融券交易出现异常或出现影响市场稳定的情况,有必要暂停交易时,允许交易所可以按照相关规定暂停特定证券或整个市场的融券卖出交易,但对于其中涉及的"异常情况"、"相关规定"以及暂停交易的具体范围等,均未明确界定,卖空机制启动的条件并不明确。[1] 做市商卖空机制的缺失增加了做市商存货风险,在出现市场证券价格趋于暴跌暴涨而需要做市商大量买进卖出证券、平抑价格、稳定市场时,做市商可能因资金有限而无能为力,进而使做市商交易机制失效,市场失控。可见,建立和完善卖空机制直接关乎做市商制度的有效运行。

如上所述,法律空白与制度缺失使人们对场外交易市场引入做市商制度犹豫不决。就某种程度而言,对于做市商制度的抉择难题,实质上是对交易安全和交易稳定的权衡取舍。在传统的非商法思维的主导下,做市商制度所导致的不安全性被强调到了极致。做市商作为商主体所具有的订单信息流控制权和订单自主成交控制权这两项权利,也使其成为场外交易市场的核心。根据美国和日本场外交易市场的研究,交易制度和监管机制值得关注,[2] 而在商法思维下,关注交易制度的主体和监管机制所针对的对象都是作为商主体的做市商,因而可以从商主体和商行为的角度对做市商制度的构建进行探讨。

---

[1] 郑少华、齐萌:《融券卖空监管的法律思考——兼析金融危机前后的美国卖空监管》,《中国法学》2010年第4期。

[2] 付丽艳、牟丽丽:《证券场外交易市场监督管理体制比较研究》,《大连海事大学学报》(社会科学版)2003年第3期。

二 商法思维的展开：作为场外交易市场核心的做市商交易制度

做市商制度作为场外交易市场的核心，无疑主要受证券法律法规的规制，但又呈现出极强的商法的特殊思维。如果把思维视为一种认识的结果，那么商法的特殊思维是指人们认识商法现象得出的科学结论[①]。就参照标准和内涵而言，商法思维的这种特殊性体现在两个方面，一是作为独立法律部门的商法本身的特殊思维，是指对商法本身特殊性的认识，诸如商法所规制的商行为的营利性、商法的实践性和公法性以及商事规范的技术性。二是区别于民法的商法的特殊思维。民法注重保护民事主体的个别利益，而商法的特殊思维则特别注重保护商事主体的营利利益，更加尊重商人的自治和追求交易的安全与效率。在场外交易中，作为商主体的做市商及其做市交易的商行为的一系列制度属于商法调整的范围，商法的特殊思维无疑亦贯穿其中。

由于我国资本市场长期以来实行集中竞价交易制度，以券商报价机制为基础的做市商制度引入场外交易市场无疑带来制度的突破和创新，尤其是相关立法缺失和法律障碍的并存。不过这非但不应该阻滞做市商制度的构建，而且为场外交易市场体系的构建提供了广阔空间。这是由商法的实践性决定的。商法的实践性是商法的重要特征。商法发展历史表明，商法是在商事实践发展的基础上逐步产生和发展的，具有极强的实践性，[②] 换言之，往往是商事实践在先，商事立法随后并且滞后。场外市场构建做市商制度是回应市场面对的流动性需求和中小企业融资压力，正是商法实践性的展开。目前做市商制度及其相关配套制度和法律规范缺失，做市商制度的建立无疑是资本市场的商事实践给商事领域中的证券法律规范提出的一项创新性课题。做市商制度引入及其立法规制正是这种商事实践与商事立法之间的顺序关系的体现。做市商法律规范的

---

① 王保树：《尊重商法的特殊思维》，《商事实践中的法学理论问题》，《扬州大学学报》（人文社会科学版）2011 年第 2 期。
② 范健、王建文著《商法的价值、源流及本体》（第二版），中国人民大学出版社，2007，第 176 页。

缺失反映了场外交易市场快速发展的先在性和立法规制的新需要,因此,关于场外交易市场做市商制度的法律空白不但不应当视为该制度构建的障碍,而且完全可以作为构建该制度的契机。

做市商法律体系的构建符合商法安全、效率和公平公开基本原则。维护交易安全是证券法的基本原则,也是商事法律规则所强调的基本价值。场外交易市场风险性高,引入做市商制度可以有效防范不合理的交易风险,进而维护市场交易的安全性与稳定性。同时,场外交易市场引入做市商制度与商法追求交易效率的价值相吻合。做市商制度可以有效针对场外交易市场流动性不足的弊端,通过做市商履行在买盘不足时买入、在卖盘不足时卖出的自买自卖的做市义务,提高交易效率,确保市场的流动性和活跃度,而投资者也可以通过做市商做出的报价获悉较为准确的证券价格参考信息,进而提高交易效率。做市商制度可以缩小买卖差价,这不仅有助于降低交易者的交易成本,而且可以通过高流动性准确地反映市场价格,甚至可以增强避险者进场避险的信心,提供良性循环的市场环境。最后,场外交易市场实行做市商制度可以有效实施证券法的公开、公平和公正原则。做市商对挂牌企业和市场信息进行客观综合分析,公开进行双边买卖报价,并且由于关涉自身利益,其报价并不会过度偏离挂牌企业的真实市场价值,从而保证了场外交易市场的信息公开性和可信度。此外,由于做市商制度对做市商的做市义务的约束和做市商之间竞争关系的规制,做市商在其利益得到保障的同时,也受到相应的制约,进而使做市商制度整体上确保场外交易市场的公开、公平和公正,使投资者的利益得以保护,场外交易市场的目标得以实现。

商法上的营利性是指商主体通过经营活动而获取经济利益的特性,是商事活动的主要特性。① 它包括商主体的营利性和商行为的营利性。不过由于商主体的营利性通过商行为的营利性表现出来,通常可以直接以商行为的营利性概括。商法比民法更加注重保护商事主体的营利利益,因而保护商主体与商行为的营利性是商法制度设计的出发点。

商主体是"依商事法规定参加商事活动,享有权利并承担义务的人",②

---

① 范健、王建文著《商法的价值、源流及本体》(第二版),中国人民大学出版社,2007,第41页。
② 王保树著《中国商事法》,人民法院出版社,2001,第40页。

是商事法上的权利义务归属者。商主体必须具备一定的条件,并经主管机关登记才能从事商行为,其权益受到法律保护。进一步分析,商主体必须具备三个必要条件:一是实施某种营利性行为,二是以自己的名义实施该营利行为,三是以自己的名义实施某种营利性行为具有持续性和职业化。按照这一标准,做市商是典型的商主体。做市商通常由券商担任,但由于做市对做市商的资金储备、营运能力和风险防范意识要求高于普通券商,做市商的选定通常需要通过特定的程序予以确认。从商行为而言,做市商就是以自己的名义,按照协议规定为买入和卖出连续进行双边报价,执行报价差额、下单量和挂单时间,不断通过达成交易,获得价差营利,以此作为生存的基础。由此可见,做市商做市的目的就在于追求利益,其做市行为具有营利性,而保护做市商的营利性既是做市商做市的动力,也是做市商履行做事义务的前提,可以说,它是做市商制度存在的基础。做市商的根本功能在于通过双边报价,在获得价差利益的同时,实现市场的流动性和稳定性。做市商过分追求高额价差时,则构成操纵市场行为,扰乱交易秩序,危害甚至摧毁场外交易市场的发展,反之,过度挤压价差额则降低做市商做市利益,增加其做市成本,打击其做市的积极性,使做市商不愿意进场做市,进而使做市商制度难以维持,场外市场交易的流动性和稳定性难以提升。因此,保护做市商追求合理的价差利益,无疑是做市商制度设计的基点。

做市商获取合理价差利益的营利性行为受到法律保护,不过,基于公平原则,它也应当承担相应的更加严格的信息披露义务。这是商法上商主体承担严格责任原则的要求。商主体严格责任是指商行为的实施主体比普通民事主体承担更加严格的责任或者义务,而不是一种归责原则。严格责任的设定是权利义务对等的普适性法律理念所致,尤其是从实施商行为的商主体理应具备较高的营业能力来看,它也应当承担较高的注意义务。[①] 信息不对称是证券市场发展的桎梏,是我国证券法如何有效保护投资人利益亟待解决的问题。做市商以雄厚的资金和大量的信息为基础,通过持续双边报价而达成交易,在这整个过程中,双向报价的给出和交易的达成在很大程度上都有赖于做市商能够占有大量

---

① 范健、王建文著《商法的价值、源流及本体》(第二版),中国人民大学出版社,2007,第44页。

的市场综合信息和调配运用充足的资本,其中,做市商对市场信息的运用尤其关键。做市商通常对包括挂牌公司在内的信息来源进行各方面的汇总和分析,并据此公开提供双向报价。这一方面表明做市商对信息的了解和掌控能力远远高于普通投资人;另一方面,做市商利用综合信息进行的双边报价和交易行为是公开透明的,并且这种公开透明的双边报价和交易行为本身也可以成为市场信息变化的风向标。由此可知,做市商制度在客观上提高了市场信息的公开性和透明度,有力地吸引投资人敢于进入美国纳斯达克市场对不甚了解的公司进行投资交易。但不能不关注的是,正是由于做市商所具有的信息优势而使其存在与内幕交易者和市场操纵者合谋之虞,可见,内幕交易和市场操纵是做市商制度的天敌。一旦做市商的信息披露义务履行不当,不仅无法使做市商制度发挥促进市场流动性和稳定性的正向功能,而且做市商很可能因此演变成操纵市场的"庄家",唯利是图,罔顾其市场调节功能,进而招致市场溃败。鉴于此,做市商的信息披露义务被视为做市商制度运行的重要基础和保障,因而做市商应当履行较为严格的信息披露义务。

美国做市商制度在西方发达国家资本市场中,通过严格责任来实现做市商权利和义务对等的做法并不鲜见。美国法律规定,做市商可以获得充分的价差利益,但也并非不受限制,不得超过5%的限额,从而确保其做市的利益和积极性。但相应地,做市商必须满足严格的信息披露要求,做市商做市和进行委托交易时,必须披露身份信息,未经身份信息披露而推荐某种证券时,则构成严重错误陈述,进而违反证券交易委员会规则 10b-5 的规定而承担相应的法律责任。① 此外,按照美国 1934 年《证券交易法》第 15 章 g-2 的规定,做市商还应当履行初次信息披露义务,只有在向客户提供风险披露文件之后才能进行股票交易。《约斯达克市场规则》第 6620 条进一步规定了做市商持续性信息披露义务,要求做市商在每笔交易完成后 90 秒内,通过自动确认成交服务系统(ACTC),报告最后成交情况,借此监管做市商的报价差额,保障做市商做市的营利性和公正性。

上述域外经验表明,做市商通过履行严格的信息披露义务,可以在很大程

---

① 〔美〕托马斯·李·哈森著《证券法》,张学安译,中国政法大学出版社,2003,第405页。

度上有效防范做市商制度先天伴生的市场操纵，然而，更应当看到的是，如果没有有效的法律责任实现机制，仅凭商主体自律很难保障其依法履行信息披露义务，并且一旦它们利用自身的信息优势操纵市场，进行内幕交易，那将对证券市场秩序乃至整个场外交易市场带来不可估量的毁灭性冲击。从某种程度上而言，对做市商的监管不仅有助于促使其依法行使权利和履行义务，而且还可以借此监管整个场外市场。

做市商行为的监管首先应当注重证券法上具有公法性质的证券行政责任这一本法责任。本法责任是指若干法律责任形式中与本法性质最契合的责任形式，也是本法中的首要或主要的责任形式，强调法律责任与本法性质之间的内在关联。与之相对的概念则是"他法责任"。本法责任和他法责任构成经济法责任。经济法主体违反经济法的规定、侵害社会整体利益而应当承担的责任是本法责任。经济法主体在违反经济法的同时，也违反了其他法律义务，从而应当承担其他法律规定的责任是他法责任。① 尽管目前学界对证券法究竟属于经济法范畴还是商法范畴存在分歧，但基本承认证券法具有很强的管理法属性。② 这符合我国市场经济中实行国家干预的理念。从商法整体发展的角度而言，随着社会经济的发展和法律现代化的演进，国家干预的理念体现在现代商法逐渐从传统的纯私法属性的商人自治法向强化国家积极干预的公法属性转变。在证券法律责任方面，我国《证券法》在公法和私法划分的理论基础上，区分和确认了公法责任和私法责任两种类型，具体根据违法行为所侵害的对象，规定侵害"私利"的民事违法行为承担属于私法责任的民事责任，侵害社会公共利益的行政和刑事违法行为承担属于公法责任的行政责任和刑事责任。行政违法行为侵害的不是特定的、具体的受害人，而是社会公共利益，因而证券行政责任被视为行为人对国家或社会承担的责任，在国家对市场干预理念下，通过管理性法律而得以强化，其核心是强化行政相对人的证券行政责任。2005年修订的《证券法》涉及行政管理相对人的条文就多达45条，而涉及证券行政管理机关或其工作人员的条文则仅有4条，这表明，"证券行政责

---

① 寿庐冰、陈乃新：《略论惩罚性损害赔偿的经济法属性》，《法商研究》2002年第6期。
② 周友苏、蓝冰：《证券行政责任重述与完善》，《清华法学》2010年第3期。

任的主体主要指向行政相对人,同时也反衬出作为行政执法者的证券监管机关的重要地位,进而突显出国家对证券市场强力干预的浓重色彩。"①

做市商首先通过承担证券行政责任而接受监管是必要可行的。做市商作为场外交易市场的行政管理相对人,一旦不依法履行做市义务和信息披露等义务,进行内幕交易和操纵市场,追求价差暴利而不受管制,将会导致资本市场失序甚至失控,破坏国家金融安全和秩序,严重侵害社会公共利益。而证券行政责任制度的本质是对行为人的一种规制,它在规范意义上符合证券法通过规制证券市场主体的行为来遏制、减少和预防违法行为发生的立法目的。② 诚然,证券法还规定了刑事责任与民事责任,但相比较而言,证券行政责任具有以惩戒为责任的主要功能,并以财产罚作为承担责任的主要形式,责任实现的途径也相对简单,因而证券责任的实现更具有现实可能性。③ 据此,强化做市商的监管可以率先强化做市商的行政责任。

三 商法思维的实践:场外交易市场做市商交易制度的构建

场外交易市场做市商交易制度的构建是商法思维在证券法领域中的实践展开。良性的做市商制度要求该制度内的商主体、商行为及其监管各构成要素相互协调、彼此配合,形成一个有机的整体。置身于我国当前场外交易市场环境,需要进行以下七个方面的相关思考。

(一)转变观念,强化商法思维

做市商制度在我国资本市场并未建立,但该制度允许做市商获得合理的价

---

① 周友苏、蓝冰:《证券行政责任重述与完善》,《清华法学》2010 年第 3 期。
② 《证券法》第 1 条规定:"规范证券发行和交易行为,保护投资者的合法权益,维护社会经济秩序和社会公共利益,促进社会主义市场经济的发展"。
③ 这尤其体现在对内幕交易、操纵市场等违法行为的追究和责任承担方面。目前我国的司法制度在对证券市场违法行为的举证查处,以及司法程序的启动和运行方面,都困难重重,民事责任的实现更是举步维艰。就此意义而言,证券责任的实现更具可行性。参见周友苏、蓝冰《证券行政责任重述与完善》,载《清华法学》2010 年第 3 期。

差利益和组织市场交易的核心却很容易与证券交易市场上常见的"庄家"混为一谈。"庄家"是证券市场的投机炒作机构，它们从自身利益出发，利用自身信息优势，暗中炒作并尽可能制造证券价格大波动，通过垄断个股价格而谋取巨额利润。庄家的行为虽然在一定程度上可以增强市场流动性，分散市场风险，激发市场交易兴趣，甚至在缓和市场剧烈波动、提高市场稳定性方面也起到了积极作用，但追求暴利的终极目的和交易行为的不透明使其对市场竞争的公平性、市场有效性、市场投资理性以及资源最佳配置的破坏性影响更大，①严重扰乱证券市场秩序，侵害投资人的合法权益，甚至给资本市场的发展造成致命打击，因而通常成为法律严厉制裁的对象。做市商制度是一种证券交易制度，做市商作为商主体的做市行为受法律保护与规制。做市商虽然也追求利益最大化，但是只有它通过透明的交易行为而获取其合理价差利益而不是价差暴利才受法律保护。做市商的做市义务还要求它在法律的规定和监督下，维持股价的平稳和市场流动性，进而维护交易市场的公正有序。值得关注的是，做市商履行做市义务客观上还有利于打击和消除庄家现象。做市商拥有强大的资金实力并存储大量证券，在操纵市场者通过进货来打压证券价格时，做市商大量买入证券以抑制价格暴跌；在操纵市场拉高证券价格后出货时，做市商大量卖出证券来抑制价格暴涨，进而使操纵市场者操纵证券价格的目的落空。由此看来，做市商制度带来的市场流动性与庄家的投机活跃存在本质不同，做市商做市因此而依法受到法律保护，庄家则是资本市场应剜除的毒瘤。在构建场外交易做市商制度时，有必要区分做市商与庄家，消除对做市商做市的疑虑，以商法思维，通过明确做市商的商主体地位而对其加以规范。

（二）修订现行立法，确认做市商制度的合法性

做市商制度构建的依据和支撑取决于立法的完善，因而有必要加快修改证券法和相关法律法规，为做市商制度提供生存发展空间。立法首先应当明确确认做市商交易制度，尤其应当确认做市商的主体地位。正如前文所述，

---

① 谢百三、张立勇：《美国股市做市商与中国股市庄家比较研究及其政策建议》，《价格理论与实践》2002 年第 12 期。

我国现行《证券法》关于操纵市场、内幕信息人和上市公司归入权的认定所规定的5%的持股比例妨碍了做市商法律地位的确立，不利于做市商制度的建立，为此，应当修改法律规定，赋予做市商做市的法律地位。此外，《证券法》第74条、第76条和第77条中对做市商制度的限制性规定也应当修改。

（三）做市商主体资格认定标准

做市商制度要求做市商持续双向报价和做市交易，这对做市商的做市资格提出了较高要求。做市商不仅应当拥有充足的自由资本和银行短期融资能力作为持续报价交易的前提和基础，而且还必须具备善经营、信誉佳、自律性强和抗风险能力强的必要条件，有意识地抵制内幕交易和操纵市场，进而维持市场的流动性和稳定性。美国纳斯达克市场的有关数据显示，早在1997年，有530家做市商运作6208只证券，平均每家做市商做市证券数达到11.71。[①] 做市商群体庞大，实力雄厚。但就目前的情形而言，我国券商的综合实力有待增强，尤其是证券机构的融资能力不强、融资渠道狭窄的瓶颈亟待突破。尽管证券监管机关近年来密集出台了一系列强化证券公司融资融券能力的规定，[②] 但都处于试点阶段。据不完全统计，在数百家证券公司中，开展融资融券试点的证券公司不超过30家。这表明，证券公司融资融券的困境在短时期内难以改善。鉴于此，赋予资金雄厚、经营良好、信誉度高、风险防范能力强的券商以做市商资格是现实可行之举。[③] 另外，随着市场化的推进，近年来银行也在市场经营中积累了丰富的经验和资本，可以从中选任做市商。

（四）建立报价交易机制

做市商持续双向报价是做市商最重要的义务和做市商制度的核心。做市

---

① 刘柯杰：《做市商理论及其在我国的应用》，《经济经纬》2001年第4期。
② 例如2010年证券会出台的《关于开展证券公司融资融券业务试点工作的指导意见》、《证券公司开展融资融券业务试点审批》以及2011年颁布的《关于修改〈证券公司融资融券业务试点管理办法〉的决定》，其根本目的正是为了拓宽证券公司融资融券的渠道。
③ 刘忠燕等：《略论中国场外交易市场风险的制度特征及特殊性》，《现代财经》2010年第4期。

商报价机制的合理构建是做市商制度有效运行的前提,其关键在于报价价差的设定。按照权利义务对等原则,做市商负有履行做市的义务,也享有获取合理价差利润的权利,这既维护了做市商做市的积极性,也有利于其有效防范和控制风险,因而合理构建做市商报价机制显得十分重要,并可以从以下方面着手:

一是建立竞争型做市商制度。为了有效防范做市商盲目追求价差利益而报价价差过大,引入竞争机制,规定每只做市证券必须有两家以上的做市商,从而控制价差,防止操纵市场的行为。

二是确定价差浮动的合理范围。在市场相对稳定的条件下,做市商报价不仅应与市场买卖价格合理相关,而且不同做市商对同一只证券的报价差额应该控制在一定范围内,不同做市商在同一时期的报价的平均价差也应当与所有做市商的平均价差保持在合理范围内;在市场不稳定,行情大幅涨跌、异常波动和报价与成交价差额超过合理范围时,赋予做市商交易豁免权,可以与对手方共同选择不接受成交价,从而避免滑移价差损失。此外,还应当规定合理的最小价格变动幅度,防止价格变动幅度过小而挤占做市商的赢利空间。

三是规定做市商信息披露义务。做市商首先应当披露身份信息。投资人对某种证券进行投资交易,在很大程度上出于对做市商的充分信任,因而让客户充分了解做市商的身份信息有助于客户在交易中进行理性判断。做市商在按照客户指令或其他经济人的委托进行无风险交易时,做市商作为经纪商必须向对方披露自己的代理身份,进而防止发生重大误解。同时,为了防止利益冲突,做市商在从事做市交易时还应当向自己的客户披露自己的身份。做市商未披露身份信息而达成交易属于违法行为,甚至身份披露并未使交易对方充分认识到该披露对交易的重大性时,做市商的违法行为仍然不能排除。① 除此之外,做市商还应当及时向市场披露双边报价的价位、交易量、连续交易的情况,其他需要说明的重大事项和提交成交报告,充分保证信息的及时性和准确性。②

---

① 参见《美国证券交易委员会规则》10b-10 的规定。
② 刘道远:《创业板市场强制做市商法律制度研究》,《河南大学学报》(社会科学版)2011 年第 5 期。

(五)加强监管,强化做市商的证券行政责任

做市商是场外交易的组织者,对交易制度的正常运行乃至整个场外市场的健康发展具有重大作用,因此,对做市商行为的规制尤为重要。立法在充分保障其合法权益的基础上,更应强化做市商的证券行政责任。首先,应当加大对其违法惩戒的力度,适度加重财产罚,提高其违法成本,从而实现法律的教育和预防违法的功能。其次,对做市商的严重违法行为可以取消做市商资格,并作为不良行为予以记录,作为做市商资格审查条件。这既有利于保障做市商制度的运行,也有利于投资人权益的保护和资本市场的健康发展。再次,由于信息不对称是资本市场运行和发展的瓶颈,加快场外交易市场统一电子报价系统的建立和完善,以此强化做市商信息披露监管显得非常重要。随着新三板的扩容,场外交易市场中挂牌交易的公司数量上升可能使交易量也呈上升趋势。为了细化监管,有必要明确规定单笔交易披露的时间间隔,否则无法消除特定情形下做市商将几笔小单累加成大单披露而误导市场的行为。在建立全国统一的场外交易市场的进程中,加快场外交易市场统一电子报价系统的建立和完善可以使做市商的每一笔交易情况得以及时回报和监管,促进信息披露制度的完善,尤其能够促进做市商持续性信息披露义务规范化,有效防止做市商操纵市场行为。

(六)建立完善做空机制

卖空机制是一把双刃剑。[①] 它可以活跃市场,规避风险,防止证券暴涨暴跌,并且配合现货交易,可以提升证券的供给弹性。做空者根据预期,在价格下跌前提前融券卖出证券,增加证券供给,抑制价格过度上涨和行情过热;反之,证券价格下跌时,做空者买进证券,增加市场购买需求,防止市场萎靡。因此,做空机制在发现真实价格、稳定与扩大市场规模方面具有重要价值。但应当看到,卖空能够使市场价格加速下滑,也便于内幕交易人利用内幕消息进

[①] 郑少华、齐萌:《融券卖空监管的法律思考——兼析金融危机前后的美国卖空监管》,《中国法学》2010年第4期。

行内幕交易,因而卖空机制也极有可能成为市场操纵的工具。由此可见,卖空机制的构建和完善必须具备强化监管的内容。美国证券委员会历来重视卖空监管,并在时下的 OTCBB 市场实行自律组织的断路器规则。这一规则以道琼斯工业平均指数大幅下滑的情形为标准,一旦被启动,将会暂停整个市场交易。从我国现行关于卖空机制的相关法律规定中已经可见自律组织断路器规则的踪影,但立法上还应当进一步明确监管的意图和卖空启动程序,对市场的异常情况进行界定,确定暂停交易的法律依据以及暂停交易的范围。

(七)建立证券救济制度

做市商制度在很大程度上可以实现交易市场的稳定性,但仍然难以完全避免市场的极度波动。一旦发生这种情形,做市商可能顷刻间走向破产而利益受损,交易市场也必定受到严重打击。此时,政府或中央银行根据一整套证券救济法律制度进行紧急救助显得尤为重要。鉴于目前我国立法尚未建立证券救济制度,证券救济缺乏程序性和公开性,做市商制度的建立使法定的、公开的证券救济制度的构建成为探索和努力的方向。

参考文献

[1] 闻岳春、张志柏:《中小企业板宜引入做市商制度》,《上海金融》2004 年第 10 期;李强、范抒:《中国证券市场实行做市商制度研究》,《中国社会科学辑刊》2003 年第 2 期。

[2] 石东辉:《我国二板市场需要引入做市商制度吗?》,《证券时报》2000 年 9 月 7 日。

[3] 姚刚:《新三板将引入做市商制度》,《金融投资报》2012 年 5 月 9 日,第 1 版。

[4] 蔡宗奇:《新三板做市商制度或暂难出台》,《中国证券报》2012 年 8 月 24 日。

[5] 金永军、杨迁、刘斌:《做市商制度最新的演变趋势及启示》,《证券市场导报》2010 年 10 月号。

[6] Kyle, A. S Continuous Auctions and Insider Trading, Econometrica, 1985, 53: 1315~1333.

[7] 李雪峰、常培武:《基于 ANP 方法的场外交易市场运行绩效综合评价——以美国、印度、英国和台湾地区为例的比较研究》,《国际金融研究》2009 年第 12 期。

[8] 周友苏:《我国场外交易顶层设计的思考——兼论区域金融中心建设与场外交易

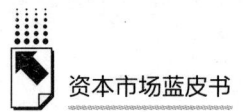

发展的对接》,《国际化视野下的金融创新 金融监管与西部金融中心建设——中国证券法学研究会 2012 年年会论文集》。

[9] 李燕、赵黎明:《科技型中小企业的融资选择——基于场外交易市场的研究》,《科技管理研究》2010 年第 6 期。

[10] 李学峰、徐佳:《场外交易市场与中小企业互动效应的实证研究——以美国 OTCBB 市场为例》,《经济与管理研究》2009 年第 9 期。

[11] 杨颖桦:《全国性场外市场筹建两步走 各地或先清理再发展》,《21 世纪经济报道》2012 年 6 月 27 日。

[12] 李学峰:《国际资本市场中的做市商制度:功能、影响与趋势研究》,《广东金融学院学报》2007 年第 2 期。

[13] 《证券法》第 76 条。

[14] 吴风云、赵静梅:《流动性、交易制度与"庄家现象"》,《经济评论》2003 年第 4 期。

[15] 〔美〕托马斯·李·哈森著《证券法》,张学安译,中国政法大学出版社,2003,第 405 页。

The Construction of OTC Market Maker System under Commercial Law Thinking

Abstract: Market maker system is a necessary transaction system to enhance OTC liveness and mobility. It is aimed at the demand of the pressing mobility and the conflict between market maker system and the obstract in the law and system. We are using the thinking of commercial law to protect businessmen and the rentability of commercial behavior, also we emphasize that during the construction of OTC market and to be the market maker, it needs to set up a strictly qualification in the aspect of capital, reptation as well as business operation, also it should conclude clearly the right and obligations of the interest on difference in price, make market exempt, and information disclosure, by the way, it needs to strengthen the administrative responsibility to realize the strict supervision, and through the eastabliment of the mechanism of short sales, issuing coupons relief system to guarantee the working for the market maker system.

Key Words: Commercial Law Thinking; OTC; Maket Maker System

B.10 试论我国场外交易市场监管模式的完善

薛智胜*

摘　要：

　　场外交易市场是我国多层次资本市场的有机组成部分，具有与场内交易市场不同的特征。关于我国场外交易市场发展路径的争论与选择，其本质是对不同监管模式的选择；监管模式也决定和影响我国场外交易市场的结构及其生成方式。我国应选择和构建统分结合、分工明确、各有所能、相互配合、分层次的场外交易市场监管模式。

关键词：

　　场外交易市场　监管模式　选择　完善

　　场外交易市场是相对于集中交易市场（证券交易所）的概念，一般是指交易所之外进行的证券或金融衍生品交易的市场，其可以是有形市场，也可以是无形市场。我国场外交易市场经历从20世纪80年代萌芽到迅速发展，再到90年代末被限制、禁止，最后在21世纪初又逐步恢复发展的阶段，其间场外交易市场一直徘徊在合法与非法之间。2005年10月27日新修订的《中华人民共和国证券法》第39条规定："依法公开发行的股票、公司债券及其他证券，应当在依法设立的证券交易所上市交易或者在国务院批准的其他证券交易场所转让。"第一次从法律上充分肯定了场外交易市场的合法性地位，其作为多层次资本市场有机组成部分日益受到人们的重视，特别是2009年10月创业

---

* 薛智胜，天津工业大学人文与法学院教授，博士，硕士生导师，中国法学会商法研究会理事，天津法学会商法研究会副会长。

板推出之后，构建中国场外交易市场就更显得日益迫切。2010年10月18日中共十七届五中全会通过的《关于制定国民经济和社会发展第十二个五年规划的建议》明确提出："加快多层次资本市场体系建设，显著提高直接融资比重"，"稳步发展场外交易市场"。这也是中共中央文件首次提到场外交易市场，场外交易市场建设成为当前完善我国多层次资本市场体系建设的目标任务和工作重心。为避免我国场外交易市场重蹈历史覆辙，维护我国金融体系的稳定，建立我国场外交易监管制度势在必行。但目前学术界和官方关于构建中国场外交易市场监管模式的认识不一、选择各异。笔者不揣浅陋，就中国场外交易市场的监管模式[①]谈谈自己的认识，以就教于学者专家，以期推动我国场外交易市场体系的建设。

一 证券市场的发展路径与场外交易监管模式的选择

借用制度经济学的概念，从证券市场的发展历史看，证券市场体系的生成和发展存在两种不同的路径：一种是自然生成型，另一种是政府推动型。对于西方证券市场发达国家而言，其属于前一种路径。从历史上看，场外交易市场是证券交易市场的最初形态，其产生适应市场的发展客观需求，由此形成了对场外交易市场以自律监管为主的监管模式。而一些后发的、新兴证券市场国家多采取后一种发展路径，即证券市场是在政府推动下建立和发展起来的，从而形成对证券市场政府集中统一的监管模式。我国证券市场发展无疑选择了后一种路径，一方面是由于我国过去长期实行计划经济体制，存在路径依赖的历史惯性，另一方面是政府推动（更准确地说是政策推动）更有利于推动我国证券市场快速发展，使我国证券市场在短短20年走完西方发达国家100多年的历史，形成了政府主导型的监管模式。回顾中国证券市场20多年的发展历史，以1998年为界，前一段各地政府积极参与本地区证券市场建设，实际上是地

[①] 广义的证券监管模式是指一国证券监管的制度安排，包括证券监管法规体系、证券监管主体组织结构及其关系、监管主体的行为方式等。狭义的证券监管模式则是指监管主体的组织结构。本文中的监管模式实际上是属于广义监管模式中的一部分：监管主体（即狭义的监管模式）、监管对象及内容和监管手段及方式等问题。

方政府（特别是上海市政府和深圳市政府）主导中国证券市场的发展，由此形成深沪两市本地上市公司数量居多的格局，后一段随着中央政府收回对上海证券交易所和深圳证券交易所的监管权，特别是 1998 年《证券法》的颁布，由此形成了以中央政府（中国证监会）为主导的集中统一证券市场监管模式，这与当时我国《证券法》所确定的单一资本市场（只承认场内交易市场的合法性）是相匹配的，地方政府完全被排除在监管之外。但是随着 2005 年《证券法》的修改，我国确立了建立多层次资本市场的建设目标，场外交易市场建设再次提上议事日程，原有的证券市场集中统一监管模式能否适应这一证券市场目标开始受到学界的质疑。同时，基于相关金融法律的规定，我国金融监管模式采用分业经营和分业监管的监管模式，以证券市场为例，在中央政府一级设立证监会，在地方一级设立其派出机构——证监局或特派办，直接对辖区内证券期货机构及上市公司进行监管，甚至为摆脱地方政府的影响，设立了跨行政区域的监管机构，如原天津证管办负责对除北京之外的整个华北地区（天津、山西、河北和内蒙古等地）的证券市场监管，实行自上而下的纵向线性监管，地方政府基本被排除在金融监管之外。但现实中，人们逐渐认识到，依靠单一中央政府集中统一监管，无法解决全部金融监管问题。因此，从 2000 年以后，各地政府纷纷开始设立金融工作办公室（简称金融办），成为事实上的地方金融监管机构，到 2009 年底，全国有 26 个省市成立了金融办，全国 283 个地级以上的城市中有 222 个成立了金融办，还有很多的县一级、县市级别的也成立了金融办。① 这客观上为地方政府参与对场外交易市场分层监管准备了力量。2012 年 8 月，经国务院批准，中国证监会决定扩大非上市股份公司股份转让试点，首批扩大试点除北京中关村科技园区外，新增上海张江高新技术产业开发区、武汉东湖新技术产业开发区、天津滨海高新区试点。2012 年 9 月 7 日，中国证监会与北京市、天津市、上海市和湖北省四省市政府签署扩大试点合作备忘录，② 这客观上是通过合同方式肯定了地方政府对场外交易市场的监管的正当性和合法性。

---

① 王小波：《地方金融办迷途》，《财经国家周刊》2010 年第 24 期。
② 《扩大非上市股份公司股份转让试点合作备忘录签署暨首批企业挂牌仪式在京举行》，中国证监会 www.csrc.gov.cn 访问时间：2012 年 9 月 8 日。

就证券监管模式内容而言，其主要涉及监管权利纵向和横向的权利配置关系，涉及中央与地方的关系，涉及证券监管机构与其他金融监管机构及其他政府部门的关系，也涉及地方与地方之间的利益格局的关系。目前关于场外交易市场发展路径的争论在本质上涉及我国场外市场的监管模式的选择与构建，说到底，选择不同的场外交易市场发展路径，就意味着选择不同的场外交易市场的监管模式。在一定意义上讲，监管模式也决定和影响中国场外交易市场具体的发展路径。

在如何构建中国场外交易市场问题上，归纳起来，目前我国理论界与实务界主要有三种基本观点[①]：

（一）内部细化论

该种观点主张通过对现有证券市场细分，在交易所内部形成新的市场板块和交易方式，构建中国多层次资本市场体系。持有这种观点的是以中国证监会为代表的官方人士。中国证监会主席尚福林在2011年全国证券期货监管工作会议上从八个方面对2011年证券期货监管重点工作做出了具体部署，其中"一是加快建设多层次资本市场体系，扩大直接融资。抓紧启动中关村试点范围扩大工作，加快建设统一监管的全国性场外市场"。[②] 这明确表明了中国OTC建设路径是：在中国证监会直接领导与监管下，以代办股份转让系统为基础，自上而下，扩大中关村股份代办交易系统试点范围，不断扩大市场规模，加快场外市场体系建设。这种观点表明，中国证监会是整个证券市场体系（包括场外交易市场）构建的主导者，由中国证监会独享监管权力，形成集中统一监管模式。采用这种模式的优点是有现行《证券法》作为其监管合法性支撑（参见《证券法》第7条"国务院证券监督管理机构依法对全国证券市场实行集中统一监督管理"），有利于形成场内交易市场与场外交易市场无缝对接的互通机制，有利于构建统一市场。其缺点是场外交易市场仍沿用场内交易市场中央政府集中统一的监管模式，没有充分考虑场内市场与场外市场运行

[①] 参见高峦主编《中国场外交易市场发展报告（2009~2010）》，社会科学文献出版社，2009，第27~29页。

[②] 《2011年全国证券期货监管工作会议在京召开》（2011年1月14日），http://www.csrc.gov.cn/pub/newsite/bgt/xwdd/201101/t20110114_190561.htm。

的不同特点——场外市场相对分散，挂牌公司数量大，其监管信息收集能力相对较弱，监管成本比较高①，监管效率比较低。

（二）多元发展论

这种观点认为，在我国已经存在多种资本市场形式的基础上，将交易所市场内部整合成主板、成长板和创业板市场，作为中国资本市场的"场内市场"；将现有的产权市场改造为中国资本市场的场外交易市场，以此形成中国资本市场多层次和多元化格局。这表明中国 OTC 建设路径是从现实出发，将产权交易市场纳入中国资本市场的体系。持有这种观点的多为地方性产权交易市场组织的业内人士和各级国有资产管理部门。② 这种发展路径其优点是尊重现实，通过规范整合我国产权交易市场，有利于迅速形成我国场外交易市场体系。产权交易市场是典型的具有中国特色的交易市场，其成立之初主要为解决国有企业改制股权转让问题，经过多年发展，形成了以北京、天津、上海三地为中心，由 200 多家产权交易所加盟，覆盖全国的产权交易网络。随着国有企业改制完成，产权交易市场面临着转型问题，将产权交易市场体系纳入多层次资本市场体系中，可避免资源的浪费。但以产权交易市场为基础，构建中国 OTC 市场必然涉及监管权力的调整问题。因为将产权交易市场改造为场外交易市场不仅面临着"三不"（不得标准化、不得拆细和不得连续交易）政策禁令，而且因其由国有资产管理委员会和地方国有资产管理机构进行监管，涉及监管体制的变更，需要在中央级以及地方级之间进行监管主体变更。同时，多元发展也极有可能使场外交易市场走向盲目发展，影响我国金融市场的稳定。

（三）综合整合论

这种观点主张在中国证监会的主导下，通过对现有各种资本市场资源进行整合改造，形成统一监管下的多层次资本市场体系。持有这种观点的多为经济

---

① 中国证监会 2001 年 10 月 8 日发布的《关于加强派出机构上市公司监管工作的通知》中指出，采取"人盯人防守"监管方式，"按照每人监管 5 至 10 家上市公司的标准配备监管人员，将监管任务量化到人，责任到人"，并要求每个监管人员熟悉自己负责的监管对象的情况。如果以此方式监管场外交易市场众多的挂牌公司将要形成庞大的监管队伍，付出更高的监管成本。
② 高峦主编《中国场外交易市场发展报告（2009~2010）》，社会科学文献出版社，2009，第 28 页。

学界的一些专家和学者。这种观点主要包括："第一，中国多层次资本市场体系，大体上可以被区分为主板市场、二板（即中小企业板）市场、创业板市场、三板市场（即全国场外交易报价系统）。第二，三板市场可以被设计为两个交易层次，一是全国性市场，即能够覆盖全国的场外交易报价系统。二是区域性三板市场，如天津股权交易所等。第三，多层次资本市场体系的形成要在中国证监会的主导下进行。"①依这种观点的发展路径建设我国OTC市场体系，有利于将现有的市场资源整合到场外交易市场体系，形成场内交易市场与场外交易市场的相互衔接，全国性场外市场与区域性场外市场的分层递进的市场结构。但就其实质而言，从监管模式角度看，反映了在现行法律架构下且在中国证监会主导场外交易市场建设的前提下，地方政府试图分享场外交易市场监管权力的愿景。

需要指出的一点是，天津股权交易所就是在这种理论指导下成立的。2006年5月，国务院出台了《关于推进天津滨海新区开发开放有关问题的意见》，"鼓励天津滨海新区进行金融改革和创新"。2008年3月，天津市政府递交的《滨海新区综合配套改革试验方案》获得了国务院的正式批复，指出"积极支持在天津滨海新区设立全国性非上市公众公司股权交易市场。积极支持在天津滨海新区设立全国统一、依法治理、有效监管和规范运作的非上市公众公司股权交易市场，作为多层次资本市场和场外交易市场的重要组成部分"。天交所正是在这一背景下，于2008年5月经天津市政府批准，由天津产权交易中心等机构共同发起组建的公司制交易所，其业务范围包括：（1）为"两高两非"公司②提供股权融资；（2）为"两高两非"公司股权提供交易平台；（3）为私募基金提供融资；（4）为私募基金份额提供交易平台。随着天交所市场覆盖范围不断扩大，其发展目标是分步骤、分阶段地探索建立全国统一的场外交易市场体系，形成双层递进式的场外交易市场结构。③

分析上述观点，可以说仁者见仁，智者见智，自有其理。内部细化论代表

---

① 高峦主编《中国场外交易市场发展报告（2009~2010）》，社会科学文献出版社，2009，第29页。
② "两高"公司是指高科技、高成长型公司；"两非"公司是指非上市非公众公司。
③ 天交所课题组：《为在天津滨海新区设立全国性非上市公众公司股权交易试产创造条件——天津股权交易所创新发展报告》，载高峦主编《中国场外交易市场发展报告（2009~2010）》，社会科学文献出版社，2009，第386页。

中国证监会的官方观点，体现了自上而下推进场外市场体系建设，便于与现有场内交易市场体系接轨，但与场外市场本身产生的自发性和运行的自主性相背离，没有顾及场外交易市场场所分散、交易品种繁多、交易方式灵活等特点，将场内交易市场监管方式简单移植到场外交易市场，体现了一种集权统一的监管模式。多元发展论和综合整合论试图将产权交易市场或股权交易所作为场外交易平台，将其纳入多层性资本市场体系，反映了中央政府其他机构以及地方政府参与场外交易市场建设的愿望，体现在监管模式选择上更期望构建多层分权的监管模式。因此，上述关于发展我国场外市场的发展路径观点实际上反映了对我国证券市场监管方式的不同选择，反映了集中统一监管模式与多层分权监管模式的对立，① 即"统分"监管模式的对立。目前各地围绕场外交易市场的争夺战，主要体现在中央与地方以及地方与地方之间的博弈。需要中央政府从国家发展的大局出发，合理平衡各方利益，对我国场外交易发展路径作出科学规划和正确引导。笔者认为，构建中国 OTC 市场应摒弃大一统思想，更新监管理念，遵循场外交易市场的运行规律，选择先分后合的发展路径，即允许在中心城市建设区域性市场，整合现有产权市场，完善股份转让系统，等时机成熟后，设立类似 NASDAQ 的报价系统，统一登记制度，实现全国联网交易。这种先分后合的场外市场建设的路径的优点是，尊重现实，避免浪费，由易到难，逐步推进，分段实施，具有较强的可行性。由此决定了中国 OTC 市场监管模式应是统分结合的监管方式，其关键是制定相关法律制度，划分不同监管主体的监管权限，合理界定中央统一监管和地方分层监管的权限与职能。

二 我国场外交易市场监管模式的构建

场外交易市场由于上市标准低，其风险与场内交易市场相比较大，因此，

---

① 学术界一般将监管模式分为他律模式和自律模式。他律模式以政府监管为主，自律模式以行业协会管理为主，但中国行业协会在行业中缺乏基础，其主要人选皆由政府有关监管机构内部选定，且主要任职人员多由政府退休官员或即将退休的官员担任，行业协会的独立性很难保证，且与监管目标——保护投资者的利益相冲突，与国外证券业协会存在很大差别。同样，现有证券交易所的设立、解散和章程批准与高管人员的任命皆由中央政府或监管机构批准，因此，严格地说目前在中国证券市场监管模式不存在自律监管模式。

场外交易市场更需要监管。国内外的经验教训表明对场外交易市场放任不管，将会酿成大错。2007年底引发美国次贷危机的重要原因之一就是美国对场外衍生品市场长期放任，给予场外交易监管豁免，最终酿成全球性金融危机，这是一个深刻的教训。因此，构建中国OTC市场，就必须建立与其配套的监管机构，形成适应场外交易市场发展的监管机制。我国场外交易市场监管机制的构建应从我国国情出发，汲取国内外相关经验和教训，考虑场外交易市场运行的特点，探索有中国特色的场外交易市场的监管机制，要重点解决以下四个问题：监管依据、监管主体、监管对象和内容及监管手段。

（一）加强立法，确立监管依据

我国2005年修改后的《证券法》明确规定证券交易可以在依法设立的证券交易所上市交易和在国务院批准的其他证券交易场所转让，这为建立多层次的资本市场提供了法律空间。但现行法律对场外交易市场的法律地位语焉不详，对设立场外交易市场的准入条件和准入程序没有规定，处于空白状态，致使我国场外交易市场建设长期无法可依，各地自发兴办的场外交易市场长期徘徊于合法与非法的"灰色地带"，投资者因担心"非法证券"而止步于场外交易市场的大门外，极大地影响了我国场外交易市场的发展。中国证监会目前正在制定《非上市公众公司监督管理办法》，这对于强化非上市公众公司的监管，规范非上市公众公司的行为有重要意义，但目前缺乏对场外交易所的监管法规，因此建议有关机构应尽快为落实《证券法》的规定，出台制定《场外交易市场管理办法》，明确场外交易市场设立的条件和程序，对其运行基本原则和监管体制作出基本安排，在条件成熟时，出台《场外交易市场管理法》，明确各个监管主体的职责，规范监管行为，为其监管行为提供合法性支撑，摒弃我国过去证券市场"先发展，后规范"的思路，坚持"先立法，后发展"的原则，促进场外交易市场健康稳定地发展。

同时要针对我国目前各地纷纷建立股权交易所盲目无序发展的势头①，为

---

① 目前全国各省市自治区皆有自己的股权交易所或通过产权交易所进行股权交易，仅天津市就有天津股权交易所、天津滨海国际股权交易所和天津滨海柜台交易市场股份公司3家场外交易所，各地纷纷强调要成为本区域股权交易中心，部分股权交易所市场规模小，甚至有场无市，资源浪费，出于竞争需要，监管标准不一，易出现不规范行为。

避免出现商品交易所被大规模整顿的现象，建议尽快出台《场外交易市场管理办法》，对场外交易市场设立资质和核准程序作出明确的规定，并据此制定我国场外交易市场的规划，严禁乱设场外交易市场，取缔非法交易场所，保护投资者合法权益，防范风险，维护金融稳定。

（二）明确监管主体及其相互关系

我国《证券法》明确规定证券市场由国务院证券监督管理机构统一监管，确立了以中央政府监管为主，证券业协会自律监管为辅的监管体制。从发达国家的经验看，场外交易市场的监管体制与场内交易监管体制不同，一般都采取政府对场外交易市场实行间接管理，自律性组织的证券商协会或证券业协会直接管理场外交易市场的监管模式。美国是现代场外交易市场最为发达的国家，美国的全国证券交易商协会（NASD）全权管理着全国场外交易市场上的所有证券交易活动。它是美国证券业中最大的自律性组织，拥有近6000家公司会员，24457个分支机构，几乎所有美国证券经纪商、交易商都是它的会员。[①]
2001年以来，中国证券业协会负责制定代办股份转让系统运行规则，监督证券公司代办股份转让业务活动和信息披露等事项，对于促进我国场外交易市场的发展发挥了重要作用。但中国证券业协会的独立性及其在场外市场应有的作用还有待进一步增强。目前中国证券场外市场监管体系建设的焦点问题和矛盾，主要集中在中央政府监管与地方政府监管关系如何理顺，其核心问题是地方政府在构建场外交易市场中的地位和作用。目前关于场外交易市场的监管模式主要有两种观点：一种是"统一集中监管模式"，另一种是"分层次、多主体监管模式"。前一种模式是中国证监会所主导的模式，主张在中国证监会统一监管下建设具有中国特色的场外交易市场。为适应场外交易市场的监管需要，2008年经中央机构编制委员会办公室批复，中国证监会设立了非上市公众公司监管部，其主要职责是负责拟定股份有限公司公开发行不上市股票的规则、实施细则，并审核股份有限公司公开发行不上市股票的申报材料并监管其

---

① 付丽艳、牟莉莉：《证券场外交易市场监督管理体制比较研究》，《大连海事大学学报》（社会科学版）2003年第1期，第41页。

发行活动，负责对非法发行证券和非法证券经营活动的认定、查处及相关组织协调工作等。新成立的非上市公众公司监管部还将积极推动出台统一的有关非上市公众公司股票发行及监管规定，建立统一的登记制度，实行证券发行人登记制度，将非上市公众公司监管纳入其监管范围。

主张场外交易市场采取"分层次、多主体监管模式"的观点，认为场外交易市场由于交易产品、市场体系、交易制度等方面同交易所市场的模式完全不同，我国场外交易市场应该采取不同于交易所市场的监管体制："在监管上应实行统一制度下的分级监管制度，同时充分调动多主体监管功能，建立集中央监管机构、地方监管机构、行业自律组织、交易所、市场参与者为一体，分工协作的监管体系。"[1] 前一种监管体制重点在统一，后一种监管体制重点在于分层分权，孰优孰劣，应当说各有特色。前一种强调中国证监会在构建中国OTC市场中的主导地位，后一种监管模式反映了地方政府在构建中国OTC市场过程中急切参与和迫切分权的心态。笔者认为，中国场外交易市场应持统分结合的监管模式，建立监管机构分工明确、相关配合的监管体制。这方面关键是制定相关法律，合理划分各个监管者的权限，明确各自的职责，中国证监会主要为场外交易市场建构基本制度环境，建立场外交易市场的基本规则，对地方监管机构、行业协会和交易所（市场）进行监管，对相关的违规行为进行处罚；地方监管机构主要负责对本区域场外交易市场以及相关主体的监管；证券业协会主要负责对做市商、保荐机构等中介机构以及从业人员的监管，交易所（市场）是场外市场的一线监管者，负责制定场外交易市场的具体运行规则，监管场外交易参与者的行为，确保信息披露机制的实现，维护市场秩序，逐步形成各有所能、相互配合、分层次、递进式的全程监管模式，调动各方面的积极性，推动中国OTC市场规范有序地发展。

（三）明确监管对象和内容

场外交易的监管对象是参与场外交易的各种主体（包括交易市场、挂牌

---

[1] 刘中燕等：《中国场外交易市场监管模式研究》，载高峦主编《中国场外交易市场发展报告（2009~2010）》，社会科学文献出版社，2009，第376页。

公司、投资者、做市商和中介服务机构）及其发行、交易、管理和服务等行为。监管内容从其运行过程看主要包括发行监管、挂牌监管、交易监管及转板、摘牌退出监管以及贯穿其场外交易市场的一条主线——信息披露的监管。其中主要内容涉及市场准入监管、信息披露监管和交易监管三个方面。

（1）市场准入监管就是监管机构依法对进入场外交易的各种客体（证券）和主体进行注册或核准。我国《证券法》（第10条）明确规定对场内交易市场（主板市场和创业板）的证券发行实行核准制度，对证券发行采取严格准入。场外市场一般上市门槛低，或者没有门槛，如美国场外交易市场和我国台湾地区场外交易市场。我国台湾地区场外交易市场包括证券柜台买卖中心和兴柜股票市场两个层次，对上柜股票的公司规模、设立年限、盈利能力和股权结构等规定了具体要求，如要求上柜公司的实收资本在新台币5000万元以上，经营期限要达到两个完整的会计年度，最近一个年度资本收益率（税前）达到4%，且无累计亏损；持有1000至50000股的记名股东要在300以上；对在兴柜挂牌的证券则没有准入限制①。借鉴美国和我国台湾地区的经验，结合中国国情，场外交易市场挂牌上市证券不能没有准入标准，准入标准要比现有主板、中小企业板和创业板的准入标准要低，在监管制度上也不能采用主板市场的核准制，建议场外交易市场的证券发行实行注册制，具体准入标准由交易所（市场）制定，报地方和中央政府监管机构批准备案。同时对全国性与区域性场外交易市场挂牌证券准入标准也应有所区别，前者的标准要高于后者。

在主体准入方面，可借鉴创业板和股指期货投资者适当性制度的经验，建立场外交易市场的投资者适当性制度。同时对做市商、保荐人和中介服务机构制定严格准入资质标准，明确准入的程序，具体标准由证券业协会制定，报证监会核准。

（2）信息披露监管是证券市场监管的有效手段，也是最经济的监管方式。为了保证发行人能够真实、完整、准确、及时和公平地披露影响投资者决策的信息，应制定场外交易市场的统一信息披露的标准，明确规定信息披露的内容

---

① 刘茜：《台湾场外交易市场的发展》，载高峦主编《中国场外交易市场发展报告（2009～2010）》，社会科学文献出版社，2009，第263页。

（包括强制性内容与自愿性披露内容），制定统一格式规范，建立场外交易市场权威信息披露渠道，明确信息披露的法律责任和处罚机制，保证场外交易市场的透明度。交易所（市场）对此应承担一线监管责任。

（3）交易监管是指场外交易市场的监管者（主要是交易市场）对证券交易运行过程进行监控，及时发现违法违规问题，并依照规定的程序进行处理。场外市场由于其特殊的交易制度，协议制、竞价制和做市商制多种交易制度并存，比场内交易更容易发生操纵市场、内幕交易和虚假陈述等违法行为，因此，交易所（市场）应建立现代化电子监控设备，及时发现和制止违法违规行为，维护市场的正常秩序。

（四）创新监管理念、方式和手段

场外交易市场具有点多、面广、交易方式多样、流动性弱和风险较大等特点，因此，其监管手段和方式不能简单沿用场内交易监管的方式和手段，要创新监管理念，改进监管手段和方式，监管重点内容由合规监管转向风险监管，由重视事前准入监管转向全程监管，探索建立事前风险预防、事中风险监控和事后风险处理的一体化风险监控机制，建立场外交易市场的电子监控设备系统，明确中央政府监管机构、行业协会、地方政府监管机构和交易所市场的监管权限和责任，培养和提高监管人员的素质和能力，发挥会计机构和审计机构的作用，完善挂牌公司法人治理结构，建立做市商、保荐机构等中介机构的内控和风控机制，形成内外结合监管的协同机制，将现场监管和非现场监管相结合，且以非现场监管为主，降低监管成本，提高监管效率，及时查处和打击非法和违规行为，保护投资者利益，促进我国场外交易市场规范发展。

三　结语

从西方发达国家的经验看，场外交易市场的发展经历了自发产生、被证券交易所排斥限制甚至被取缔，最后迅猛发展等阶段，作为多层次资本市场体系的底基——场外交易市场在我国具有广阔的发展前景。加快我国多层次资本市场体系的建设步伐，关键在于选择建立契合中国国情，符合场外交易市场运行规律，形成统分结合，分工明确，各有所能，相互配合，分层次、递进式的场外交易市场监管模式，在区域性场外交易市场建设上更要注重发挥地方政府的监管作用。

参考文献

［1］王小波：《地方金融办迷途》，《财经国家周刊》2010 年第 24 期。
［2］高峦主编《中国场外交易市场发展报告（2009～2010）》，社会科学文献出版社，2009。
［3］天交所课题组：《为在天津滨海新区设立全国性非上市公众公司股权交易试产创造条件——天津股权交易所创新发展报告（2009～2010）》，载高峦主编《中国场外交易市场发展报告（2009～2010）》，社会科学文献出版社，2009。
［4］付丽艳、牟莉莉：《证券场外交易市场监督管理体制比较研究》，《大连海事大学学报》（社会科学版）2003 年第 1 期。
［5］刘中燕等：《中国场外交易市场监管模式研究》，载高峦主编《中国场外交易市场发展报告（2009～2010）》，社会科学文献出版社，2009。
［6］刘茜：《台湾场外交易市场的发展》，载高峦主编《中国场外交易市场发展报告（2009～2010）》，社会科学文献出版社，2009。

A Study on the Improvement of the OTC Supervision Mode

Abstract：Compared to Market in the field, OTC Market, one organic part of multilayer capital market, has some different characters. Debate and choice on the way of OTC market develpment in China, in essence, are the choice of different supervision modes. To some extent, supervision mode not only impact but also determine the structure and formation of OTC Market in China. In the paper, the author proposal China to take one supervision mode which is total-part combination, definite labor division, respective function, and department cooperation. Besides, this mode should be mutil-level and progressive. To the end, he emphasises the important supervision role of Local government in regional OTC market constrution.

Key Words：OTC Market；Supervision Mode；Choice；Construction

B.11
论我国证券场外交易市场信息披露制度及其完善

陈向聪*

摘　要：

　　本文在阐述我国证券场外交易市场信息披露制度立法现状的基础上，认为场外交易市场在信息披露制度建设方面实行了制度创新，实施了许多富有成效的做法，形成了以自律性监管为主的模式，同时也存在一些不足。在制度的完善方面，应建立多层次的信息披露制度体系；完善强制信息披露的标准及规范；适时出台自愿信息披露指引；制定产权交易所信息披露指引；适度增加行政监管与司法监督；增加违法违规信息披露行为的处罚手段，加大处罚力度。

关键词：

　　证券市场　场外交易市场　信息披露

　　要建立公平、高效、有序的证券场外交易市场，切实保护投资者利益，势必要建立与之相适应的信息披露制度。现阶段我国对场外交易市场信息披露的规制主要依赖证券业协会与各个市场的自律规则，在制度建设方面实行了创新，实施了许多富有成效的做法，但还存在诸多亟待解决的问题。为此，吸收和借鉴发达国家场外交易市场信息披露制度方面的经验，建立符合我国场外交易市场特点的信息披露制度是当前场外交易市场制度建设一项极为重要的议题。

---

*　陈向聪，女，福建省福州市人，东北财经大学法学院教授。

一 证券场外交易市场及其信息披露要求

证券场外交易市场（Over the Counter Market，简称OCT市场，以下简称场外交易市场或场外市场），是与证券场内交易市场即证券交易所市场相对应的概念，其原意是指柜台交易市场或店头市场。但随着场外交易市场的发展，其形式已越来越多样化，如今证券场外交易市场是指除证券交易所之外的所有证券交易的合法场所。在我国场外交易市场是指除上海证券交易所和深圳证券交易所之外的证券交易的合法场所。

与场内交易市场相比，场外交易市场具有如下特征：

（1）场外交易市场的投资者大多是机构投资者和具有较高风险承受能力的个人投资者；

（2）场外交易市场交易的对象主要是非上市公众公司①的股权、债权，除此之外还有物权、知识产权及其他金融衍生产品；

（3）场外交易市场采用的是做市商双向报价、集合竞价和协商定价并存的混合交易模式；

（4）场外交易市场的场所较为分散，形式多样；

（5）场外交易市场的准入门槛较低，监管较为松散，以自律监管为主；

（6）场外交易市场的功能主要是解决中小企业的融资，促进新兴产业的发展，为风险投资和股权投资等提供交易和退出平台，为交易所市场提供后备资源和退市通道。

场外交易市场上述的一些主要特征，如市场准入门槛较低，挂牌转让的公司主要是非上市公众公司，较之上市公司，其规模小、经济能力弱，这就决定了挂牌转让公司不能承担过高的信息披露成本。而受让方多为机构投资者或具有较高风险承受能力的个人投资者，意味着他们具有更多的专业知识与投资经验，他们对市场信息的依赖程度比普通的公众投资者要低。此外，场外交易市

---

① 关于非上市公众公司的定义，证监会在发布的《非上市公众公司监督管理办法（征求意见稿）》中明确规定，向特定对象发行或转让导致股东累计超过200人的，或者股票公开向社会公众转让的未上市股份有限公司，均属于"非上市公众公司"。

场以自律监管为主，实行做市商或主办券商制度。做市商或主办券商与股份转让公司之间存在密切关系，做市商或主办券商的收入依赖于其主办的股份转让公司的品质与声誉，这使得券商在选择各自主办公司时会依据市场标准，在其监督挂牌转让公司行使信息披露义务、确保其声誉方面也有足够的动力。基于场外交易市场上述的这些特点，对场外交易市场信息披露制度的设计不宜援用证券交易所的模式。具体而言，场外交易市场信息披露标准要低于证券交易所。要求前者如后者一样履行严格的信息披露程序不必要，也不效率。①

二 我国证券场外交易市场信息披露制度主要规定

目前我国证券场外交易市场主要包括：代办股份转让系统（包括"新三板"）、天津股权交易所以及各地的产权交易市场、技术产权交易中心。

（一）代办股份转让系统信息披露制度

2001年6月12日，为解决STAQ和NET系统挂牌公司以及从证券交易所退市的公司股份流通问题，经中国证监会批准，中国证券业协会发布了《证券公司代办股份转让服务业务试点办法》（以下简称《试点办法》），并于2001年7月16日正式开办了代办股份转让系统（也称"老三板"）。其信息披露制度除《试点办法》的规定外，主要体现在2001年11月28日发布的《股份转让公司信息披露实施细则》（以下简称《实施细则》）以及《关于加强对代办股份转让监管和风险揭示的通知》等规定中。

股份转让公司的信息披露具体分为首次转让前信息公告、定期报告和临时报告三部分。

1. 首次转让前信息公告

首次转让前信息公告是股份转让公司在与主办券商达成委托协议后，首次转让公司股份开始日前②，在中国证监会指定的媒体上向投资者披露有关信息

---

① 李建伟、姚晋升：《非上市公众公司信息披露制度及其完善》，《证券市场导报》2009年第12期，第57页。
② 《实施细则》第40条规定"在股份转让开始日前10个工作日"。

所做的公告。其目的在于让投资者了解公司即将进入场外交易市场进行转让,并向投资者介绍公司的概况。

《实施细则》规定,首次转让前信息公告包括四个方面的内容:(1)委托主办券商代办股份转让决议内容;(2)董事会和股东大会通过委托主办券商代办股份转让决议后的通知;(3)股份账户开立、股份确认、登记托管等事项;(4)股份转让公告书。股份转让公告书参照《公开发行证券的公司信息披露内容与格式准则第1号——招股说明书》中的相关内容进行编制。

前三种公告,至少在一种中国证监会指定的媒体上向投资者披露,而股份转让公告书的内容由于重在"着重补充与证券上市相关但招股说明书未披露的事项"[1],应同时在至少一种中国证监会指定的媒体上和主办券商的网站以及所属营业网点刊登披露。

2. 定期报告

定期报告包括年度报告、半年度报告和季度报告,其分别参照《公开发行证券的公司信息披露内容与格式准则》第2号、第3号和第13号的上市公司披露标准进行编制。公司应在董事会审议通过定期报告之日起两个工作日内向主办券商报送并公告。

3. 临时报告

临时报告包括董事会、监事会、股东大会决议;收购、出售重大资产;关联交易;其他重大事件(预计亏损、涉诉事项、重大担保、重要合同、公司注册事项、控制权变化、上市申请、公开发行申请等);特别风险提示;股份转让异常波动六个事项。其他事项,主办券商认为有必要的,也应当公告。相较而言,《实施细则》规定的临时报告披露事项比上市公司的规定要多,内容也更为详尽。[2]

《实施细则》规定,主办券商应当对股份转让公司信息披露行为进行监督、指导、督促股份转让公司依法及时、准确地披露信息,主办券商对公司公

---

[1] 齐斌:《证券市场信息披露法律监管》,法律出版社,2000,第126页。
[2] 如公司每次召开股东大会与监事会都须向主办券商报送并公告决议、须报告每次关联交易等要求,在上市公司公告中都未曾提及。股份转让公司须在事件发生或作出决定后的24小时内以书面形式通报证券公司,证券公司应立即在其公司网站和营业场所披露该信息。

开披露的信息的真实性、准确性、完整性和及时性不承担任何责任，但主办券商有过错的除外。

为约束激励公司的信息披露行为，2002年证券业协会发布了《关于改进代办股份转让工作的通知》（以下简称《通知》），引入分级披露标准规则。《通知》规定，不能做到规范履行披露义务的公司从原来每周交易5次转为3次，不履行基本披露义务的退市公司每周转让1次。相应地，每周转让5次的公司，参照上市公司标准执行；每周转让3次的公司，在会计年度结束后的4个月内公布经会计师审计的年度报告。

（二）"新三板"信息披露制度

为推动高新技术企业股份的转让，2006年1月16日，经国务院批准，中国证监会发出批复，同意中关村科技园区非上市股份有限公司进入代办股份转让系统进行股份转让试点，从而建立了中关村科技园区非上市股份有限公司股份报价转让系统，即通常所称的"新三板"，2009年6月12日，协会颁布了《股份进入证券公司代办股份转让系统报价转让的中关村科技园区非上市股份有限公司信息披露规则》（以下简称《披露规则》）等对试点的信息披露加以规范。《披露规则》只规定挂牌公司信息披露要求的最低标准，在此基础上，挂牌公司可自愿进行更为充分的信息披露。相较"老三板"而言，其信息披露要求要低得多。

《披露规则》要求挂牌公司披露的信息包括股份报价转让说明书、定期报告和临时报告。

1. 股份报价转让说明书

股份报价转让说明书应在挂牌报价转让前披露，其性质类似于上述《实施细则》中规定的股份转让公告书，但要求披露的内容较少，仅涉及公司基本情况；公司董事、监事、高级管理人员、核心技术人员及其持股情况；公司业务和技术情况；公司业务发展目标及其风险因素；公司治理情况；公司财务会计信息；北京市人民政府批准公司进行股份报价转让试点的情况七个方面。

2. 定期报告

对定期报告，《披露规则》规定，挂牌公司必须披露年度报告和半年度报告，对于季度报告采用自愿披露原则，挂牌公司可以在每个会计年度前三个月或前九个月结束之日起一个月内自愿编制并披露。年度报告和半年度报告要求披露的内容较股份转让公司的要求更为简单，包括：公司基本情况；最近两年主要财务数据和指标；最近一年（半年度报告上述期限两项为"报告期内"）的股本变动情况及报告期末已解除限售登记股份数量；股东人数，前 10 名股东及其持股数量、报告期内持股变动情况、报告期末持有的可转让股份数量和相互间的关联关系；董事、监事、高级管理人员、核心技术人员及其持股情况；董事会关于经营情况、财务状况和现金流量的分析，以及利润分配预案和重大事项介绍；审计意见和经审计的资产负债表、利润表、现金流量表以及主要项目的附注七个方面。在审计要求方面，年度报告中的财务报告必须经会计师事务所审计。半年度报告除特定情形外可以不经审计。

3. 临时报告

《披露规则》要求挂牌公司披露临时报告的事项只限于公司的重大事件，如经营方针和经营范围的重大变化；合并、分立、解散及破产；重大关联交易；重大亏损等 13 项内容，较《实施细则》要少。

除挂牌公司的披露义务外，《披露规则》也规定了主办券商对公司信息披露的督导义务，对主办券商督导工作的人员配置、基本职责等做了相应规定。除此之外，证券业协会还制定出台了《主办券商信息披露督导工作指引》（以下简称《指引》），《指引》是对上述主规则的细化和深化。

（三）天津股权交易所信息披露制度

2008 年 9 月，经天津市人民政府批准，位于天津滨海新区的天津股权交易所（以下简称"天交所"）成立，天交所的业务范围主要为"两高两非"公司①的股权和私募基金等提供融资和交易平台。天交所发布的《天交所非上市股份公司挂牌交易规则》（以下简称"交易规则"）和天交所《挂牌公司信息披露指导意见》等监管规则对其信息披露作了规定。

---

① "两高两非"指的是国家级高新技术产业园区内的高新技术企业和非上市非公众股份有限公司。

挂牌公司信息披露制度主要包括：挂牌交易公告制度、定期报告制度和临时报告制度。

挂牌交易公告制度，主要包括企业挂牌交易说明书、投资价值分析报告及相关摘要。

定期报告制度包括年度报告和中期报告。年度报告内容包括：公司概况，公司财务会计报告和经营情况，董事、监事、经理及高级管理人员简介及其持股情况，公司持股前10名股东名单和持股数额及天交所规定的其他事项。中期报告内容为：挂牌公司半年治理情况说明；公司财务会计报告和经营情况；涉及公司的重大诉讼事项；公司主要股权持有人变动情况；提交股东大会审议的重要事项及天交所规定的其他事项。

临时报告制度主要为挂牌企业利润分配方案公告；获得国家特殊行业资质公告；董事、监事、高级管理人员持股变动公告；完成工商登记变更公告等。为规范公司治理结构，天交所要求挂牌企业披露三会公告，如股东大会通知、股东会决议公告，董事会、监事会决议公告等。

2009年，天交所又通过《信息披露工作的指导意见》第3号规定了"两个声明一个报告"制度，即公司治理情况声明制度、公司重大事项声明制度和公司管理报告制度。公司治理情况声明每半年一次，重大事项声明每季度一次，公司管理报告至少半年一次。

（四）各区域性和地方性产权交易中心信息披露制度

在1998年证监会对场外交易市场进行清理整顿之后，各地的产权交易市场力争各级地方政府对企业股权托管和股权交易的认可，地方产权交易市场得到重建。产权交易所交易的对象，依所有制性质为标准可分为国有产权和非国有产权。2003年12月31日，国资委与财政部联合颁布《企业国有产权转让管理暂行办法》，首次规定了产权交易市场是国有产权转让的场所。2003年12月，国务院国资委、财政部出台的《企业国有产权转让管理暂行办法》（简称3号令），要求国有产权转让必须在产权交易机构公开进行，并要求产权交易机构在公开媒体对国有产权转让信息进行披露，公告期为20个工作日。3号令仅仅在信息披露流程和基本操作上做出了原则性的规定，而对产权市场信息披露具体操作内容并没有涉及。① 1999 年以来，福建、湖南、山东、河北等省市的人大或政府都出台了适用本地区产权交易的管理办法，信息披露方面，通常只规定了出让方和受让方在申请转让时应当提交的文件，对于所提交文件的公告、公司定期报告、交易信息的披露方面通常没有明确的要求。② 但从网络上挂牌信息披露的实际情况看，企业挂牌在信息披露的格式、内容和时限等方面还是形成了一定的模式。

三　我国证券场外交易市场信息披露制度评析

（一）我国证券场外交易市场信息披露制度的创新

信息披露规则的设计与证券交易市场密切相关，不同的市场就该有不同的信息披露制度与之相适应。经过证券业协会与市场自身的多年努力，场外交易市场在信息披露制度建设方面取得了很大成绩，实行了制度的创新，实施了许多富有成效的做法，形成了以自律性监管为主的监管模式。具体可总结为如下几个方面：

1. 在信息披露标准方面形成了有差别的规则体系

代办股份转让系统股份转让公司的信息披露基本参照上市公司的标准，实行较为严格的信息披露制度，并考虑到公司规模限制而降低了某些数量界定，从而使不熟悉证券市场法规的股份转让公司感到易懂、易操作，起到了提高公司信息披露水平的作用。而中关村科技园区非上市股份有限公司信息披露的标准要比代办股份转让系统低得多，主要体现在以下几个方面：（1）公司只需披露首次挂牌的报价转让报告和后续的年度报告及半年报；（2）公司的年度财务只需披露最近两年的财务报告；（3）公司的财务信息披露，只需披露资产负债表和利润表及其主要项目附注；（4）公司只需在发生对股份转让价格

---

① 《中国企业报》：《产权市场信息披露机制亟待升级》，2012 年 8 月 13 日，http://www.swuee.com/xwdt/ynxw/13208.Aspx。
② 马广太、祝丽娟：《中国证券法研究会 2010 年年会论文集——多层次资本市场建设与投资者权益保护》，知识产权出版社，2011，第 366 页。

有重大影响的事项时披露临时报告；（5）只有公司的年度财务报告须经会计师事务所审计。

2. 建立了较为完善的主办券商信息披露督导制度

《实施细则》首次规定，主办券商应当对股份转让公司信息披露行为进行监督、指导、督促股份转让公司依法及时、准确地披露信息。《中关村试点办法》及《披露规则》也规定了主办券商对公司信息披露督导的义务。为了对主办券商的督导工作进行指导和规范，形成有效的监督机制，2009年6月17日，证券业协会又制定出台了《指引》，建立了一系列富有成效与特色的制度安排。包括：（1）信息披露督导工作制度；（2）挂牌公司信息披露事务管理制度；（3）增加专项信息披露督导人员要求；（4）建立信息披露督导工作档案制度；（5）现场检查制度；（6）细化公告督导要求；（7）规范行情发布；（8）赋予券商处理权力。通过这些具有创新性的安排，建立了较为完善的主办券商信息披露督导制度。

3. 在强制性信息披露制度基础上引入了自愿性信息披露制度

信息披露是减少信息不对称的重要手段，信息披露越充分，对投资者的保护就越有力，但与此同时，信息披露的成本也越高。由于大多数非上市股份公司对成本都很敏感，因此，场外市场的信息披露制度设计，有必要在挂牌公司与投资者之间、不同投资者之间、挂牌公司之间达成均衡。强制性信息披露不可或缺，而适当引入自愿信息披露实为必要。《披露规则》是强制性信息披露制度与自愿性信息披露制度相结合的有益尝试。《披露规则》明文规定，本规则规定的信息披露要求为最低标准，在此之外，公司可以自愿进行更充分的披露。季度报告采取自愿披露原则，挂牌公司可以在每个会计年度前三个月、九个月结束之日起一个月内自愿编制并披露。这使得非上市公众公司的信息披露规则更具灵活性与适应性。中关村科技园区的公司实践表明，自愿披露是富有成效的，公司是有动力通过自愿性信息披露凸显自身的竞争优势的。

4. 在证券市场重新引入做市商制度[①]

股权交易与证券市场股票交易有相似之处，但是不属于同一范畴。为此天

[①] 20世纪90年代初，我国证券市场曾在证券交易自动报价（STAQ）系统中借鉴并引入过做市商制度。

交所在借鉴了证券市场信息披露制度的同时，在产权市场特殊性质的基础上进行了制度创新。其中之一采取了做市商制度与连续竞价交易的交易模式。做市商是指在证券市场上不断地向公众投资者报出某些特定证券的买卖价格，并在该价位上接受公众投资者的买卖要求，以其自有资金、证券与投资者进行交易的证券经营机构。① 做市商有信息披露的义务，其对所报价证券相关信息的披露及成交信息的揭示有利于增加市场透明度，减少市场信息不对称，也有助于交易所对挂牌企业的监管，从而起到保护投资者利益的作用。

（二）我国证券场外交易市场信息披露制度存在的问题

1. 立法规范的层级较低

从目前发布的场外交易市场信息披露规则的情况看，证券场外交易市场的信息披露主要是由行业协会的自律规范及场外交易市场自己制定的规则予以规制，《证券法》则没有场外交易市场持续信息披露的规范。立法的形式主要是行业协会与各地方人大政府出台的"实施细则"、"规则"、"规定"、"办法"、"通知"、"指引"等，立法层级普遍较低，适用范围有限，权威性不够。

2. 强制信息披露的标准与内容不够统一完善

代办股份转让系统包括三类公司，一是 STAQ 和 NET 历史遗留公司，二是沪、深交易所退市公司，三是中关村科技园区的股份报价转让公司。前两类是股票公开发行的非上市公众公司，后一类公司一般是向特定的对象发行，股东人数基本上没有超过 200 人的非公众公司。挂牌公司的类型不同，执行的信息披露标准也不同，这有一定的合理性。但市场是处于动态的发展过程中，如在市场上向特定对象转让可能导致股东累计超过 200 人，从而使公司具有公众性，所以这种以公司的来源、类别不同而适用不同的信息披露标准，属于较粗放型的划分，尚不够完善。此外，原 STAQ、NET 公司和退市公司的披露义务比照的上市公司标准，披露义务也太过繁重。

3. 缺乏自愿信息披露指引

作为新兴的证券场外交易市场，为节省公司的信息披露成本，场外交易市

---

① 陈向聪：《我国创业板市场引入做市商制度论析》，《海峡法学》2010 年第 2 期，第 71 页。

场实行比上市公司低的强制性信息披露制度,并引入了自愿性信息披露。自愿性信息披露弥补了强制性信息披露的不足,对缓解诚信危机,提高信息披露质量,增强投资者信心等具有重要作用。但自愿性信息披露主要是依据股份转让公司、挂牌公司的自愿,由于缺乏引导,自愿性信息披露的主要内容、要求等不明确,挂牌公司的自愿性披露的动力、实际效果等会因此而受到一定的影响。

4. 地方产权交易市场信息披露制度缺乏统一的规范指引

目前各地的产权交易所还没有统一信息披露规则,各地的产权交易所适用的是由地方人大或政府及各产权交易所自己制定的产权交易规则,这些规则存在适用范围狭窄、标准不统一、信息内容不够全面等问题,由此造成各个产权交易所信息披露的内容、时限、格式等不统一。同一项产权在不同的产权交易机构进行交易,所要求披露信息的事项可能是不同的。

5. 对信息披露违规行为处罚规定的力度不够

目前我国证券场外交易市场的相关规则中,对违规信息披露行为的处罚规定很少,力度不够,只有少数的规范性文件中提及了违规信息披露的法律责任问题。以代办股份转让系统为例,《实施细则》虽然设专章规定罚则,但这一章仅有3个条款,对于股份转让公司及董事的违规信息披露行为,规定了中国证券业协会可予以公开谴责、限期改正、暂停或终止公司股份转让的处理,情节严重的,中国证券业协会报请中国证监会按照法律法规的有关规定给予处罚。但是中国证券业协会的处罚权有限,缺乏威慑力,而且何为情节严重也语焉不详。

四 我国证券场外交易市场信息披露制度的完善

(一)建立多层次的信息披露制度体系

证券交易市场既包括场内市场也包括场外市场,所以《证券法》调整的范围不应该仅限于场内交易市场。此外,建立多层次的信息披露制度体系也是美国、日本和我国台湾地区等场外交易市场的经验和做法,它们的信息披露制度都包括三个立法层次:第一层次为法律,主要是《证券法》和《商法》或

《公司法》的规定。第二层次为行政规章，如美国 SEC 制定的 S-K 条例、S-X 条例、S-T 条例及其他一些相关的规定和表格等。第三层次为市场规则，主要为 NASD 和 NASDAQ 制定的有关规则。所以，我国《证券法》下一轮的修法目标应将证券场外交易市场的信息披露纳入其规制之中，对场外交易市场的信息披露主要文件包括公开转让说明书、定向转让说明书、定期报告和临时报告等作出规定。此外，证监会也有必要尽快制定证券场外交易市场的信息披露准则，对公开转让说明书、定向转让说明书、定期报告和临时报告等信息披露文件的具体内容、格式、编制规则及披露要求作出规定，与现有的行业协会与市场制定的自律规则一同形成多层次的信息披露制度体系。

（二）完善强制信息披露的标准及规范

对代办股份转让系统的信息披露应当适用统一的标准，即两网（STAQ 和 NET）遗留公司、退市公司和中关村科技园区的股份报价转让公司适用统一的强制信息披露标准，在统一标准的前提下，按照挂牌公司的市值、股东人数划分层次，适用不同的强制信息披露标准。具体可划分为：第一层次，市值大于 500 万元且股东人数在 200 人以上的，应比照公开上市公司的标准，原则上低于交易所公开上市公司。第二层次，市值小于 500 万元或股东人数少于 200 人的，可按小规模公司对待，信息披露标准可比照前一类公司信息披露标准降低，具体做法可类比美国 OTCBB 市场小规模报告公司的信息披露标准，简化信息披露要求。①

（三）适时出台自愿信息披露指引

公司自愿信息披露主要是弥补强制性披露的不足，根据国外的经验，其内容主要包括两方面：一是对强制披露信息的细化和深化，以提高强制披露信息的可信度和完整性；二是对强制披露信息的补充和扩展，以突出公司的"核心能力和竞争优势"为目标全方位、系统化地披露信息，展示公司未来的盈利能力和成长潜力。具体到我国场外交易市场，一方面是弥补与上市公司信息披露标准的差距，另一方面公司应适当增加有关公司"核心能力"信息的披

---

① 陈露：《完善代办股份转让系统制度研究》，《科学发展》2011 年第 6 期，第 80 页。

露，如在定期报告中增加具有较高不确定性和容易产生理解偏差的信息，如管理人员目标和评价、盈利预测、公司治理效果等，以提高信息披露质量。①

（四）制定产权交易所信息披露指引

2012年5月24日国务院国资委正式开通中国企业国有产权交易项目信息统一发布系统，现已将北京、天津、上海、重庆四家中央企业产权交易试点机构纳入该系统，今后中国企业国有产权交易机构所属其他62家会员也将陆续加入该系统。该平台的成立对建立统一的产权交易所信息披露规则具有重大意义。在该平台的基础上，今后产权交易市场应在建立统一系统、统一规则、统一操作、统一监测的基础上，实行统一的信息披露制度。为此应尽快研究出台产权交易所转让信息披露指引，细化并统一信息披露的委托、审查、受理、渠道、时限、格式和内容。

（五）适度增加行政监管与司法监督

现阶段我国对场外交易市场主要实行的是自律性监管模式，其信息披露的规制主要依赖证券业协会与各个市场的自律规则，上述场外交易市场的创新包括建立了较为完善的主办券商信息披露督导制度，在强制性信息披露制度基础上引入了自愿性信息披露制度，重新引入做市商制度，这些制度与证券场外市场以自律性监管为主的特点相适应，但单纯的自律性监管也有权威性不足、监管力度不够的弊端。所以，有必要借鉴英美等国家的经验，通过提高立法的层次，制定规范场外交易市场的行政监管规章，适度增加行政监管与司法监督，建立起以行业自律监管为主，行政监管、司法监督为辅的监管模式。

（六）增加违法违规信息披露行为的处罚手段

针对场外交易市场信息披露违规行为处罚规定力度不够的现状，首先，可借鉴美国粉单市场的做法，对违法违规的信息披露行为，对不及时履行信息披露制度的挂牌公司进行风险分级并加上标记，以提醒投资者在交易该公司的证券时

---

① 何卫东：《上市公司自愿性信息披露研究》，《深圳交易所研究报告》2003年第4期。

需谨慎。① 其次,要强化主办券商、做市商的法律责任,对他们的民事责任,应实行过错推定的归责原则。最后,在未来《证券法》、行政法规的修订增补中,应制定场外交易市场信息披露违法行为的认定规则,建立配套的刑事、行政、民事责任追究和惩戒机制,对场外交易市场虚假信息披露、重大信息迟延披露的挂牌公司、董事、经理或券商等相关责任人,增加处罚的手段,加大处罚的力度。

参考文献

[1] 李建伟、姚晋升:《非上市公众公司信息披露制度及其完善》,《证券市场导报》2009年第12期,第57页。

[2] 齐斌:《证券市场信息披露法律监管》,法律出版社,2000。

[3]《产权市场信息披露机制亟待升级》,《中国企业报》2012年8月13日,http://www.swuee.com/xwdt/ynxw/13208.aspx。

[4] 马广太、祝丽娟:《中国证券法研究会2010年年会论文集——多层次资本市场建设与投资者权益保护》,知识产权出版社,2011。

[5] 陈向聪:《我国创业板市场引入做市商制度论析》,《海峡法学》2010年第2期,第71页。

[6] 陈露:《完善代办股份转让系统制度研究》,《科学发展》2011年第6期,第80页。

[7] 何卫东:《上市公司自愿性信息披露研究》,《深圳交易所研究报告》2003年第4期。

[8] 祝丽娟:《证券场外交易市场信息披露制度研究》,华东政法大学硕士学位论文,2011,第39页。

A Study on China's Securities of OTC Market Disclosure System and Its Consummation

Abstract: This article expounded china's securities OTC market disclosure

---

① 祝丽娟:《证券场外交易市场信息披露制度研究》,华东政法大学硕士学位论文,2011,第39页。

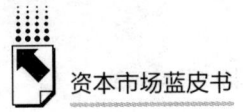

system of legislative status quo on the basis that the OTC market in the disclosure system construction implemented system innovation, the implementation of a number of productive practice, the formation of self-regulation mode, also has some shortcomings. Multi-level information disclosure system should be established in the perfection, perfect mandatory disclosure guidelines, moderate increase in administrative supervision and judicial oversight, increased penalties for illegal information disclosure behavior means to increase penalties.

Key Words: Securities Market ; OTC Market; Information Disclosure

B.12
论场外交易的场内化
——非理性地方竞争对证券交易场所的负面影响

蒋大兴*

摘　要：

　　场外交易市场存在的合理性在于构筑多层次的交易结构，能为多类型企业提供融资平台。但多层次资本市场不只有一种发展模式，内化于交易所中的多层次资本市场也是其中十分重要的发展模式。多层次资本市场的建设，不需要特别关注对行政层级的尊重，而应重点关注如何布局才能最有效率地配置资本和监管资源。全球范围的交易所并购风潮提示着我国未来场外交易市场的发展趋势——我们与其重复其他国家因历史原因而形成的交易所发展路径（先地方市场——再转为交易所——再进行交易所并购），不如运用后发优势，直接做大一到两家交易所。这既能节约交易成本，又有利于我国交易所参与国际竞争。当前，在多层次资本市场理论设计下的趋于热烈的地方化场外交易市场模型竞争，是一种基于地方利益而产生的非理性选择，中国证监会应当维护集中型交易所的传统——在交易所内部实现多层次资本市场的区分，从而更有助于节省交易成本，控制交易风险。

关键词：

　　证券　交易　场外　交易所

证券场外交易市场是相对于交易所内进行的证券交易而言的，是指在证券

---

* 蒋大兴，北京大学法学院研究员、博士生导师，北京大学中国企业法律风险管理研究中心主任。感谢北京大学法学院2011级经济法博士研究生赵亚辉同学为本文初稿写作收集了部分材料。

交易所之外，通常由证券商组织的证券交易市场，交易的证券以不在交易所上市的证券为主，某些情况下，也有证券交易所上市证券的场外交易。① 证监会目前正在积极推动新三板的建设，即建设统一监管的全国场外市场，目前以北京中关村园区、天津滨海新区、武汉东湖高科技园区、上海张江高科技园区的非上市公司股权转让为试点，未来将逐步拓展到全国众多的高科技园区企业。2012年9月7日，扩大试点合作备忘录签署暨首批企业挂牌仪式在京举行，来自北京中关村、天津滨海、上海张江和武汉东湖四家高新技术园区的8家公司负责人为挂牌交易共同敲钟。②

有舆论认为，这是证监会在上海、深圳之外打造的第三家全国性的新型交易所。③ 证监会有关领导也透露将在北京建立全国中小企业股份转让系统有限责任公司，由此，似乎在两大交易所外会形成全国统一的场外市场制度。④ 但截至目前，尚看不到新三板会与上海和深圳的交易所正面竞争，而更类似于为这两家交易所提供孵化和培育服务的"基础班"。根据目前已经获取的信息来看，新三板企业仍将受制于股东人数200人的上限，只能定向融资，且其交易方式仍将是"一对一"议价成交，成交的最低股数设定在3万股。这些特征都将限制其向一个能与上海和深圳的交易所直面竞争的交易所方向发展。但未来的发展确实很难预料，毕竟在美国就有NASQ从场外市场向交易所发展的案例，因此不应排除，未来新三板在充分发展后，有可能被认可为大陆第三家交

---

① 胡经生：《证券场外交易市场发展研究》，中国财政经济出版社，2010，第1页。
② 参见《新三板扩容首批企业挂牌试点由中关村园区走向全国》，资料来源：www.eastmoney.com，访问时间：2012年9月18日。
③ 《东方早报》以《新三板最快6月推出监管层拟新建交易所》为题，对该问题进行了较全面的分析，资料来源：http://finance.sina.com.cn/stock/thirdmarket/20110317/03359545932.shtml，访问时间：2012年9月16日。
④ 证监会副主席姚刚透露：下一部将着重对中关村试点的制度进行调整设计，以形成适应全国性场外市场的全国制度体系。具体工作包括三方面：一是在北京筹备设立全国中小企业股份转让系统有限责任公司，作为全国性场外市场的运营管理机构；二是在总结试点经验的基础上对市场准入、股份转让、投资者适当性管理、转板机制、市场监管等一系列基础性制度进行完善；三是按照"总体规划、分步推进、稳妥实施"的原则，逐步完善国家级高新技术园区纳入试点范围，符合条件的企业均可纳入中小企业股份转让系统挂牌转让。参见马婧妤《姚刚披露全国性场外市场建设步骤》，资料来源：http://stock.sohu.com/20120918/n353401019.shtml，访问时间：2012年9月18日。

易所。

由此产生的需要思辨的理论问题是——我们如何发展中国的多层次资本市场？是在沪深交易所外部发展多层次的资本市场，还是在沪深交易所内部形成多层次的资本市场？这关乎中国场外交易市场制度设计的核心——即是在交易所外部建立纯粹的场外市场，还是依托交易所建立内部分层次的证券市场，从而，实现场外交易场内化？本文认为，目前各地纷纷建立的独立的场外交易市场，是一种在地方金融利益争夺中而衍生的非理性竞争；电子化交易技术完全使场外交易市场独立存在的意义丧失，中国多层次资本市场的发展应当走场外市场场内化的道路，应当在两大交易所内部实现证券市场的多层次发展。

一 电子技术促成"场外交易场内化"

为什么需要场外交易场所？历史上一个很重要的原因是因为交易辅助技术和设备的障碍，由于信息技术受限、结算科技不发达，最初的证券市场很难聚合成集中统一的市场。所以，在传统上，证券交易市场就是指柜台交易市场①，这种地区分立的证券市场有助于照顾到地理区隔的需要，从而在不同区域降低证券交易的成本，形成了场外市场最早存在的格局。

相对于交易所内的交易而言，场外交易，是指在证券交易所之外，通常由证券商组织的证券交易市场，主要形式包括柜台交易、电子网络交易市场，其主要特点是顾客通过做市商买卖证券，或买卖双方直接协商定价成交，交易市场提供证券报价，一般不使用集中撮合交易方式。场外市场交易股权的公司称为挂牌公司或报价公司（quoted companies），以区别于交易所的上市公司（listed companies）。② 由此，场外交易市场与交易所市场的主要区别在于两个维度：一是交易制度，场外市场一般是做市商制度，交易所为集中撮合制。二是市场组织者与公司的关系，场外市场交易股权的为报价公司，市场仅为公司提供报价转让服务，公司仅与做市商签订做市协议；交易所市场交易股权的公

---

① 胡经生：《证券场外交易市场发展研究》，中国财政经济出版社，2010，第1页。
② 胡经生：《证券场外交易市场发展研究》，中国财政经济出版社，2010，第4页。

司为上市公司,公司与市场组织者(即交易所)签订上市协议。① 可见,在场外交易市场中,做市商是非常重要的机制,报价公司直接与做市商联系;而在交易所市场中,上市公司直接与交易所签订合约关系。场外市场与游离在交易所外部的做市商关系非常密切。

但是,这样的局面已经在改变,事实上,现代技术的发展,已使交易所和场外市场的差异相当模糊。美国1934年《证券交易法》第3a(1)条定义证交所的特征有二:有交易场所或者设施;双方集中买卖。在证券交易场所的发展历史上,分散的柜台先于证交所产生,后者就是将分散的柜台市场予以集中的产物。② 但随着现代通讯技术的兴起,这一定义受到了挑战,证交所法律含义的模糊性,引发了1991年美国第七巡回法院的一项判决。③ 但在实际操作中,《证券交易法》要求联邦范围内的证交所必须在SEC注册,场外市场则豁免注册,只是其经纪商、交易商须向SEC注册④。可见,现代电子技术的发展不仅改造了传统的场内市场,也使场外市场与场内市场基本同质化,两个市场模式都是通过通信和计算机技术系统报价、成交、清算和交收。实际上,所谓新三板市场,也是通过通信和计算机系统来实现非上市公司股票的成交和清算的。同时,借助电子系统,做市商制度也可以借助交易所的地盘远程完成。至于报价公司是与做市商签订合约,还是与交易所签订合约,其

---

① 胡经生:《证券场外交易市场发展研究》,中国财政经济出版社,2010,第4页。
② See R. L. Knausss, A Reappraisal of the Role of Disclosure, 62 Michigan Law Review (1963~1964), 607, p. 624. 转引自李建伟《非上市公众公司信息披露制度研究》,顾功耘主编《场外交易市场法律制度构建》,北京大学出版社,2011,第160页。
③ 在该案中,一家经纪公司设立了一个叫做Delta的电子交易系统,用于交易政府债券期权,该系统中机构投资者的买卖指令被集中到电脑中,当电脑发现匹配的指令时自动执行该交易并报告交易双方,交易一方不知道对方的身份。证券交易委员会只把该系统注册为清算机构,否认其交易所身份。双方当事人在解释何为"通常理解的证券交易所的功能"时存在分歧,法院认为"买卖双方集中起来"应当解释为"按照通常理解的交易所方式",该系统不存在交易大厅,且对交易成员未实行注册会员制,因此判定不属于"交易所",但该案中另一法官表示了不同意见。See Board of Trade v. SEC, 923 F. 2d 1270. 转引自李建伟《非上市公众公司信息披露制度研究》,顾功耘主编《场外交易市场法律制度构建》,北京大学出版社,2011,第160页注释5。
④ See A. R. Palmiter, Securities Regulation, Aspen Publishers, 2002, p. 237. 转引自李建伟《非上市公众公司信息披露制度研究》,顾功耘主编《场外交易市场法律制度构建》,北京大学出版社,2011,第160页。

实并不是十分关键的问题，相反，其与交易所签订合约，可能在自律监管方面更加规范。①

因此，在电子技术日益发达的今天，交易场所在地理空间上进行平衡布局的意义已经非常有限了——场外交易和场内交易的差别仅仅在于交易场所的法律地位，这集中表现在《证券法》第39条对交易场所的管制之中。即依法公开发行的股票、公司债券及其他证券，应当在依法设立的证券交易所上市交易或者在国务院批准的其他证券交易场所转让。

因此，对于公司股权交易而言，目前证券法存在两组变量，可以列成如下矩阵：

股权类型	交易所	场外	股权类型	交易所	场外
上市	沪深交易所	B	非上市	A	新三板

可以看出，A和B矩阵都有可能是未来发展的方向，A尤其是未来发展的重点。相对于场外市场而言，交易所完全有可能组织非上市公司的股权交易市场。交易所的优势体现在多个方面。同时，一部分上市股权也可以到场外交易达成交易意向，最后通过场外确认成交的方式来完成。

二 世界范围场外交易场内化的趋势

在技术理性的层面，电子技术为场外交易场内化提供了一种可能。事实上，从世界范围场外交易的发展来看，也存在一种"场内化"的趋势——也许，有人会认为，用"趋势"来表达还为时过早，但至少"场外交易场内化"在一些比较发达的证券市场中已有明显体现。我们可以选择若干实例说明如下：

---

① 传统股票交易都是会员制的，即券商组成的有组织的市场，交易所代表了券商的利益，因此，与交易所签订合约本质上也是证券商间接地与上市公司签订上市协议，而场外市场的组织一般比较松散，各个券商直接与公司签订做市协议。参见胡经生《证券场外交易市场发展研究》，中国财政经济出版社，2010，第4页。

（一）美国 NASDAQ 转变为场内交易市场

NASDAQ 是场外交易场内化的一个非常典型的案例。[①] 1971 年 2 月，纳斯达克成功设计并运行柜台交易报价系统，通过纳斯达克的报价系统，经纪商和交易商只要按几下按键，就能看到挂牌证券的一个代表性报价和每个做市商对挂牌证券的当前报价。1984 年，纳斯达克系统改造为订单自动执行支持系统。纳斯达克在 2000 年 11 月向美国证券交易委员会（SEC）提交了注册交易所牌照的申请。虽然纳斯达克股票市场一直采用双向报价的"做市商机制"，不同于纽约证券交易所给予最高买入价和最低卖出价优先成交的集合竞价机制，但不妨碍 2007 年 1 月 13 日，美国证券交易委员会（SEC）正式批准纳斯达克注册成为继纽约证券交易所和美国证券交易所之后的美国第三家全国性证券交易所。这也意味着，纳斯达克逐渐由过去的虚拟市场转为一家独立的证券交易所。这一事例表明，证券交易机制的不同，已不是场外交易与场内交易的主要差别，在场内交易中存在多种交易撮合机制，而不仅仅是集中竞价。同样，是否采用做市商机制，也不再是区分场内交易与场外交易的试金石。

（二）金融衍生品交易监管正走向场内化

衍生品市场的不透明和监管缺失对美国金融危机的发生和发展起到巨大的作用，金融巨头 AIG 正是由于在信用掉期产品（CDS，credit default swaps）上的巨大头寸才掉进了危机泥潭，衍生品市场缺乏监管导致衍生品交易的风险极易在市场主体之间连锁传导，最终演化成整个市场的危机。根据奥巴马 2011年 7 月签署的旨在加强美国市场监管的《多德—弗兰克法案》，至 2012 年底，标准化衍生品交易的中央结算机制将被强制实施，场外市场交易的资本和担保品要求将被提高。欧盟也开始加强监管，通过修订 MiFID，规定衍生品市场的交易者有义务报告所持头寸，如果存在对于不稳定市场的担忧，监管人员有权

[①] History of the American and NASDAQ Stock Exchanges，http：//www.loc.gov/rr/business/amex/amex.html，访问时间：2012 年 9 月 16 日。

干涉衍生品的交易,乃至可以实施头寸限额。① 可见,危机之后美欧在交易和清算等方面的监管措施,使得不受监管的衍生品场外市场已成为历史,衍生品交易有逐步场内化的趋势。

也有人认为,以往场外交易市场对于交易所的场内交易而言只是一个研究模拟平台,交易所在这个平台上发现流动性强、交易活跃且市场需求广的产品,为场内交易的新合约设计提供思路。这种观点认为,场外交易之所以存在有其道理,其灵活性无法取代。与其花费精力去探讨哪些合约应该转化为中央平台交易,还不如专注于探索如何完善其电子化交易。② 然而,过去一年半中,我们看到一种趋势,场内交易逐渐将发展蓬勃的场外交易某一品种收编了,这样的趋势我们在欧洲和美国都能找到有说服力的例子。2010年夏季才成立,目前为美国主要利率互换期货交易平台的 Eric Exchange 就成功地将巨量的场外金融衍生品规范至场内交易。其运作主体是美国金融系统的各大银行等机构,芝加哥商品交易所集团(CME Group)旗下的清算所为其合约提供清算服务。Eric Exchange 成立不久,交易量就迅猛增长,仅在2010年8月至11月,从场外交易市场转移至该交易所场内的利率互换合约金额就高达110亿美元。同样的,欧洲市场也不甘落后,英国 PLUS Markets Group(PLUS)旗下的 Plus Derivatives 也是新投入运营的一家专门面对利率互换类衍生品的交易所,它与伦敦清算所(LCH. Clearnet)合作,各种合约可以先通过场外市场交易,然后进入伦敦清算所对合约进行清算,其创新的互换指数合约通过 Plus Derivatives 交易平台,通过中央对手方系统交易,有效地减少了违约风险。③

---

① 陈贝尔:《市场监管体系面临挑战 各国密切关注系统修正》,《期货日报》2012年1月19日;资料来源: http://futures.jrj.com.cn/2012/01/19070412091430.shtml,访问时间:2012年9月23日。
② 陈贝尔:《市场监管体系面临挑战 各国密切关注系统修正》,《期货日报》2012年1月19日;资料来源: http://futures.jrj.com.cn/2012/01/19070412091430.shtml,访问时间:2012年9月23日。
③ 陈贝尔:《市场监管体系面临挑战 各国密切关注系统修正》,《期货日报》2012年1月19日;资料来源: http://futures.jrj.com.cn/2012/01/19070412091430.shtml,访问时间:2012年9月23日。

资本市场蓝皮书

（三）游离场外的"黑池"交易逐步场内化

私人化的"黑池"交易平台能为客户提供一种新的流动性来源。在现代市场机构投资者不断壮大的情况下，为隐匿自己的交易信息，规避信息披露要求，机构投资者往往寻找公开市场之外的另类流动性，现代电信技术的发展为这种需求提供了可能。在"黑池"平台上，买方和卖方对大宗股票交易指令进行匿名撮合成交，指令的价格及数量细节均不透露，以免对常规股市交易造成影响。高盛名为 SIGMA X 的"黑池"平台于 2005 年首先在美国推出，欧洲和香港亦已开展此业务。[①] 据统计，"黑池"交易已经和正在逐步侵占传统交易所的市场份额。但事情的另外一方面是，监管层也在逐步加强对"黑池"交易在市场透明度等方面的监管。[②] 缺乏透明度，是"黑池"交易的致命伤。"黑池"交易是一种类似于暗箱操作的交易形式，等于剥夺了其他市场参与者的知情权。一旦有人不遵守游戏规则，"黑池"交易就会出问题。比如，一些大客户可能事先知道某只股票要出问题，便悄悄地通过"黑池"把它抛掉，而公开市场的投资者还蒙在鼓里，这对他们来说有失公允。[③]

2009 年 10 月，美国第 111 届国会召开了关于黑池、闪电交易、高频交易的听证会，广泛吸收和听取各方面的意见。香港监管部门已经要求将"黑池"交易纳入统一的清算机制，而新加坡国际金融交易所（SGX）和野村证券旗下 Chi-X Global 联手设立"黑池"平台，供基金公司和其他机构投资者对在新加坡、香港、澳洲和日本等地上市的股票进行大宗交易。[④] 可以想象，随着监管

---

① 参见《高盛将于周三在香港启动"黑池"交易平台》，2009 年 3 月 2 日 BJT；资料来源：http://cn.reuters.com/article/wtNews/idCNChina-3821320090302；访问时间：2012 年 9 月 20 日。
② 参见《港交所主席呼吁加强监管另类交易平台》，《财华中国新闻》2010 年 11 月 1 日；资料来源：http://news.stockstar.com/JI2010110100000109.shtml；访问时间：2012 年 9 月 20 日。
③ 参见《"黑池"交易需要阳光（经济透视）》，《人民日报》2011 年 5 月 20 日；资料来源：http://news.hexun.com/2011 年 5 月 20 日/129785356.html；访问时间：2012 年 9 月 20 日。
④ 参见《衍生品市场监管体系面临挑战》，《期货日报》2012 年 1 月 18 日，资料来源：http://www.jintanwang.com/index-htm-m-cms-q-view-id-177274.html；访问时间：2012 年 9 月 23 日。

的逐步加强,以及交易所自己举办黑池平台,看似另类的"黑池"交易将逐步纳入监管范围,乃至逐步回归场内化。

三 中国应该摒弃非理性的场外市场思维

中国目前比较典型的场外交易市场包括①:各类地方产权交易市场②、代办股份转让系统③和天津股权交易所④等。这些场外交易市场存在比较明显的问题。例如,监管主体及监管权限不明确,以代办股份转让系统为例,虽然证券业协会事实上承担着对其进行管理的功能,但其是否有对系统内进行股份转

---

① 李响玲:《中国证券场外交易监管制度研究》,顾功耘主编《场外交易市场法律制度构建》,北京大学出版社,2011,第272~274页。
② 1998年国务院办公厅发布《国务院办公厅转发证监会清理整顿证券交易中心方案的通知》,把涉及从事公司股票、股权证交易的行为视为"场外非法股票交易"并命令禁止。随后,中国证监会又对地方产权交易机构作出"不得拆细、不得连续、不得标准化"的要求,从而使区域性产权交易市场对于非上市公司的股权交易普遍采取了整体转让的方式。参见周友苏、郑鋐《非上市公司股权交易市场构建论纲》,顾功耘主编《场外交易市场法律制度构建》,北京大学出版社,2011,第57页注释19。
③ 中关村代办系统是在为退市企业服务的"证券公司代办股份转让系统"的基础上,于2006年建立的试点,最初仅限于中关村园区注册的高科技股份制企业,仅为报价系统不撮合交易。天津股权交易所是经批准为探索场外市场在2008年建立的全国性试点,依托于全国各地的产权交易市场,面向全国所有区域所有行业的股份公司开展工作,既报价又撮合交易。所以,有一种观点认为,中关村代办系统是中关村区域性的"三板",天津股权交易所是中国全国性的"三板"。参见百度百科"天津股权交易所"词条,资料来源:http://baike.baidu.com/view/1880014.htm;访问时间:2012年9月23日。
④ 在交易制度方面,天交所在国内首次引入做市商制度。每家挂牌企业至少要有一个具有资格的做市商为其提供双向报价做市服务。投资机构在注册成为天交所机构投资人、满足净资产不少于5000万元等条件后,方可申请成为做市商。引入做市商制度是为了提高挂牌企业股权交易的活跃度,实际效果仍有待检验。同时为了降低风险,天交所实行合格投资人注册准入制度。在定价模式上,天交所根据自身的市场定位,选择了在不同交易时段分别采用做市商双向报价、集合竞价和协商定价的混合定价机制。天交所具备融资功能,天交所将按照"筛选企业—辅导改制—私募融资—登记托管—挂牌交易—持续培育—公开市场上市交易"的"路线图",逐步健全市场化的孵化、筛选机制,源源不断地为主板、中小企业板、创业板和境外证券交易所输送优质成熟的上市后备企业。参见百度百科"天津股权交易所"词条,资料来源:http://baike.baidu.com/view/1880014.htm;访问时间:2012年9月23日。

让的公司进行监管的权力,并不十分明确。① 再如,地方政府干预比较明显,尤其是地方性的场外交易市场,都是在地方政府直接主导下形成,无论是从市场设立、运行,还是监管的角度来看,都存在非常强烈的行政干预现象,行业自律和交易所自律的特点不突出,场外交易市场成为地方展开金融利益竞争的一种工具。此外,一些场外交易市场其实在很大程度上,都在复制场内市场的模型。以上事实说明,中国目前的场外交易市场建设正处于一种非理性的地方竞相发展阶段。

(一)理想的场外市场体系

在全球证券市场场内化发展趋势下,中国作为后发资本市场的国家,应当摒弃目前非理性的场外市场建设思维,在交易所内部实现多层次的资本市场。如果我们用一个图表来比较,理性的交易所内部的多层次资本市场体系可以罗列如下:

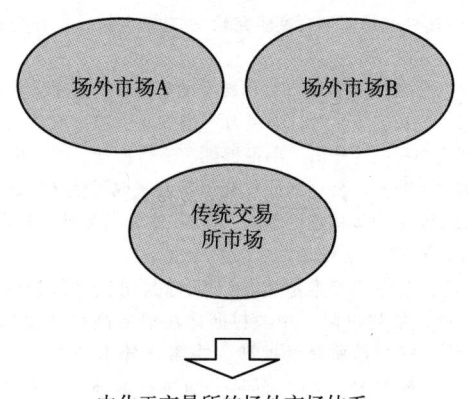

内化于交易所的场外市场体系

这样的一种市场体系,与我们今天流行的在交易所外部建立场外市场体系的思维,存在较大的差异。对于目前的场外交易市场体系,我们同样可以用图表来表述如下:

---

① 按照《证券法》第 7 条"国务院证券监督管理机构依法对全国证券市场实行集中统一监督管理"的规定,只有作为法定监管机构的中国证监会才有权对全国证券市场进行监管,而现实情况却是自律组织性质的中国证券业协会自行制定《证券公司代办股份转让服务业务试点办法》,并在该办法中授予自己管理权,从而主管着股份代办转让系统。即证券业协会并未通过行政法规或规章取得行政行为的授权。若严格依照《证券法》的规定,目前证券业协会行使的监管权是没有法律依据的。参见李响玲《中国证券场外交易监管制度研究》,顾功耘主编《场外交易市场法律制度构建》,北京大学出版社,2011,第 277~278 页。

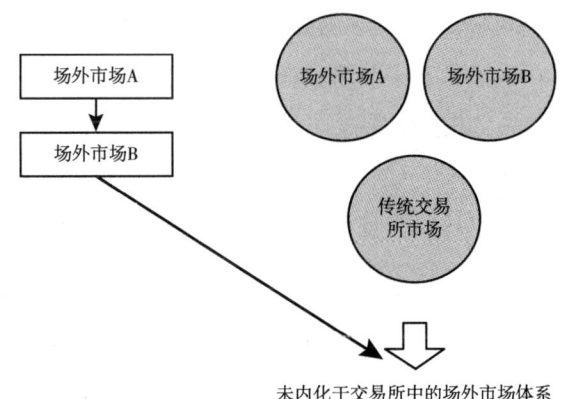

未内化于交易所中的场外市场体系

的确，一些发达资本主义国家的场外交易市场体系似乎主要是在交易所外部发展的，但这主要是由历史原因造成的，场外交易市场游离在交易所之外的现状并不代表一种"设计理性"。相反，通过合并等方式，场外交易市场日益场内化，并使场内交易市场机制呈现出多样化特点，却是今天一种日趋普遍的现象。中国作为后发资本市场国家，不应当也不需要重新复制国外资本市场的发展历史，而是应该从一开始就接轨场外市场场内化的趋势——现存两大证券交易所内部实现资本市场的分层化。

（二）内化于交易所的原因

对于场外市场场内化仍会存在很多怀疑，其中，最大的质疑恐怕是交易效率的丢失、灵活机制的丢失，一种比较主流的观点认为，场外市场与场内市场比较，场外市场具有交易成本低廉、交易机制灵活等明显优势。以天交所为例，第一，财务门槛较低，其全国市场比创业板要低一些，而区域市场还会更低；第二，在融资、挂牌方面，时间很短，3个月左右就可以完成，相对其他资本市场，时间上大大缩短；第三，成本费用大大降低，创业板市场，融资成本是15%~16%，主板市场上容量大，所以成本为8%~10%。而天交所的融资成本大概是4%~5%的样子，这是天交所的优势。[①] 但我们认为，只要合适

---

① 参见百度百科"天津股权交易所"词条，资料来源：http：//baike.baidu.com/view/1880014.htm；访问时间：2012年9月23日。

地设计市场机制,将场外市场纳入现有两大证券交易所体系,以实现多层次的资本市场结构,并不会使场外市场的优势丧失,而且,还会为其赢得新的优势。简言之,这种场内化至少具有三大优越性:

1. 降低交易成本

集中的交易所机制,会降低交易成本——场外交易场内化的根本原因在于,由于现代科学技术和商业合作的发展,使得资金和信息的流动成本迅速降低[①],在场外市场与交易所的自然竞争中,交易所在降低众多产品的交易成本方面已经占据了比较优势。尽管在场外交易初期,其在入市条件、交易成本等方面都比较低廉,但场内化之后,这些入市条件、成本低廉的交易机制都可以得到保留。在交易所内部,我们同样可以建立一种多样化、低成本的场内交易机制。因此,场内化并不一定导致单项交易成本的提升。

2. 降低交易风险

场内化的另一个重要理由是,有助于交易风险的控制。由于市场的深度和广度不断扩大,市场风险的防范已经成为监管部门最为关注的风险,相应的,交易所市场由于其较高的透明度,较低的风险,也更受到监管部门的青睐。我国股票市场最初从场外市场发展而来,经过整顿之后最终全部场内化,可以说是这种监管要求的一个非常有说服力的明证。美国对衍生品场外交易的管制,也在一定程度上说明了场内交易的监管更加严格,更有助于预防系统性风险。

3. 更方便升级转板

在交易所内部实现多层次的资本市场划分,更有助于实现转板。在交易所外部重建场外交易性质的交易所市场,无疑会在传统的交易所市场和场外市场之间产生竞争。以天交所为例,这种竞争甚至可能会影响到天交所培育的公司进入主板市场。因此,在既有证券交易所体系内建立多层次资本市场,有助于节省转板成本,提升次级市场的活跃性。

---

① Lawrence J. White, Technological Change, Financial Innovation, and Financial Regulation In The US: The Challenges For PublicPolicy, a Paper provided by Wharton School Center for Financial Institutions, University of Pennsylvania in its series Center for Financial Institutions Working Papers with number 97~33.

（三）有效率的未来选择

中国是一个中央集权的国家，在证券市场的发展上，也一直存在中央集权和地方自治的争论——集中表现为交易所市场和地方证券市场的抗争。目前，理论界和实务界都存在一种很强的发展场外市场的呼声，并且，似乎这已经进入了证监会的工作计划，在所谓多层次资本市场理论的引导下，场外市场建设已经成为一种必然。可是，在理论上，我们仍然需要反思这种必然的合理性——多层次资本市场是否等于场内市场与场外市场的混合并存？多层次资本市场体系是否一定意味着场外市场与场内市场的同时竞争？什么是中国证券市场体系中最有效率的理性选择？在我看来这样的问题，有必要带着历史的眼光重新审视。

（四）场外交易市场的清理整顿

改革开放三十多年来，我国已经有过几次清理地方交易所的运动，20世纪90年代初对股权交易所的清理形成了今日沪深两大交易所的格局，而90年代中期对期货交易所的义停清理形成了今日上海、郑州和大连在期货市场的中心地位。最近一次是整顿各类地方大宗商品（以电子盘为主）的交易场所。2011年11月国务院下发《关于清理整顿各类交易场所切实防范金融风险的决定》，明确指出交易所的"资金问题"可能升级为"区域金融风险"，要求证监会牵头运作，联合国务院有关部委、下属监管机构和各省级地方政府参与清理整顿各类违法交易场所的工作。

（五）地方普设交易所是一种非理性的选择

交易所是中央和地方利益冲突的一个焦点所在。中央政府要维护全国统一有序的市场体系，而地方政府则寄希望通过设立场外市场来谋取地方利益的最大化。这种地方举办场外市场的冲动不予抑制，会形成整体的非理性的行为。

相比于全国性的高度监管的市场，地方市场监管缺失，欺诈客户和操纵市场的违法行为时有发生，市场信心的脆弱加之监管缺位很容易出现区域性金融风险。比如，这次清理的山东金乡大蒜国际交易所，其总经理袁北斗已被当地公安机关立案侦查，金乡大蒜电子盘也在接受是否存在操控市场行为的调查，湖南维财金大宗贵金属交易所有限公司涉嫌虚拟配资和恶意代客刷盘等违规，比如某云南顾客一天的交易数量达到1436手，付出的手续费高达502600元，这是非常典型的欺诈投资者的行为。我国前几次清理地方交易场所，都是迫于地方性市场所酝酿的巨大风险，对于统一的全国市场形成巨大的冲击。现代金融体系一方面高度发达，另一方面则高度脆弱，一旦形成，风险会在市场主体之间，乃至不同的市场之间迅速传播，有可能产生非常具有破坏性的结果，美国金融危机就是前车之鉴，2008年前后美国房地产市场的疲软导致房贷证券化类产品的风险迅速向各个市场和各个市场主体传导，最终形成了惊人的金融海啸。

（六）技术发展消灭了资本市场的地域观念

技术的发展已经基本消灭了资本市场的地域观念，也使得交易的成本一降再降，核心的几个交易所提供的交易服务，已经完全可以满足市场的需求，这一点尤其可以从深交所事实上承担着新三板的交易技术系统职能看出来。目前新三板的流程是，由拟挂牌公司先向证券业协会备案确认，然后由该公司的主办券商向深交所中小板公司管理部申请报价转让证券简称和证券代码，之后在中国结算深圳分公司登记存管部完成股份初始登记，最后由挂牌公司和主办券商向深交所报价转让系统工作小组提交"挂牌"申请材料并商定挂牌日期。挂牌后，深交所负责开户、报价转让系统的日常运行、公司挂牌摘牌申请等；中国结算深圳分公司办理资金结算、股份初始登记等业务；深圳证券信息公司办理公司信息披露业务。① 可以看出，目前的交易基础设施已经完全可以满足为新三板提供交易服务的需要。

而且，认为场内交易只能进行集合竞价，不能采取其他价格形成方式，这应该是一种误解。从现在交易所内部各板块来说，价格形成机制已经多样化，大宗交易既未进行集合竞价，中关村三板的报价机制也不同于主板市场，因此，价格形成机制的差别已经不是场内交易和场外交易的实质差异。而且，《证券法》第40条也未对公开交易的证券要求采取集合竞价一种交易方式，

---

① 见《证券公司代办股份转让系统中关村科技园区非上市股份有限公司股份报价转让试点办法（暂行）》，该规则由中国证券业协会制定，报中国证监会批准后于2009年7月6日实施。

只是有程序上的要求。该条规定:"证券在证券交易所上市交易,应当采用公开的集中交易方式或者国务院证券监督管理机构批准的其他方式。"

四 结论

场外交易市场存在的合理性在于构筑多层次的交易结构,能为多类型企业提供融资平台。但多层次资本市场不只有一种发展模式,内化于交易所中的多层次资本市场也是其中十分重要的发展模式。多层次资本市场的建设,不需要特别关注对行政层级的尊重,而应重点关注如何布局才能最有效率地配置资本和监管资源。为此,我们需要质疑那种似是而非的"分散化的市场"观点——即场外交易市场建设的合理模型应当是多中心、多层次的交易市场,唯此,才能体现出对行政权威的尊重。

全球范围的交易所并购风潮提示着我国未来的发展趋势①,我们与其重复其他国家由于历史原因形成的地方市场——转为交易所——再进行交易所并购的路径,不如发挥后发优势,直接做大一到两家交易所。从长远来看,这既能节约成本,又有利于我国交易所参与国际竞争。目前,在多层次资本市场理论设计下的地方化场外交易市场模型,是一种基于地方利益竞争而产生的非理性选择,中国证监会应当维护集中型交易所的传统——在交易所内部实现多层次资本市场的区分,从而有助于节省交易成本,控制交易风险。

参考文献

[1] 胡经生:《证券场外交易市场发展研究》,中国财政经济出版社,2010。
[2] See A. R. Palmiter, Securities Regulation, Aspen Publishers, 2002, 转引自李建伟《非上市公众公司信息披露制度研究》,顾功耘主编《场外交易市场法律制度构建》,北京大学出版社,2011。

---

① Di Noia, Carmine, The Stock-exchange Industry: Network Effects, Implicit Mergers, and Corporate Governance (1999). MARZO Working Paper No. 33. Available at SSRN: http://ssrn.com/abstract = 200991 or http://dx.doi.org/10.2139/ssrn.200991.

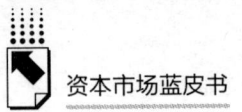

[3] History of the American and NASDAQ Stock Exchanges, http://www.loc.gov/rr/Business/amex/amex.html,访问时间2012年9月16日。

[4] 李响玲:《中国证券场外交易监管制度研究》,载顾功耘主编《场外交易市场法律制度构建》,北京大学出版社,2011。

[5] Lawrence J. White, Technological Change, Financial Innovation, and Financial Regulation In The US: The Challenges For PublicPolicy, a Paper provided by Wharton School Center for Financial Institutions, University of Pennsylvania in its series Center for Financial Institutions Working Papers with number 97~33.

A Study on the Internalization of OTC

— The Negative Impact of The Irrational Competition in the Local for Securities Exchange

Abstract: Reasonable OTC market is that to build a multi-level structure of transaction, for multi-type enterprises to provide financing platform. Multi-level capital market is not only a model of development, internalization exchange in multi-level capital market is also very important development model. The construction of the multi-level capital market, do not need to pay special attention to the respect of the administrative level, but should focus on how to layout to the most efficient allocation of capital and regulatory resources.

Exchange consolidation worldwide prompted the trend of the future development of the OTC market-we repeat to other countries due to historical reasons and the formation of the the Exchange development path (first-place market-and then into the Exchange-Exchange mergers and acquisitions), not as good as the use of the advantage, bigger one to two Exchange directly. This can not only save transaction costs, and more conducive to our exchange to participate in international competition. Tends to a warm place OTC market model competition, in the design of multi-level capital market theory is based on local interests arising from the non-rational choice, the China Securities Regulatory Commission should maintain the tradition of centralized exchanges-Exchange internal multi-level capital market distinction, and thus help save transaction costs, control transaction risk.

Key Words: Stock; Transaction; OTC; Exchange

B.13
论场外交易市场的融资服务功能及制度设计[*]

李有星 罗栩[**]

摘 要：

场外交易市场建设存在许多困难，但场外交易市场的功能定位直接影响制度设计，全国性的交易市场定位在投资者交易和投机功能上，而地方性的场外交易市场功能需要与解决企业融资功能结合起来。《证券法》确立的公司股票发行融资功能与上市交易投机退出功能的混淆，以及发行和上市联动机制给资本市场带来了灾难。地方性场外交易市场定位在为企业融资服务的交易上，实现企业发行融资与进场交易的分离。在此基础上，借鉴国内外先进的实践经验，对场外交易市场的准入制度、交易制度以及监管制度等进行规范。

关键词：

场外交易市场 融资 功能定位 监管制度

场外交易市场，又称柜台交易市场或店头市场，是指在证券交易所以外进行证券买卖的市场。它与场内交易市场共同构成了一国的资本市场。我国场外交易市场的发展早于场内交易市场，早在20世纪80年代，随着一些股份制企业对股票交易需求的产生，地方性的场外交易市场开始出现。然而，场外交易市场的发展进程却远不及场内交易市场，多层次资本市场体系就像一个教育体

---

[*] 系浙江省哲学社会科学规划"浙江民间融资规范与引导对策研究"（11YD30YB）；光华基金项目"两岸中小企业融资法律制度比较研究"（2011GH03）的研究部分成果。

[**] 李有星，浙江大学光华法学院教授、博导；罗栩，浙江大学光华法学院研究生。

系，主板是大学，创业板是中学，场外市场好比小学。小学、中学、大学是呈金字塔形的。我国资本市场的实际情况是在小学尚未建立的情况下，就建立了大学和中学，但这一小学才是中小企业融资真正的主战场。[①] 我国正在实行自主创新的发展战略，但一大批中小企业特别是科技型企业，由于规模小，科技开发周期长、风险大而难以获得资金的有效支持，推动场外交易市场的发展刚好可以解决中小企业融资困难的难题。[②] 与企业融资相关的《证券法》确立的公司股票发行融资功能与上市交易投机退出功能的混淆，以及发行和上市联动机制给资本市场带来了灾难。地方性场外交易市场需要定位在为企业融资服务的交易上，实现企业发行融资与进场交易的分离。只有在明确场外交易市场功能定位的基础上，才能制定出具有针对性的制度，更好地推动场外交易市场的发展。

一 我国场外交易市场的发展及困难

（一）场外交易市场的发展轨迹

现阶段，我国的场外交易市场主要包括代办股份转让系统、地方产权交易市场和专门股权转让市场。

代办股份转让系统是一个以证券公司及相关当事人的契约为基础，依托证券交易所和中央登记公司的技术系统和证券公司的服务网络，以代理买卖挂牌公司股份为核心业务的股份转让平台。20世纪90年代，中央政府主管部门批准设立了法人股交易市场，即 STAQ 系统和 NET 系统。两网系统都是以交易上市的法人股为主，在开通初期，法人股市场繁荣，上海、深圳市场大量资金流到法人股市场。在高利润的诱导下，投资者由以法人单位为主转向了以个人投资者为主，法人股市场中的风险日益加大。1999年9月9日，为整合中国证券市场多头管理，防范亚洲金融危机影响，"两网"被关闭。[③] 为妥善解决

[①] 刘纪鹏、赵晓丹：《场外交易市场建设需条块结合》，《经济》2012年第5期。
[②] 贺强、李靖：《多层次市场体系下的场外交易市场发展》，《资本市场》2010年第1期。
[③] 廖静怡、罗浩：《论我国证券场外交易市场法律制度的建构》，《西华大学学报》（哲学社会科学版）2010年第4期。

原 STAQ、NET 系统挂牌公司流通股的转让问题，2001 年 6 月 12 日经中国证监会批准，中国证券业协会发布《证券公司代办股份转让服务业务试点办法》，代办股份转让工作正式启动。为解决退市公司股份转让问题，中国证券业协会于 2002 年 8 月 29 日发布《关于改进代办股份转让工作的通知》，决定将退市的上市公司纳入代办股份转让系统，该代办股份转让系统就是俗称的"旧三板"。2006 年《证券公司代办股份转让系统中关村科技园区非上市股份有限公司股份报价转让试点办法》的公布，使得中关村科技园区非上市股份有限公司也进入代办股份转让系统，由于其在交易制度、参与主体、信息披露等方面与原代办股份转让系统存在差异，因此被称为"新三板"。

产权交易市场，是指供产权交易双方进行产权交易的场所。我国产权交易市场诞生于 20 世纪 80 年代，经历 1988 年和 1996 年的两次高潮，1997 年整顿，1999 年恢复发展，2004 年进入新阶段。① 据不完全统计，我国现有各类产权交易市场 200 多家，其业务范围大都涉及物权、股权、知识产权、债权以及专业市场等。自 2008 年 9 月天津股权交易所成立以来，各地都在积极拓展非上市股份公司股权挂牌交易和私募融资服务。工信部于 2009 年 10 月出台《关于开展区域性中小企业产权交易市场试点工作的通知》，决定选择北京产权交易所、上海联合产权交易所、重庆联合产权交易所、河南省技术产权交易所、广东南方联合产权交易中心 5 家产权交易机构作为区域性中小企业产权交易市场试点单位，开展未上市高成长性中小企业股权流通试点工作。② 截止到目前，已经形成了天津股权交易所、重庆股份转让中心以及上海股权托管交易中心三足鼎立的格局，我国地区性场外交易市场正在摸索中悄然前行。

（二）场外交易市场现有的立法规制

1998 年底，新中国第一部调整证券关系的法律——《中华人民共和国证券法》出台，但是由于受到当时亚洲金融危机的影响，该法侧重于维护资本市场的稳定，因此将场外交易市场拒之门外。2005 年修订后的《证券法》虽

---

① 徐洪才：《对中国场外交易市场建设的理性思考》，《中国科技财富》2009 年第 9 期。
② 侯外林、聂旺标、沈丽：《关于加快发展我国场外交易市场的思考》，《广东经济》2011 年第 7 期。

然没有对市场准入、交易制度、信息披露等内容进行具体的规范，但是已经为场外交易市场的存在预留了空间。2005年《证券法》第39条规定："依法公开发行的股票、公司债券及其他证券，应当在依法设立的证券交易所上市交易或者在国务院批准的其他证券交易场所转让。"言下之意，只要经过国务院批准，允许证券交易所以外的证券交易市场存在。同样为场外交易市场放行的还有《公司法》，2005年修订后的《公司法》第139条规定："股东转让其股份，应当在依法设立的证券交易场所进行或者按照国务院规定的其他方式进行。"而该条在修订之前只是规定股东转让股份必须在依法设立的证券交易场所进行，并没有清晰地表明允许场外交易市场的存在。

除了《证券法》与《公司法》之外，对场外交易市场的规定还有证监会2001年颁布的《关于加强对上市公司非流通股协议转让活动规范管理的通知》、中国证券业协会2001年颁布的《证券公司代办股份转让服务业务试点办法》以及2009年颁布的《证券公司代办股份转让系统中关村科技园区非上市股份有限公司股份报价转让试点办法（暂行）》、《主办券商推荐中关村科技园区非上市股份有限公司股份进入证券公司代办股份转让系统挂牌业务规则》和《股份进入证券公司代办股份转让系统报价转让的中关村科技园区非上市股份有限公司信息披露规则》等几个规定。但是这些规定只是对代办股份转让系统的市场准入条件、交易规则等有所涉及，并没有对地方产权交易市场和专门股权转让市场进行规范，更没有形成全国统一的场外交易市场监管规则。

（三）场外交易市场建设的困难

我国场外交易市场（OTC市场）正处在快速发展的关键时期，各项顶层制度设计也正在进行中，而其中遇到了很多理论与实践困境问题需要解决。初步设计：（1）布局问题。全国各地都希望自己建立地方性场外交易市场，有的希望成为全国性场外交易市场。（2）主管机构。全国性场外交易市场的主管机构和地方场外交易市场主管机构到底是谁？场外交易市场的股权结构问题。有学者认为地方性场外交易市场是公司制的，由地方政府的金融管理机构来承担监管工作，因为地方场外交易市场属于地方民间金融的组成部分。有的认为场外交易市场属于地方政府管理的机构，也有的认为应当由证监会来管理。(3)企业融资与场外交易市场上市交易的关系。有观点认为目前需要进入场外交易市场的主要是非上市公众公司，非上市公众公司对应的上市交易场所是在场外交易市场，因此，非上市公众公司的融资与在场外交易市场上市交易直接联动。有的认为，场外交易市场的进场交易规则设定要打破联动，设定的规则有利于交易，同时要有利于好企业发行融资。(4)通道关系。场外交易市场与主板、中小板、创业板之间的通道对接关系，如何连接和制度设计，如何进行上市、退市、IPO 之间的对接。(5)场外交易市场准入制度、市场交易制度、市场信息披露制度、市场监管制度等的制定。(6)市场退出制度。参与市场交易的企业、各类机构的退出机制。(7)中介服务机构。包括做市商在内的中介机构的权利义务、作用功能等科学设定必然影响场外交易市场的建设与发展。(8)投资者权益保护机制。如何保护场外交易投资者的权益、判断标准、权益救济等，也包括纠纷解决机制等方面。

二 场外交易市场的融资功能服务

一般认为，场外交易市场主要有以下三个功能：一是高科技企业、中小企业融资功能；二是主板或二板市场"孵化器"功能；三是吸纳退市和解决历史遗留问题功能。目前，代办股份转让系统、地方产权交易市场以及专门股权转让市场，均不允许挂牌企业通过公开发行股票的方式进行直接融资，只能通过定向发行等方式进行私募融资，且其股份转让受到公司股东人数不得超过 200 人的法定限制。另外，"新三板"只是针对中关村科技园区非上市股份有限公司，其他中小企业无法通过该平台进行股份转让，同时该系统与主板、二板之间也缺乏有效的转板机制。以上各种缺陷使得场外交易市场的融资以及股权转让功能大打折扣，明确我国场外交易市场功能定位，才能进一步设计外在制度，以保障场外交易市场功能的有效发挥。

（一）境外场外交易市场的功能定位

美国的场外交易市场是一个复杂的、多层次的市场，历史上第一个有组织形式的场外交易市场是 NASDAQ，但是 2006 年 1 月 SEC 正式宣布 NASDAQ 注册成为全国性交易所。因此目前美国非上市公众公司的场外交易市场主要由"粉单市场"（Pink Sheets）和"公告板市场"（OTCBB）组成。此外，还有"第三市场"和"私募证券转让市场"等不同层次的场外交易市场。粉单市场按照信息披露的程度和公司质量标准不同，可分为六个层次："可信任市场"（OTCQX）、"注册市场"（OTCQB）、"透明市场"、"问题市场"、"灰色市场"和"有毒市场"。其中，OTCQB的报价公司为向美国证监会履行持续信息披露要求的非上市公众公司，因此OTCQB与OTCBB运行模式类似，都是为非上市公众公司提供股票报价和成交信息披露服务的系统平台。统计显示，每年约有5%的OTCQB公司转至主板，且以主板中的低层次市场为多。例如，2008年和2009年，从OTCQB市场上分别有60家和58家企业转至NASDAQ和纽约交易所。统计还显示，2008年和2009年分别有251家和225家公司在NASDAQ和纽约交易所上市，由此可见，转板这一方式是企业在美国主板上市的重要途径，过去两年大约25%的新上市公司是通过转板而来的。[①] 不难看出，美国场外交易市场实现了与主板或二板市场的良好对接，为非上市公众公司提供了便捷的转板通道。

较之于美国场外交易市场的庞大复杂，英国的场外交易市场显得相对简单，主要有伦敦交易所下属的AIM和由PMG运营的PLUS-Quoted。AIM的发展规模和发展态势远大于PLUS，被认为是伦敦交易所主板的预备市场，而PLUS是在伦敦交易所外部生成和逐渐发展起来的，草根色彩浓厚。在PLUS-Quoted挂牌和再融资的方式都较为灵活。新挂牌可采用介绍、配售、公开认购和反向收购等方式，其中以程序便捷的介绍上市最为常见。再融资可采用配售、公开认购、股票行权、可转债等方式，其中以针对特定投资者的配售最为常见。[②] 由此可见，英国的场外交易市场层次分明，既发挥了孵化器功能，又为中小企业提供了融资渠道。

台湾的资本市场是自上而下，由政府主导的垂直分层体系，包括了集中交

---

① 参见王一萱、王晓津、李园园《美英台场外市场对比》，融资中国，http://www.thecapital.com.cn/col/1316830915171/2012/05/10/1336631062831.html，访问日期：2012年5月10日。
② 参见王一萱、王晓津、李园园《美英台场外市场对比》，融资中国，http://www.thecapital.com.cn/col/1316830915171/2012/05/10/1336631062831.html 访问日期：2012年5月10日。

易市场、柜买中心、兴柜市场以及盘商市场四个层次。其中场外交易市场主要指的是兴柜市场，其内部没有分层，且服务对象单一，大都集中在政府重点扶持的新兴行业。兴柜市场上的企业并非处于起步阶段的中小企业，政府希望将兴柜市场打造成主板市场的预备市场。为了支持和活跃兴柜股票市场，台湾当局规定，自2003年1月1日起，除了公营事业外，初次申请上市、上柜的股票，都必须先在兴柜股票市场交易满6个月后才能转到更高层次的资本市场挂牌。这样兴柜股票市场不但能够为上一两个层次的资本市场输送优质的上市（柜）公司，还能够发展自身。① 但是值得注意的是，台湾兴柜市场基本没有融资功能。

那么，我国场外交易市场的功能定位应该何去何从？是侧重于融资功能，还是侧重于"孵化器"功能，抑或是两者双管齐下？场外交易市场功能的定位需要考虑到我国目前经济发展的实际需求，尤其是中小企业发展的实际需求。

（二）我国场外交易市场服务企业融资的定位

根据企业生命周期理论，中小企业的成长至少要经历四个阶段：初创期、幼稚期、成长期、成熟期。不同阶段中小企业对资金的需求是不同的，同时市场对处于不同阶段的中小企业的资金供给也是不同的。② 目前我国的主板市场已初具规模，市场定位也非常明确，主要是针对大型成熟期企业。而二板市场（这里指的是中小企业板和创业板），主要针对的是成长期、成熟期的中小企业，虽然相对主板市场已经降低了市场准入门槛，但还是将绝大多数中小企业拒之门外，无法解决大部分中小企业融资难的问题。处在初创期和幼稚期的中小企业，其资金来源几乎全是内源融资，当企业发展到一定规模后，内源融资往往难以为继。此时的中小企业要转向外源融资，又常常因为内部财务制度不健全，企业经营风险大等原因无法从银行获得贷款，最终制约企业的进一步发展。

我国是大企业很少，中企业（工业企业为从业人员300~2000人、销售额3000万~30000万元、资产总额4000万~40000万元）不多，小企业（工业

---

① 左英霞：《台湾场外交易市场的发展及其对我国的启示》，《中国市场》2012年第6期。
② 许伟、朱未萍：《中小企业融资与场外交易市场建设》，《财会月刊》2012年第2期。

企业为从业人员 300 人以下、销售额 3000 万元以下、资产总额 4000 万元以下）占绝大多数。总体看，全国大企业不到 1 万家，占全国企业的不足 0.1%；中企业不到 10 万家，占不足 1%；其余 99% 以上是小企业。[1] 到目前为止，在中小企业板和创业板上市的企业不到 1000 家，而我国注册的中小企业约有 4000 万家，显然二板市场的资金供给无法解决中小企业融资难的问题。场外交易市场具有的挂牌条件相对较低、交易制度相对灵活、监管环境相对宽松等特征，恰好能满足中小企业持续性的资金需求。因此，我国场外交易市场应定位于解决处于初创阶段中后期和幼稚阶段初期的高科技企业和中小企业融资问题。[2] 同时，也可借鉴美国和英国的实践经验，对场外交易市场内部进行分层，各层次的准入门槛、信息披露标准和监管方式有所区别。当然，在满足初创期和幼稚期中小企业融资需求的同时，也可借鉴台湾经验，兼顾处于成长期和成熟期的中小企业，为其提供转板通道。

在场外交易市场设计和功能定位上，不能再学习《证券法》所确定的发行与上市联动模式。证券发行主要为解决企业融资，而证券交易主要为解决证券投资者的投机交易和市场退出，当然也有利于好企业的再融资。本来也可以设计让一部分合格企业发行证券后（融资后）处于正常的市场考验期一段时间（如 6 个月到 3 年），按照企业得到公开融资后实际经营效果，向证券交易所提出上市交易申请，由交易所审核决定是否接受上市交易。这样的结果，需要资金的企业完成公开发行后实现了融资要求（暂时不会要求再融资），等待公开融资后的实际经营考核，证明公司在各方面优良合格（或在某些方面符合上市交易要求），经交易所审核合格而上市交易，实现证券投资者的交易退出或进入。这样的好处，是交易所交易有利于公司发行融资、有利于投资人的科学谨慎投资，有利于良好企业的上市，同时有利于证券交易市场的独立健康发展。而现行《证券法》将证券发行与证券上市交易实行联动，证监会在审核公司发行股票的同时，就确定公司发行后的上市交易，混淆了证券融资功能和上市交易功能，十分不利于大量企业的融资需求的实现，抑制了公司证券的

---

[1] 黄孟复：《中国中小企业融资状况调查》，中国财政经济出版社，2010。
[2] 李响玲、周庆丰：《试论我国场外交易市场法律制度的完善》，《证券市场导报》2010 年第 9 期。

融资功能，同时也忽视了交易所上市交易的选择权利和交易功能。股票发行和上市交易的联动结果导致公司证券发行融资功能难以实现，也导致证券上市交易功能无法实现。

中国场外交易市场建设时，特别是地方场外交易市场建设时，一定要强化交易市场的选择权和决定权。完善企业融资环节与市场交易分离规则，千万不要出现有关机构审核批准中小企业发行融资的同时，无条件地进入场外交易市场的交易。证监会拟定的《非上市公众公司监督管理办法（征求意见稿）》①的定向发行条款内容："第三十四条，本办法所称定向发行包括向特定对象发行股票导致股东累计超过二百人，以及股东人数超过二百人的公司向特定对象发行股票两种情形。前款所称特定对象的范围包括下列机构或者自然人：（一）公司股东；（二）公司的董事、监事、高级管理人员；（三）符合投资者适当性管理规定的自然人投资者、法人投资者及其他经济组织。公司确定发行对象时，符合本条第（三）项规定的投资者合计不得超过三十五名。投资者适当性管理规定由中国证监会另行制定……第三十七条，公司应当按照中国证监会有关规定制作定向发行的申请文件，申请文件应当包括定向发行股票预案、律师事务所出具的法律意见书，具有证券、期货相关业务资格的会计师事务所出具的审计报告，证券公司出具的推荐文件。公司持申请文件向中国证监会申请核准。第三十八条，中国证监会受理申请文件后，根据申请文件中公司治理和信息披露内容是否符合相关法律法规和本办法的规定以及发行对象是否符合投资者适当性管理规定，作出是否核准的决定，并出具相关文件。第三十九条，公司申请定向发行股票，可申请一次核准，分期发行。自中国证监会予以核准之日起，公司应当在三个月内首期发行，剩余数量应当在十二个月内发行完毕。超过核准文件限定的有效期未发行的，须重新经中国证监会核准后方可发行。首期发行数量应当不少于总发行数量的百分之五十，剩余各期发行的数量由公司自行确定，每期发行后五个工作日内将发行情况报中国证监会备案，并予以披露。第四十条，公司定向

---

① 非上市公众公司（以下简称"公司"）是指有下列情形之一且其股票不在证券交易所上市交易的股份有限公司：（一）股票向特定对象发行或者转让导致股东累计超过二百人；（二）股票以公开方式向社会公众公开转让。据此，非上市公众公司在场外交易市场上市交易较合适。

发行后股东累计不超过二百人的，或者公司在十二个月内发行股票累计融资额低于一千万元的，豁免向中国证监会申请核准，但发行对象应当符合本办法第三十四条的规定，并在每次发行后五个工作日内将发行情况报中国证监会备案，并予以披露。"

综上可以看出，非上市公众公司是企业中最具备在场外交易市场上市交易的企业，而非上市公众公司发行融资的核准和豁免均是证监会来操作。如果将中国场外交易市场（地方）定位在企业融资的角度，希望企业融资发行环节与进入场外交易环节适度分离，不要出现审核发行融资时同时确定（或事实上确定）发行企业的进场交易问题。

三 场外交易市场监管制度设计

考虑到我国地区之间发展不平衡，中小企业数量众多且规模偏小，企业成长阶段及资金需求也存在差异，我国场外交易市场建设应该从市场需求出发，在加快推进集中统一的全国性场外交易市场建设的同时，积极稳妥地推进区域性场外交易市场建设。全国性场外交易市场建设应分两步走，第一步是从中关村试点扩大到全国的高新园区企业，第二步是进一步扩大到全国所有股份公司。之所以从高新区开始，一方面是由于此前国务院层面文件已有规定将在中关村试点的基础上逐步扩大到其他国家级高新园区；另一方面这些园区无论从公司准备上看，还是从园区配套制度准备上看都相对更为充分，所以从园区开始起步，有利于全国性场外市场建设的平稳起步。[①] 然而，未来全国性场外交易市场并不是以融资为目的，而是以交易为目的，类似于伦敦交易所下属的AIM，成为主板市场的预备市场。要切实解决中小企业融资难的问题，还需借助于区域性场外交易市场，清理并整合现有的地方产权交易市场和专门股权转让市场，建成区域性电子化的柜台交易市场。目前，各地的场外交易市场已经初具规模，但是由于缺乏明确的法律地位和统一的指导意见，各地场外交易市

[①] 马婧妤：《场外市场总体思路 挂牌企业股东突破200人限制》，《上海证券报》2012年4月6日。

场仍处在探索阶段，其准入门槛、交易方式、监管制度的设计尚不完善，需要在实践中不断调整并与全国性场外交易市场对接。

（一）市场准入制度

目前，各地政府出于审慎监管的考虑，对地方性场外交易市场都设置了较高的财务门槛。以天津股权交易所为例，该所要求企业最近连续两年盈利，两年累积净利润达到1000万元，最近一年净利润达到500万元。由于我国场外交易市场的融资主体以中小企业为主，过高的门槛标准只会将大量企业拒之门外，影响市场交易的活跃度。因此，与主板市场相比，场外交易市场的准入条件应在规模和盈利等方面有所降低，对低层次的场外交易市场还可以取消规模和盈利指标的限制。①

在准入门槛具体标准的制定上，可以借鉴2011年5月推出的中小企业私募债操作方法，按照工信部以及国家统计局发布的《关于印发中小企业划型标准规定的通知》，制定不同行业的中小企业划分标准。针对由于行业差异，导致相关企业在资产规模、盈利水平等方面存在的重大差距，股份中心应制定与该行业相匹配的准入门槛，尽可能扩大挂牌企业的行业覆盖面和企业范围，避免因门槛过高导致与那些规模较小但质地优良、发展前景广阔的企业失之交臂而扼腕叹息。②

（二）交易制度

从现有的交易制度来看，地方产权交易中心实行的是协议交易制度；代办股份转让系统中，原STAQ、NET系统挂牌公司和退市公司采用的是集合竞价交易制度，中关村科技园区高科技公司采取协议交易制度；天交所实行的是以做市商双向报价为主、集合竞价与协商定价为辅的混合交易制度。③ 就世界范

---

① 王建敏、管程程：《场外交易市场法律制度探析》，《金融发展研究》2010年第8期。
② 张鹏、杨瑶：《发展场外交易市场 破解中小企业融资难题——以重庆股份转让中心为例》，《改革与战略》2011年第2期。
③ 李响玲、周庆丰：《试论我国场外交易市场法律制度的完善》，《证券市场导报》2010年第9期。

围内而言,除了美国采取单一的做市商制度,韩国采取单一的竞价制度,其他大部分国家和地区诸如英国、日本、印度、台湾等都倾向于选择竞争做市商与竞价制度相结合的混合型做市商制度。

不同的交易制度选择会影响市场的流动性以及价格的合理性。由于场外市场挂牌公司没有经过公开发行,股本集中度较高,交易涉及的资金量非常有限。从中关村公司股份转让试点情况看,2011年1月1日至今,成交金额只有7.32亿元,平均换手率3.4%,而同时期场内市场换手率超过230%。① 通过引入竞争做市商制度就弥补了竞价交易制度下可能发生的流动性不足特别是大宗交易困难的缺陷。但是当市场发展到一定阶段之后,单纯的做市商制度又往往会凸显出一些固有的弊端和内在的缺陷,主要表现为效率的相对低下、成本相对较高、利己交易损害投资者利益等,混合型做市商制度通过其竞价交易机制有效地抑制了传统做市商制度中存在的这些问题。② 因此,在现阶段应该充分利用现代通讯技术,采取以竞争做市商制度为主,竞价制度为辅的混合型做市商制度。

(三)监管制度

场外交易市场由于准入门槛低、交易制度不完善等原因,存在较大的运行风险,有必要确定合适的监管模式,以保障市场的安全运营。在监管模式的选择上,有的学者建议采取以自律监管为主,行政监管为辅的分层监管制度③,有的学者则认为以官方主导,多方参与的复合监管体制④更为合适,当然,也有学者主张采取政府监管、自律监管和市场参与者内部控制三者相结合的监管

---

① 申屠青南:《证监会:今年筹建全国性场外交易市场》,《中国证券报》2012年4月6日。
② 李学峰、秦庆刚、解学成:《场外交易市场运行模式的国际比较及其对我国的启示》,《学习与实践》2009年第6期。
③ 参见王建敏、管程程《场外交易市场法律制度探析》,《金融发展研究》2010年第8期;元小勇:《论我国场外交易市场的意义及其制度构建》,《江西行政学院学报》2011年第4期。
④ 参见李学峰、秦庆刚、解学成《场外交易市场运行模式的国际比较及其对我国的启示》,《学习与实践》2009年第6期;左英霞:《台湾场外交易市场的发展及其对我国的启示》,《中国市场》2012年第6期。

模式。① 自律监管通常是市场参与者进行的直接的自我约束，而行政监管则是由政府进行的间接监管。美国证券交易委员会和商品期货交易委员会对场外衍生品市场的影响就是间接的，要么通过它们的权利来影响证券期货市场的注册交易商和经纪人，要么通过调节金融衍生品来实现。② 随着2008年金融危机之后美国经济的大萧条，其对场外衍生品市场的调控也越来越严厉。多德弗兰克法案第七条的目的就是通过强制集中化清算场外衍生品和交易或者指定合同市场、统一的证券交易所或掉期合约执行条件，从而将透明度与问责性引入场外衍生品市场。③

我国目前的场外交易市场监管制度尚未完善，监管机构也比较混乱，尤其是地方性场外交易市场，一般是由地方金融办进行监管，同时又与证监会及证券业协会有着密不可分的联系。目前天交所采取的是市场监管联委会的模式，监管联委会由天交所、地方政府职能部门、挂牌企业代表、保荐机构代表、做市商机构代表、中介机构代表和投资人代表以及第三方专家共同组成④。场外交易市场的监管模式，宜采取集中监管和自律监管相结合的原则，建立以自律监管为主、行政监管为辅的分层监管制度。在这里，自律监管指的是由中国证券业协会直接对场外交易市场主体的行为予以规范，而行政监管指的是由证监会对场外交易市场设立及规范运行情况进行集中统一监管。集中监管指场外交易市场的相关运行规则由证监会统一制定并颁布，包括信息披露规则、证券发行规则、交易规则、结算规则等，还包括对交易系统、行情发布系统、证券登记结算系统等作出统一规定。⑤ 中国证券业协会则负责对场外交易市场的挂牌公司、保荐机构和做市商进行注册管理。同时，考虑到地方性场外交易市场由地方政府负责管理的实际情况，也可赋予地方政

---

① 参见秦洪军、刘忠燕《美国场外交易市场的监管及其启示》，《金融与经济》2010年第8期。
② Martin Goodlett：Subjective materiality and the over-the-counter derivatives markets，DePaul Law Review，Fall 2011.
③ Seema G. Sharma：Over-the-counter derivatives：a new era of financial regulation，Law & Business Review of the Americas，Spring 2011.
④ 杨东峰.《场外交易市场监管制度评述——兼谈天交所监管制度的重大创新》，《产权导报》2010年第9期。
⑤ 参见叶展《构建我国场外交易市场的亟待解决问题及其路径探讨》，《企业导报》2011年第10期。

府金融办一定的职权，使其能够更好地调动当地资源，协调政府各职能部门之间的运作。

参考文献

[1] 刘纪鹏、赵晓丹：《场外交易市场建设需条块结合》，《经济》2012年第5期。

[2] 贺强、李靖：《多层次市场体系下的场外交易市场发展》，《资本市场》2010年第1期。

[3] 廖静怡、罗浩：《论我国证券场外交易市场法律制度的建构》，《西华大学学报》（哲学社会科学版）2010年第4期。

[4] 侯外林、聂旺标、沈丽：《关于加快发展我国场外交易市场的思考》，《广东经济》2011年第7期。

[5] 参见王一萱、王晓津、李园园《美英台场外市场对比》，融资中国，http://www.thecapital.com.cn/col/1316830915171/2012/05/10/1336631062831.html，访问时间：2012年5月10日。

[6] 左英霞：《台湾场外交易市场的发展及其对我国的启示》，《中国市场》2012年第6期。

[7] 黄孟复：《中国中小企业融资状况调查》，中国财政经济出版社，2010。

[8] 马婧妤：《场外市场总体思路 挂牌企业股东突破200人限制》，《上海证券报》2012年4月6日。

[9] 王建敏、管程程：《场外交易市场法律制度探析》，《金融发展研究》2010年第8期。

[10] 参见李学峰、秦庆刚、解学成《场外交易市场运行模式的国际比较及其对我国的启示》，《学习与实践》2009年第6期；左英霞：《台湾场外交易市场的发展及其对我国的启示》，《中国市场》2012年第6期。

[11] Martin Goodlett: Subjective materiality and the over-the-counter derivatives markets, DePaul Law Review, Fall 2011.

[12] Seema G. Sharma: Over-the-counter derivatives: a new era of financial regulation, Law & Business Review of the Americas, Spring 2011.

[13] 杨东峰：《场外交易市场监管制度评述——兼谈天交所监管制度的重大创新》，《产权导报》2010年第9期。

[14] 参见叶展《构建我国场外交易市场的亟待解决问题及其路径探讨》，《企业导报》2011年第10期。

A Study on the Financing Service Functions and Systems of the OTC

Abstract: The OTC market, there are many difficulties in building a direct impact on the design of the system, but the functional position of the OTC market, The nationwide market positioning in investor exchange and speculative functions, the local OTC market needs and solve corporate finance function combined. "Securities Act" established company stock issued by finance function and the listing and trading of speculative exit function confusion, as well as the issue and brought disaster to the capital markets listed linkage mechanism. The local OTC market positioning for the trading of corporate finance services, the issue of financing and entering transactions separation. On this basis, learn from the advanced practical experience in the OTC market access system, trading system and regulatory regime to regulate.

Key Words: OTC Market; Financing; Function Positioning; Supervision Mechanism

大 事 记

The Events Papers

B.14
2012年中国场外交易市场大事记

惠建军　杨东峰*

第四次全国金融工作会议在北京召开

2012年1月6~7日　第四次全国金融工作会议在北京召开，中共中央政治局常委、国务院总理温家宝出席会议并指出，要加强资本市场建设，推动金融市场协调发展，坚决清理整顿各类交易场所。

全国证券期货监管工作会议在北京召开

2012年1月9日　全国证券期货监管工作会议在北京召开，会上，证监会主席郭树清指出，要以柜台交易为基础，加快建立统一监管的场外交易市场。

中国证监会主席郭树清一行到天交所考察指导工作

2012年1月19日　中国证监会主席郭树清一行到天交所考察指导工作，

---

* 惠建军，天津产权交易中心，天津财经大学金融学博士研究生；杨东峰，天津股权交易所研发部。

认真听取了天交所的工作报告，并对天交所的实践探索和取得的成绩给予了高度评价。

《中国场外交易市场发展报告（2011~2012）》正式出版

2012 年 3 月 1 日　《中国场外交易市场发展报告（2011~2012）》正式出版。报告指出，坚持市场化导向，以促进中小企业持续健康发展为目的，以不断创新为动力，构建一个发展路径科学、市场结构合理、经营运作规范、投资方式灵活、服务对象广泛、监督管理到位的符合场外交易市场发展规律且兼有中国自身特点的场外交易市场体系意义非凡、任重道远，需要方方面面坚持不懈的努力。

两会声音：场外市场一定会推出

2012 年两会期间，中国证监会主席郭树清表示，场外市场一定会推出，相关实施方案的时间表待定。

国务院领导考察中关村非上市公司股份转让试点工作

2012 年 3 月 27 日　中共中央政治局委员、国务院副总理王岐山在北京考察中关村非上市公司股份转让试点工作时强调，场外交易市场是多层次资本市场的重要组成部分。要按照"十二五"规划和全国金融工作会议的要求，把握好"稳中求进"的总基调，认真总结试点经验，加快推进体制机制改革和组织制度创新，探索建设场外交易市场，努力提高直接融资比重，优化金融结构，满足多元化投融资需求，更好地服务实体经济。

国务院批准设立温州市金融综合改革试验区

2012 年 3 月 28 日　国务院常务会议决定设立温州市金融综合改革试验区，批准实施《浙江省温州市金融综合改革试验区总体方案》。此次温州金融改革方案的"十二项任务"，主要可以分为四个方向，一是民间融资；二是民间投资；三是地方监管；四是加强主要金融机构对小微企业的服务。具体包括规范发展民间融资、加快发展新型金融组织、发展专业资产管理机构、研究开展个人境外直接投资试点、深化地方金融机构改革、创新发展面向小微企业和

"三农"的金融产品与服务、培育发展地方资本市场、积极发展各类债券产品、拓宽保险服务领域、加强社会信用体系建设、完善地方金融管理体制和建立金融综合改革风险防范机制十二项主要任务。

中国场外市场筹备小组成立

2012年3月底 中国场外市场筹备小组成立,拟由湖南证监局局长杨晓嘉兼任新三板筹备小组组长,现任中国证监会市场监管部主任谢庚则担任副组长职务。新三板筹备小组的其他成员将由中国证券业协会副会长邓映翎牵头组织搭建场外市场工作委员会的核心班子。

证监会领导出席湖北省资本市场建设大会

2012年4月17日 中国证监会主席郭树清出席湖北省资本市场建设大会。会上表示,证监会正在加紧准备推出新三板扩容,已经向国务院做了专题汇报。此外,证监会还要推出区域性的股权转让市场,让那些未达到股票上市条件的企业可以融资、转让、流转。

《关于进一步支持小型微型企业健康发展的意见》正式下发

2012年4月19日 国务院发布《关于进一步支持小型微型企业健康发展的意见》(国发〔2012〕14号),该意见在"努力缓解小型微型企业融资困难"部分提出:"拓宽融资渠道。搭建方便快捷的融资平台,支持符合条件的小企业上市融资、发行债券。推进多层次债券市场建设,发挥债券市场对微观主体的资金支持作用。加快统一监管的场外交易市场建设步伐,为尚不符合上市条件的小型微型企业提供资本市场配置资源的服务。"

前海股权交易中心(深圳)有限公司揭牌成立

2012年5月15日 前海股权交易中心揭牌成立。该中心主要为非上市股份公司提供股权托管、登记、交易、定向增资、清算、交割和其他金融增值服务,为挂牌企业实现主板、中小板、创业板上市和到新三板挂牌发挥培育、辅导和促进作用。

《关于规范区域性股权交易市场的指导意见（试行）》（征求意见稿）下发

2012 年 5 月 15 日 《关于规范区域性股权交易市场的指导意见（试行）》（征求意见稿）下发。该文件将区域性股权交易市场定位为"为本省级行政区划内中小微企业提供股权、债券的转让和融资服务的私募市场"，原则上不得跨区域开展业务。

关于《证券公司开展中小企业私募债券承销业务试点办法》的通知正式发布

2012 年 5 月 22 日 上交所、深交所分别出台了：《深圳证券交易所中小企业私募债券业务试点办法》和《上海证券交易所中小企业私募债券业务试点办法》。明确试点期间中小企业私募债券的发行人为未上市中小微企业，暂不包括房地产企业和金融企业。5 月 23 日，中国证券业协会发布了关于《证券公司开展中小企业私募债券承销业务试点办法》的通知（中证协发〔2012〕120 号），从试点方案、尽职调查、债券承销、风险控制与合规管理、自律管理等方面对证券公司的参与行为进行了规范。中小企业私募债券的推出扩大了资本市场服务实体经济的范围。加强了资本市场服务民营企业的深度和广度。

陆家嘴论坛：激辩中国场外交易市场建设与发展

2012 年 6 月 28～30 日 以"金融治理改革和实体经济发展"为主题的陆家嘴论坛在上海举行。28 日 19：30～21：00，与会部分领导、专家学者就中国场外交易市场建设与发展进行了激烈探讨，并提出了场外市场要合理规划、政策不确定性致场外市场公信力不足、场外市场的底线是不能造假、场外市场要大力发展做市商制度等重要观点。

规范发展区域性股权交易市场座谈会在长春举行

2012 年 7 月 19～20 日 由中国证监会、中国证券业协会联合主办的"规范发展区域性股权交易市场座谈会"在吉林省长春市举行,中国证监会主席郭树清出席并讲话。12个省(市)政府金融办、5家区域性股权交易市场、16家证券公司、中国证监会相关部门及中国证券业协会的负责人参加座谈会。郭树清在讲话中深入分析了多层次资本市场建设特别是区域性股权交易市场发展情况,就进一步规范区域性股权交易市场,改进对小微企业金融服务,推动区域经济发展提出了要求。

新三板副主办券商制正式实施

由中国证券业协会场外市场管理部于2012年5月11日下发的《关于建立副主办券商核查机制的通知》,自2012年7月1日起正式实施,从此,新三板将实行"推荐公司挂牌备案由副主办券商进行核查的工作机制"。

《国务院办公厅关于清理整顿各类交易场所的实施意见》正式发布

2012年7月12日 国务院于正式发布了《国务院办公厅关于清理整顿各类交易场所的实施意见》(国办发〔2012〕37号,以下简称"37号文")。37号文对"交易所"、"权益类交易"、"大宗商品中远期交易"、"标准化合约"、"均等份额公开发行"、"集中交易方式"、"持续挂牌交易"、"标准化交易单位"等概念内涵进行了较为详细的界定,使清理整顿的范围和对象更加明确具体。37号文的出台标志着交易所清理整顿工作取得了阶段成效。

新三板扩容获国务院批准

2012年8月 经国务院批准,中国证监会决定扩大中关村科技园区非上市股份有限公司股份报价转让系统(即"新三板")的试点范围,首批扩大试点除北京中关村科技园区外,新增上海张江高新技术产业开发区、武汉东湖新技术产业开发区、天津滨海高新区三个试点区。将按照"总体规划,分步推进,稳妥实施"的原则,设立全国中小企业股份转让系统,逐步将条件比较成熟的园区纳入试点范围,为试点园区的非上市股份公司提供股份报价转让等服务。

广州股权交易中心正式开业运营

2012年8月9日 广州股权交易中心正式开业运营。该中心是经广东省人民政府批准,由广州国际控股集团有限公司、广东粤财控股有限公司、广州凯得控股有限公司三大国有控股公司设立。此平台按照"定位高、覆盖宽、交易活"的思路筹建,遵循"无门槛、有台阶,先挂牌、后收费,远利益、避风险,同呼吸、共成长"的原则运营。截至2012年11月底,挂牌企业达107家,推荐机构会员24家,专业服务机构会员46家,实现增资扩募交易总额1.2388亿元。

《关于规范证券公司参与区域性股权交易市场的指导意见(试行)》正式下发

2012年8月23日 证监会正式下发了《关于规范证券公司参与区域性股权交易市场的指导意见(试行)》(证监会公告〔2012〕20号,以下简称"20号公告")。20号公告第一次以官方文件的形式承认区域性股权交易市场是多层次资本市场的重要组成部分。并指出,区域性股权交易市场对于促进企业特别是中小微企业股权交易和融资,鼓励科技创新和激活民间资本,加强对实体经济薄弱环节的支持,具有不可替代的作用。区域性股权市场是为市场所在地省级行政区域内的企业特别是中小微企业提供股权、债券的转让和融资服务的私募市场。证券公司参与区域性市场,可以有两种方式:一是仅作为区域性市场会员开展相关业务;二是作为区域性市场的股东参与市场管理并开展相关业务。

浙江股权交易中心成立

2012年9月3日 浙江股权交易中心成立。11月21日该中心挂牌发行报喜鸟集团有限公司私募债,期限两年,票面利率略高于1年期银行贷款利率,筹集资金1亿元。此单私募债的成功发行,开创了场外股权交易市场融资的新模式,丰富了股权交易机构的交易品种。

中信证券拟参股前海股权交易中心（深圳）有限公司

2012年9月4日 中信证券股份有限公司发布公告，称9月3日召开的第五届董事会第四次会议，一致审议通过《关于参股前海股权交易中心（深圳）有限公司的议案》：同意公司参股前海股权交易中心（深圳）有限公司，参股比例为30%。

"新三板"扩大试点正式启动

2012年9月7日 "新三板"扩大试点工作正式启动，首批共有8家企业挂牌。2012年，"新三板"挂牌公司数量新增63家。截至2012年11月底，在代办股份转让系统正式挂牌的公司共160家，备案挂牌的企业有6家，总股本达49.6248亿股，成交笔数534笔，成交股数7009股，成交金额4.5682亿元。

全国中小企业股份转让系统有限责任公司正式成立

2012年9月20日 经国务院批准，全国中小企业股份转让系统有限责任公司正式成立。公司注册资本、实收资本均为30亿元，主要为非上市股份公司的股份公开转让、融资、并购等相关业务提供服务；为市场参与者提供信息、技术服务。

天交所挂牌企业突破200家

2012年9月25日 天交所第39次企业挂牌仪式在滨海新区举行，本次新增挂牌企业11家。至此，天交所已累计有来自全国23个省区市202家企业挂牌交易，市值规模超过200亿元，共为各类优秀中小企业完成245次股权私募融资，直接融资额近40亿元。

中国场外交易市场立法与实践专题研讨会在天津滨海新区举行

2012年9月25日 由天交所主办的中国场外交易市场立法与实践专题研讨会在天津滨海新区举行，200多名来自政府金融监管机构、研究机构、高等院校和交易机构的专家学者和实务工作者参加了研讨会。研讨会就我国场外交易市场的发展现状、存在的问题以及场外市场立法的理念、原则和主要内容进行了较充分的探讨，取得了良好的效果。此次会议的部分演讲稿或论文被编入了《中国场外交易市场发展报告（2012~2013）》。

《非上市公众公司监督管理办法》出台

《非上市公众公司监督管理办法（证监会85号令）》于2012年5月11日由中国证券监督管理委员会第17次主席办公会议审议通过，并于2012年9月28日公布，自2013年1月1日起施行。证监会第85号令对非上市公众公司的范畴、公司治理、信息披露、股票转让、定向发行、监督管理、法律责任等方面的内容作了具体规定。

上海证券交易所、浙江证券、财通证券入股浙江股权交易中心

上海证券交易所全资子公司上证所信息网络有限公司、浙江证券、财通证券入股浙江股权交易中心，持股比例分别为20%、10%、10%。上交所入股区域性股权交易市场，一定程度上反映了目前国内场外市场的发展方向。

十八大：加快发展多层次资本市场

2012年11月8日　胡锦涛在党的十八大报告中明确提出："要加快发展多层次资本市场"。十八大会议期间，中国证监会主席郭树清表示："要把发展多层次资本市场放在突出地位，目前资本市场除主板、创业板外，扩大试点新三板正式推出后，融资量对股市有巨大推动作用，接下来继续推动这个市场，并允许各地发展区域性股权转让市场，以多样化的投资机构、投资工具，为多样化的处于不同发展阶段的企业，包括个人创业提供支持。"

央行：积极探索发展股权交易市场

2012年11月20日　中国人民银行行长周小川在新浪金麒麟论坛上的讲话中指出："积极探索发展股权交易市场。坚持服务中小企业的市场定位，探索构建全国性和区域性市场协调发展的多层次股权交易市场体系。扩大代办股份转让系统试点，稳步推进全国中小企业股份转让系统建设。规范发展区域性

股权市场,在统一规则的前提下,允许区域性市场根据当地实际进行差异化的制度安排。统筹考虑不同层次市场间的转板机制,形成各层次市场间的有机联系,满足中小企业多样化的融资和股权转让需求。"

湖南省股权登记管理中心成立

2012年12月5日 湖南省股权登记管理中心成立暨湖南股权交易所企业挂牌庆典仪式在长沙举行。艾瑞杰、运达股份等6家企业挂牌交易,此次首批挂牌企业在挂牌前通过湖南股权交易所平台完成私募融资1.13亿元。

证券公司柜台交易市场正式启动

2012年12月21日 中国证券业协会正式发布《证券公司柜台交易业务规范》(以下简称《规范》),首批包括海通证券、国泰君安、国信证券、申银万国、中信建投、广发证券、兴业证券7家证券公司开始启动柜台交易业务试点。根据《规范》,证券公司柜台交易被定义为证券公司与特定交易对手方在集中交易场所之外进行的交易或为投资者在集中交易场所之外进行交易提供服务的行为。在交易方式上,证券公司柜台交易业务主要是将以协议交易为主,同时尝试开展报价交易或做市商交易机制。交易产品定位为私募产品,柜台交易市场建设初期配合资产管理业务创新,以销售和转让证券公司理财产品、代销金融产品为主。

附件：法律法规

Attachment: Laws and Regulations

B.15 国务院关于清理整顿各类交易场所切实防范金融风险的决定

国发〔2011〕38号

各省、自治区、直辖市人民政府，国务院各部委，各直属机构：

近年来，一些地区为推进权益（如股权、产权等）和商品市场发展，陆续批准设立了一些从事产权交易、文化艺术品交易和大宗商品中远期交易等各种类型的交易场所（以下简称交易场所）。由于缺乏规范管理，在交易场所设立和交易活动中违法违规问题日益突出，风险不断暴露，引起了社会广泛关注。为防范金融风险，规范市场秩序，维护社会稳定，现做出如下决定：

一 高度重视各类交易场所违法交易活动蕴藏的风险

交易场所是为所有市场参与者提供公平、透明交易机会，进行有序交易的平台，具有较强的社会性和公开性，需要依法规范管理，确保安全运行。其中，证券和期货交易更是具有特殊的金融属性，直接关系到经济金融安全和社会稳定，必须在经批准的特定交易场所遵循严格的管理制度规范进行。目前，一些交易场所管理不规范，存在严重投机和价格操纵行为；个别交易场所股东直接参与买卖，甚至发生管理人员侵吞客户资金、经营者卷款逃跑等问题。这些问题如发展蔓延下去，极易引发系统性、区域性金融风险，甚至影响社会稳定，必须及早采取措施坚决予以纠正。

各地人民政府和国务院有关部门要统一认识，高度重视各类交易场所存在的违法违规问题，从维护市场秩序和社会稳定的大局出发，切实做好清理整顿各类交易场所和规范市场秩序的各项工作。各类交易场所要建立健全规章制度，严格遵守信息披露、公平交易和风险管理等各项规定，提高投资者的风险意识和判断能力，切实保护投资者合法权益。

二 建立分工明确、密切协作的工作机制

为加强对清理整顿交易场所和规范市场秩序工作的组织领导，形成既有分工又相互配合的监管机制，建立由证监会牵头，有关部门参加的"清理整顿各类交易场所部际联席会议"（以下简称联席会议）制度。联席会议的主要任务是，统筹协调有关部门和上级人民政府清理整顿违法证券期货交易工作，督导建立对各类交易场所和交易产品的规范管理制度，完成国务院交办的其他事项。联席会议日常办事机构设在证监会。

联席会议不代替国务院有关部门和省级人民政府的监管职责。对经国务院或国务院金融管理部门批准设立从事金融产品交易的交易场所，由国务院金融管理部门负责日常监管。其他交易场所均由上级人民政府按照属地管理原则负责监管，并切实做好统计监测、违规处理和风险处置工作。联席会议及相关部门和上级人民政府要及时沟通情况，加强协调配合，齐心协力做好各类交易场所清理整顿工作。

三 健全管理制度，严格管理程序

自本决定下发之日起，原依法设立的证券交易所或国务院批准的从事金融产品交易的交易场所外，任何交易场所均不得将任何权益拆分为均等份额公开发行，不得采取集中竞价、做市商等集中交易方式进行交易；不得将权益按照

标准化交易单位持续挂牌交易。任何投资者买入后卖出或卖出后买入同一交易品种的时间间隔不得少于 5 个交易日；除法律、行政法规另有规定外，权益持有人累计不得超过 200 人。

除依法经国务院或国务院期货监管机构批准设立从事期货交易的交易场所外，任何单位一律不得以集中竞价、电子撮合、匿名交易、做市商等集中交易方式进行标准化合约交易。

从事保险、信贷、黄金等金融产品交易的交易场所，必须经国务院相关金融管理部门批准设立。

为规范交易场所名称，凡使用"交易所"字样的交易场所，除经过国务院或国务院金融管理部门批准的外，必须报省级人民政府批准；省级人民政府批准前，应征求联席会议意见。未经上述规定批准成立或违反上述规定在名称中使用"交易所"字样的交易场所，工商部门不得为其办理工商登记。

四 稳妥推进清理整顿工作

各省级人民政府要建立领导小组，建立工作机制，根据法律、行政法规和本决定的要求，按照属地管理原则，对本地区各类交易场所，进行一次性集中清理整顿。其中重点是坚决纠正违法证券期货交易活动，并采取有效措施确保投资者资金安全和社会稳定，严禁以任何方式扩大业务范围，严禁新增交易品种，严禁新增投资者，并限期取消或结束交易活动；未经批准在交易场所名称中使用"交易所"字样的交易场所，应限期清理规范。清理整顿期间，不得设立新的开展标准化产品或合约交易的交易场所。各省级人民政府要尽快制定清理整顿工作方案，于 2011 年 12 月底前报国务院备案。

联席会议要切实负起责任，加强组织指导和督促检查，切实推动清理整顿工作有效、有序开展。商务部要在联席会议工作机制下，负责对大宗商品中远期交易市场清理整顿工作的监督、检查和指导，抓紧制定大宗商品交易市场管理办法，确保大宗商品中远期交易市场有序回归期货市场。联席会议有关部门要按照责任分工、加强沟通、相互配合、相互扶持，尽职尽责做好工作。金融机构不得为违法证券期货市场活动提供承销、开户、托管、资金划转、代理买卖、投资咨询、保险等服务。已提供服务的金融机构，要及时开展自查自清，做好善后工作。

国务院
2011 年 11 月 11 日

B.16 国务院办公厅关于清理整顿各类交易场所的实施意见

国办发〔2012〕37号

各省、自治区、直辖市人民政府，国务院各部委、各直属机构：

为贯彻落实《国务院关于清理整顿各类交易场所切实防范金融风险的决定》（国发〔2011〕38号，以下称国发38号文件），进一步明确政策界限、措施和工作要求，扎实推进清理整顿各类交易场所工作，防范金融风险，维护社会稳定，经国务院同意，现提出以下意见：

一 全面把握清理整顿范围

遵循规范有序、便利实体经济发展的原则，准确界定清理整顿范围，突出重点，增强清理整顿各类交易场所工作的针对性、有效性。本次清理整顿的范围包括从事权益类交易、大宗商品中远期交易以及其他标准化合约交易的各类交易场所，包括名称中未使用"交易所"字样的交易场所，但仅从事车辆、房地产等实物交易的交易场所除外。其中，权益类交易包括产权、股权、债权、林权、矿权、知识产权、文化艺术品权益及金融资产权益等交易；大宗商品中远期交易，是指以大宗商品的标准化合约为交易对象，采用电子化集中交易方式，允许交易者以对冲平仓方式了结交易而不以实物交收为目的或不必交割实物的标准化合约交易；其他标准化合约，包括以有价证券、利率、汇率、指数、碳排放权、排污权等为标的物的标准化合约。

各类交易场所已设立的分支机构，按照属地管理原则，由各分支机构所在地省、自治区、直辖市人民政府（以下称省级人民政府）负责清理整顿。

依法经批准设立的证券、期货交易所,或经国务院金融管理部门批准设立的从事金融产品交易的交易场所不属于本次清理整顿范围。

二 准确适用清理整顿政策界限

违反下列规定之一的交易场所及其分支机构,应予以清理整顿。

(一)不得将任何权益拆分为均等份额公开发行。任何交易场所利用其服务与设施,将权益拆分为均等份额后发售给投资者,即属于"均等份额公开发行"。股份公司股份公开发行适用公司法、证券法相关规定。

(二)不得采取集中交易方式进行交易。本意见所称的"集中交易方式"包括集合竞价、连续竞价、电子撮合、匿名交易、做市商等交易方式,但协议转让、依法进行的拍卖不在此列。

(三)不得将权益按照标准化交易单位持续挂牌交易。本意见所称的"标准化交易单位"是指将股权以外的其他权益设定最小交易单位,并以最小交易单位或其整数倍进行交易。"持续挂牌交易"是指在买入后5个交易日内挂牌卖出同一交易品种或在卖出后5个交易日内挂牌买入同一交易品种。

(四)权益持有人累计不得超过200人。除法律、行政法规另有规定外,任何权益在其存续期间,无论在发行还是转让环节,其实际持有人累计不得超过200人,以信托、委托代理等方式代持的,按实际持有人数计算。

(五)不得以集中交易方式进行标准化合约交易。本意见所称的"标准化合约"包括两种情形:一种是由交易场所统一制定,除价格外其他条款固定,规定在将来某一时间和地点交割一定数量标的物的合约;另一种是由交易场所统一制定,规定买方有权在将来某一时间以特定价格买入或者卖出约定标的物的合约。

(六)未经国务院相关金融管理部门批准,不得设立从事保险、信贷、黄金等金融产品交易的交易场所,其他任何交易场所也不得从事保险、信贷、黄金等金融产品交易。

商业银行、证券公司、期货公司、保险公司、信托投资公司等金融机构不得为违反上述规定的交易场所提供承销、开户、托管、资产划转、代理买卖、投资咨询、保险等服务;已提供服务的金融机构,要按照相关金融管理部门的要求开展自查自清,并做好善后工作。

三 认真落实清理整顿工作安排

(一)排查甄别。各省级人民政府要按照国发38号文件和本意见要求,组织对本地区各类交易场所的交易品种、交易方式、投资者人数等是否违反规定,以及风险状况进行认真排查甄别。对违反国发38号文件规定的交易场所,严禁新增交易品种。

(二)整改规范。各类交易场所对自身存在问题纠正不及时、不到位的,有关省级人民政府要按照国发38号文件及本意见的要求,落实监管责任,对问题交易场所采取整改措施。交易规则违反国发38号文件规定的,不得继续交易;已暂停交易的,不得恢复交易,并依据相关政策规定修改交易规则,报本省(区、市)清理整顿工作领导小组批准。交易产品违反国发38号文件规定的,要取消违规交易产品并处理好善后问题;权益持有人累计超过200人的,要予以清理。

(三)检查验收。各省级人民政府应当组织对各类交易场所整改规范情况进行检查验收。重点核查交易场所章程、交易规则、交易品种、交易方式、投资者适当性、管理制度是否符合国发38号文件和本意见的规定,交易信息系统是否符合安全稳定性要求等。

(四)分类处置。各省级人民政府要对交易场所进行分类处置,该关闭的要坚决关闭,该整改的要认真整改,该规范的要切实规范。对确有必要保留的,要按照国发38号文件和本意见的要求履行相应审批程序。对于拒不整改、无正当理由逾期未完成整改的,或继续从事违法证券、期货交易的交易场所,各省级人民政府要依法依规坚决予以关闭或取缔。清理整顿过程中,各省级人民政府要采取有效措施确保投资者资金安全和社会稳定;对涉嫌犯罪的,要移送司法机关,依法追究有关人员的法律责任。

各省级人民政府要在清理整顿工作基本完成后,对清理整顿工作过程、政策措施、验收结果、日常监管和风险处置等情况进行全面总结,并书面报告清理整顿各类交易场所部际联席会议(以下简称联席会议)。

四 严格执行交易场所审批政策

（一）把握各类交易场所设立原则。

各省级人民政府应按照"总量控制、合理布局、审慎审批"的原则，统筹规划各类交易场所的数量规模和区域分布，制定交易场所品种结构规划和审查标准，审慎批准设立交易场所，使交易场所的设立与监管能力及实体经济发展水平相协调。

（二）严格规范交易场所设立审批。

1. 凡新设交易所的，除经国务院或国务院金融管理部门批准的以外，必须报省级人民政府批准；省级人民政府批准前，应取得联席会议的书面反馈意见。

2. 清理整顿前已设立运营的交易所，应当按照下列情形分别处理：

一是省级人民政府批准设立的交易所，确有必要保留，且未违反国发38号文件和本意见规定的，应经省级人民政府确认；违反国发38号文件和本意见规定的，应予清理整顿并经省级人民政府组织检查验收，验收通过后方可继续运营。各省级人民政府应当将上述两类交易所名单分别报联席会议备案。

二是未经省级人民政府批准设立的交易所，清理整顿并验收通过后，拟继续保留的，应按照新设交易场所的要求履行相关审批程序。省级人民政府批准前，应取得联席会议的书面反馈意见。

三是历史形成的从事车辆、房地产等实物交易的交易所，未从事违反国发38号文件和本意见规定，名称中拟继续使用"交易所"字样的，由省级人民政府根据实际情况处理，并将交易所名单报联席会议备案。

3. 从事权益类交易、大宗商品中远期交易以及其他标准化合约交易的交易场所，原则上不得设立分支机构开展经营活动。确有必要设立的，应当分别经该交易场所所在地省级人民政府及拟设分支机构所在地省级人民政府批准，并按照属地监管原则，由相应省级人民政府负责监管。凡未经省级人民政府批准已设立运营的经营性分支机构，要按照上述要求履行审批程序。违反上述规定的，各地工商行政管理部门不得为分支机构办理工商登记，并按照工商管理相关规定进行处理。

名称中未使用"交易所"字样的各类交易场所的监管办法,由各省级人民政府制定。

五 切实贯彻清理整顿工作要求

(一)统一政策标准。各省级人民政府在开展清理整顿工作中,要严格按照国务院、联席会议及有关部门的要求,统一政策标准,准确把握政策界限。实际执行中遇到疑难问题或对相关政策把握不准的,要及时上报联席会议。

(二)防范化解风险。各省级人民政府在清理整顿工作中,要制定完善风险处置预案,认真排查矛盾纠纷和风险隐患,及时掌握市场动向,做好信访投诉受理和处置工作。要加强与司法机关的协调配合,严肃查处挪用客户资金、诈骗等涉嫌违法犯罪行为,妥善处置突发事件,维护投资者合法权益,防范和化解金融风险,维护社会稳定。

(三)落实监管责任。各省级人民政府要制定本地区各类交易场所监管制度,明确各类交易场所监管机构和职能,加强日常监管,建立长效机制,持续做好各类交易场所统计监测、违规处理、风险处置等工作。相关省级人民政府要加强沟通配合和信息共享。联席会议成员单位和国务院相关部门要做好监督检查和指导工作。

国务院办公厅

2012 年 7 月 12 日

B.17
关于规范证券公司参与区域性股权交易市场的指导意见（试行）

中国证券监督管理委员会公告〔2012〕20号

为落实2012年全国金融工作会议精神，推动区域性股权交易市场健康发展，引导证券公司规范参与区域性股权交易市场的相关业务，更好地为企业特别是中小微企业提供股权交易和融资服务，繁荣地方实体经济，防范金融风险，维护市场秩序和社会稳定，根据有关法律法规和《国务院关于清理整顿各类交易场所切实防范金融风险的决定》（国发〔2011〕38号）、《国务院办公厅关于清理整顿各类交易场所的实施意见》（国办发〔2012〕37号），我会在进行深入调研并广泛征求各方意见的基础上，制定了《关于规范证券公司参与区域性股权交易市场的指导意见（试行）》，现予公布，并自公布之日起施行。

中国证监会
2012年8月23日

《关于规范证券公司参与区域性股权交易市场的指导意见（试行）》

区域性股权交易市场（以下简称区域性市场）是多层次资本市场的重要组成部分，对于促进企业特别是中小微企业股权交易和融资，鼓励科技创新和激活民间资本，加强对实体经济薄弱环节的支持，具有不可替代的作用。为落实2012年全国金融工作会议精神，规范证券公司参与区域性市场，促进区域性市场健康发展,防范和化解金融风险,维护市场秩序和社会稳定,根据有关法律法规和《国务院关于清理整顿各类交易场所 切实防范金融风险的决定》(国发〔2011〕38号,以下简称38号文)、《国务院办公厅关于清理整顿各类交易场所的实施意见》(国办发〔2012〕37号,以下简称37号文),中国证监会在深入调研、广泛征求意见的基础上,制定本指导意见。

一、区域性市场按照38号文和37号文完成清理整顿后,具备条件的证券公司可以参与区域性市场相关业务。

二、证券公司参与的区域性市场应当符合下列条件:

(一)区域性市场经所在地省级人民政府批准设立。使用"交易所"字样的区域性市场,省级人民政府批准前已征求联席会议意见。

(二)区域性市场是为市场所在地省级行政区域内的企业特别是中小微企业提供股权、债券的转让和融资服务的私募市场,接受省级人民政府监管。

区域性市场原则上不得跨区域设立营业性分支机构,不得接受跨区域公司挂牌。确有必要跨区域开展业务的,应当按照37号文要求分别经区域性市场所在地省级人民政府及拟跨区域的省级人民政府批准,并由市场所在地省级人民政府负责监管。

(三)区域性市场日常管理规范,已经建立健全的管理制度和业务规则,并已通过区域性市场经营场所和网站公示。区域性市场已经采取有效的投资者合法权益保护和风险管理措施,建立了风险防控和应急处理机制,发现风险隐患后能够及时处理并报告省级人民政府。

(四)区域性市场已经建立规范的会员管理制度,明确会员的权利和义务,要求会员严格遵守市场规则,公示会员名单和相关资料,建立诚信档案,并采取有效措施防范会员损害投资者合法权益。

(五)区域性市场已经建立投资者适当性管理制度,要求参与区域性市场的投资者为具备一定风险承受能力的合格投资者,明确合格的机构投资者和个人投资者的标准并予以公示。

区域性市场会员为投资者开立账户时,应当了解投资者的基本情况和风险承受能力,确定投资者满足适当性管理要求,向投资者充分揭示风险,要求投资者签署风险揭示书。区域性市场会员应对投资者基本信息和账户信息

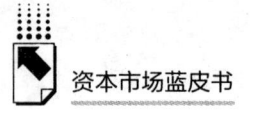

予以保密。

区域性市场合格机构投资者可以是具备一定条件的法人、私募股权投资基金、合伙企业，或经监管部门许可或备案的、金融机构面向特定投资者发行的理财产品。有关法律法规或监管部门对机构投资者投资区域性市场有限制性规定的，应当遵照其规定。

区域性市场合格个人投资者应当具备较强的风险承受能力，接受区域性市场会员的风险测评，并承诺自担投资风险。

（六）区域性市场对申请挂牌的公司规定了必要的条件并予以公示，要求申请挂牌的公司应当业务独立，治理结构健全，运作规范；公司股东（大）会依照公司章程做出申请挂牌的决议，并承诺履行相关信息披露义务。

（七）区域性市场为投资者提供网上或柜台报价、转让等服务时应当遵守38号文、37号文的规定，并定期在其营业场所或以其他形式公布成交信息。区域性市场已经采取有效措施严格控制价格操纵行为。

区域性市场探索其他交易方式的，应当符合38号文、37号文及相关配套政策规定，并能有效控制风险。

（八）区域性市场已经明确登记结算规则、方式和程序并予以公示。登记结算事宜由区域性市场依据市场管理办法规定程序认可的机构负责。负责登记结算的机构应当诚实守信，具备相应的专业能力，建立健全风险管理制度，保证权益持有人名册和登记过户记录真实、准确、完整，不得隐匿、伪造、篡改或毁损。

（九）区域性市场已经建立健全的信息披露制度，明确各参与主体的信息披露要求，并指定适当的信息披露途径，提高信息披露质量。

区域性市场应当要求挂牌公司作为信息披露的第一责任人，及时、规范地履行信息披露义务。披露信息包括定期信息和临时信息。定期信息应包括年度报告和半年度报告，其中年度财务报告需经会计师事务所审计；临时信息包括对挂牌公司有重大影响的信息。挂牌公司的董事、监事、高级管理人员应当承诺保证披露信息内容真实、准确、充分、完整。

区域性市场应当要求挂牌公司推荐机构、会计师事务所、律师事务所、评估事务所等中介机构及其业务人员勤勉尽责，严格遵守执业规范和职业道德，独立进行核查和判断，出具专业意见，切实履行中介机构职责。

三、证券公司参与区域性市场前，应当按上述条件对区域性市场进行评估，并形成评估报告。

证券公司参与区域性市场的方式，由证券公司与区域性市场协商确定。证券公司以股权方式参与区域性市场的，应当按规定扣减净资本。证券公司成为区域性市场会员的，可以开展挂牌公司推荐、挂牌公司股权代理买卖服务，并为区域性市场挂牌公司提供股权转让、定向股权融资、债券融资、投资咨询及其他有关服务。证券公司开展相关业务应建立风险隔离制度，并按规定充分计提风险资本准备。

四、在区域性市场挂牌且符合相应条件的公司申请公开发行证券及到其他依法设立的证券交易场所转让交易的，证券公司可以依法为其提供服务。有关申请公开发行及到其他依法设立的证券交易场所转让交易的条件、程序，按照法律法规和中国证监会的有关规定办理。具体转板制度由中国证监会制定。

五、证券公司参与区域性市场应符合中国证监会的相关监管规定，并在中国证券业协会备案。

中国证监会及其派出机构依据38号文、37号文及相关配套政策、本指导意见、转板制度为区域性市场提供业务指导和服务。

中国证券业协会应当制定自律规则，对参与区域性市场的证券公司进行自律管理，并督促参与区域性市场的证券公司建立必要的推荐挂牌、尽职调查、信息披露、投资者适当性管理等业务制度和相应的合规风控制度，依法合规地开展相关业务。

六、本指导意见自公布之日起施行。

B.18
非上市公众公司监督管理办法

中国证券监督管理委员会第 85 号令

《非上市公众公司监督管理办法》已经 2012 年 5 月 11 日中国证券监督管理委员会第 17 次主席办公会议审议通过，现予公布，自 2013 年 1 月 1 日起施行。

中国证券监督管理委员会主席：郭树清
2012 年 9 月 28 日

非上市公众公司监督管理办法

第一章 总则

第一条 为了规范非上市公众公司股票转让和发行行为，保护投资者合法权益，维护社会公共利益，根据《证券法》、《公司法》及相关法律法规的规定，制定本办法。

第二条 本办法所称非上市公众公司（以下简称公众公司）是指有下列情形之一且其股票未在证券交易所上市交易的股份有限公司：

（一）股票向特定对象发行或者转让导致股东累计超过 200 人；

（二）股票以公开方式向社会公众公开转让。

第三条 公众公司应当按照法律、行政法规、本办法和公司章程的规定，做到股权明晰，合法规范经营，公司治理机制健全，履行信息披露义务。

第四条 公众公司股票应当在中国证券登记结算公司集中登记存管，公开转让应当在依法设立的证券交易场所进行。

第五条 为公司出具专项文件的证券公司、律师事务所、会计师事务所及其他证券服务机构，应当勤勉尽责、诚实守信，认真履行审慎核查义务，按照依法制定的业务规则、行业执业规范和职业道德准则发表专业意见，保证所出具文件的真实性、准确性和完整性，并接受中国证券监督管理委员会（以下简称中国证监会）的监管。

第二章 公司治理

第六条 公众公司应当依法制定公司章程。

中国证监会依法对公众公司章程必备条款作出具体规定，规范公司章程的制定和修改。

第七条 公众公司应当建立兼顾公司特点和公司治理机制基本要求的股东大会、董事会、监事会制度，明晰职责和议事规则。

第八条 公众公司的治理结构应当确保所有股东，特别是中小股东充分行使法律、行政法规和公司章程规定的合法权利。

股东对法律、行政法规和公司章程规定的公司重大事项，享有知情权和参与权。

公众公司应当建立健全投资者关系管理，保护投资者的合法权益。

第九条 公众公司股东大会、董事会、监事会的召集、提案审议、通知时间、召开程序、授权委托、表决和决议等应当符合法律、行政法规和公司章程的规定；会议记录应当完整并安全保存。

股东大会的提案审议应当符合程序，保障股东的知情权、参与权、质询权和表决权；董事会应当在职权范围和股东大会授权范围内对审议事项作出决议，不得代替股东大会对超出董事会职权范围和授权范围的事项进行决议。

第十条 公众公司董事会应当对公司的治理机制是否给所有的股东提供合适的保护和平等权利等情况进行充分讨论、评估。

第十一条 公众公司应当强化内部管理，按照相关规定建立会计核算体系、财务管理和风险控制等制度，确保公司财务报告真实可靠及行为合法合规。

第十二条 公众公司进行关联交易应当遵循平等、自愿、等价、有偿的原则，保证交易公平、公允，维护公司的合法权益，根据法律、行政法规、中国证监会的规定和公司章程，履行相应的审议程序。

第十三条 公众公司应当采取有效措施防止股东及其关联方以各种形式占用或者转移公司的资金、资产及其他资源。

第十四条 公众公司实施并购重组行为，应当按照法律、行政法规、中国证监会的规定和公司章程，履行相应的决策程序并聘请证券公司和相关证券服务机构出具专业意见。

任何单位和个人不得利用并购重组损害公众公司及其股东的合法权益。

第十五条 进行公众公司收购，收购人或者其实际控制人应当具有健全的公司治理机制和良好的诚信记录。收购人不得以任何形式从被收购公司获得财务资助，不得利用收购活动损害被收购公司及其股东的合法权益。

在公众公司收购中，收购人持有的被收购公司的股份，在收购完成后12个月内不得转让。

第十六条 公众公司实施重大资产重组，重组的相关资产应当权属清晰、定价公允，重组后的公众公司治理机制健全，不得损害公众公司和股东的合法权益。

第十七条 公众公司应当按照法律的规定，同时结合公司的实际情况在章程中约定建立表决权回避制度。

第十八条 公众公司应当在章程中约定纠纷解决机制。股东有权按照法律、行政法规和公司章程的规定，通过仲裁、民事诉讼或者其他法律手段保护其合法权益。

第三章 信息披露

第十九条 公司及其他信息披露义务人应当按照法律、行政法规和中国证监会的规定，真实、准确、完整、及时地披露信息，不得有虚假记载、误导性陈述或者重大遗漏。公司及其他信息披露义务人应当向所有投资者同时公开披露信息。

公司的董事、监事、高级管理人员应当忠实、勤勉地履行职责，保证公司披露信息的真实、准确、完整、及时。

第二十条　信息披露文件主要包括公开转让说明书、定向转让说明书、定向发行说明书、发行情况报告书、定期报告和临时报告等。具体的内容与格式、编制规则及披露要求，由中国证监会另行制定。

第二十一条　公开转让与定向发行的公众公司应当在每一会计年度的上半年结束之日起 2 个月内披露记载中国证监会规定内容的半年度报告，在每一会计年度结束之日起 4 个月内披露记载中国证监会规定内容的年度报告。年度报告中的财务会计报告应当经具有证券期货相关业务资格的会计师事务所审计。

股票向特定对象转让导致股东累计超过 200 人的公众公司，应当在每一会计年度结束之日起 4 个月内披露记载中国证监会规定内容的年度报告。年度报告中的财务会计报告应当经会计师事务所审计。

第二十二条　公众公司董事、高级管理人员应当对定期报告签署书面确认意见；对报告内容有异议的，应当单独陈述理由，并与定期报告同时披露。公众公司不得以董事、高级管理人员对定期报告内容有异议为由不按时披露定期报告。

公众公司监事会应当对董事会编制的定期报告进行审核并提出书面审核意见，说明董事会对定期报告的编制和审核程序是否符合法律、行政法规、中国证监会的规定和公司章程，报告的内容是否能够真实、准确、完整地反映公司实际情况。

第二十三条　证券公司、律师事务所、会计师事务所及其他证券服务机构出具的文件和其他有关的重要文件应当作为备查文件，予以披露。

第二十四条　发生可能对股票价格产生较大影响的重大事件，投资者尚未得知时，公众公司应当立即将有关该重大事件的情况报送临时报告，并予以公告，说明事件的起因、目前的状态和可能产生的后果。

第二十五条　公众公司实施并购重组的，相关信息披露义务人应当依法严格履行公告义务，并及时准确地向公众公司通报有关信息，配合公众公司及时、准确、完整地进行披露。

参与并购重组的相关单位和人员，在并购重组的信息依法披露前负有保密义务，禁止利用该信息进行内幕交易。

第二十六条 公众公司应当制定信息披露事务管理制度并指定具有相关专业知识的人员负责信息披露事务。

第二十七条 除监事会公告外，公众公司披露的信息应当以董事会公告的形式发布。董事、监事、高级管理人员非经董事会书面授权，不得对外发布未披露的信息。

第二十八条 公司及其他信息披露义务人依法披露的信息，应当在中国证监会指定的信息披露平台公布。公司及其他信息披露义务人可在公司网站或者其他公众媒体上刊登依本办法必须披露的信息，但披露的内容应当完全一致，且不得早于在中国证监会指定的信息披露平台披露的时间。

股票向特定对象转让导致股东累计超过200人的公众公司可以在公司章程中约定其他信息披露方式；在中国证监会指定的信息披露平台披露相关信息的，应当符合本条第一款的要求。

第二十九条 公司及其他信息披露义务人应当将信息披露公告文稿和相关备查文件置备于公司住所供社会公众查阅。

第三十条 公司应当配合为其提供服务的证券公司及律师事务所、会计师事务所等证券服务机构的工作，按要求提供所需资料，不得要求证券公司、证券服务机构出具与客观事实不符的文件或者阻碍其工作。

第四章 股票转让

第三十一条 股票向特定对象转让导致股东累计超过200人的股份有限公司，应当自上述行为发生之日起3个月内，按照中国证监会有关规定制作申请文件，申请文件应当包括但不限于：定向转让说明书、律师事务所出具的法律意见书、会计师事务所出具的审计报告。股份有限公司持申请文件向中国证监会申请核准。在提交申请文件前，股份有限公司应当将相关情况通知所有股东。

在 3 个月内股东人数降至 200 人以内的，可以不提出申请。

股票向特定对象转让应当以非公开方式协议转让。申请股票向社会公众公开转让的，按照本办法第三十二条、第三十三条的规定办理。

第三十二条 公司申请其股票向社会公众公开转让的，董事会应当依法就股票公开转让的具体方案作出决议，并提请股东大会批准，股东大会决议必须经出席会议的股东所持表决权的 2/3 以上通过。

董事会和股东大会决议中还应当包括以下内容：

（一）按照中国证监会的相关规定修改公司章程；

（二）按照法律、行政法规和公司章程的规定建立健全公司治理机制；

（三）履行信息披露义务，按照相关规定披露公开转让说明书、年度报告、半年度报告及其他信息披露内容。

第三十三条 申请其股票向社会公众公开转让的公司，应当按照中国证监会有关规定制作公开转让的申请文件，申请文件应当包括但不限于：公开转让说明书、律师事务所出具的法律意见书、具有证券期货相关业务资格的会计师事务所出具的审计报告、证券公司出具的推荐文件、证券交易场所的审查意见。公司持申请文件向中国证监会申请核准。

公开转让说明书应当在公开转让前披露。

第三十四条 中国证监会受理申请文件后，依法对公司治理和信息披露进行审核，作出是否核准的决定，并出具相关文件。

第三十五条 公司及其董事、监事、高级管理人员，应当对公开转让说明书、定向转让说明书签署书面确认意见，保证所披露的信息真实、准确、完整。

第五章 定向发行

第三十六条 本办法所称定向发行包括向特定对象发行股票导致股东累计超过 200 人，以及股东人数超过 200 人的公众公司向特定对象发行股票两种情形。

前款所称特定对象的范围包括下列机构或者自然人：

（一）公司股东；

（二）公司的董事、监事、高级管理人员、核心员工；

（三）符合投资者适当性管理规定的自然人投资者、法人投资者及其他经济组织。

公司确定发行对象时，符合本条第二款第（二）项、第（三）项规定的投资者合计不得超过35名。

核心员工的认定，应当由公司董事会提名，并向全体员工公示和征求意见，由监事会发表明确意见后，经股东大会审议批准。

投资者适当性管理规定由中国证监会另行制定。

第三十七条 公司应当对发行对象的身份进行确认，有充分理由确信发行对象符合本办法和公司的相关规定。

公司应当与发行对象签订包含风险揭示条款的认购协议。

第三十八条 公司董事会应当依法就本次股票发行的具体方案作出决议，并提请股东大会批准，股东大会决议必须经出席会议的股东所持表决权的2/3以上通过。

申请向特定对象发行股票导致股东累计超过200人的股份有限公司，董事会和股东大会决议中还应当包括以下内容：

（一）按照中国证监会的相关规定修改公司章程；

（二）按照法律、行政法规和公司章程的规定建立健全公司治理机制；

（三）履行信息披露义务，按照相关规定披露定向发行说明书、发行情况报告书、年度报告、半年度报告及其他信息披露内容。

第三十九条 公司应当按照中国证监会有关规定制作定向发行的申请文件，申请文件应当包括但不限于：定向发行说明书、律师事务所出具的法律意见书、具有证券期货相关业务资格的会计师事务所出具的审计报告、证券公司出具的推荐文件。公司持申请文件向中国证监会申请核准。

第四十条 中国证监会受理申请文件后，依法对公司治理和信息披露以及发行对象情况进行审核，作出是否核准的决定，并出具相关文件。

第四十一条 公司申请定向发行股票，可申请一次核准，分期发行。自中国证监会予以核准之日起，公司应当在3个月内首期发行，剩余数量应当在12个月内发行完毕。超过核准文件限定的有效期未发行的，须重新经中国证监会核准后方可发行。首期发行数量应当不少于总发行数量的50%，剩余各期发行的数量由公司自行确定，每期发行后5个工作日内将发行情况报中国证监会备案。

第四十二条　公众公司向特定对象发行股票后股东累计不超过200人的，或者公众公司在12个月内发行股票累计融资额低于公司净资产的20%的，豁免向中国证监会申请核准，但发行对象应当符合本办法第三十六条的规定，并在每次发行后5个工作日内将发行情况报中国证监会备案。

第四十三条　股票发行结束后，公众公司应当按照中国证监会的有关要求编制并披露发行情况报告书。申请分期发行的公众公司应在每期发行后按照中国证监会的有关要求进行披露，并在全部发行结束或者超过核准文件有效期后按照中国证监会的有关要求编制并披露发行情况报告书。

豁免向中国证监会申请核准定向发行的公众公司，应当在发行结束后按照中国证监会的有关要求编制并披露发行情况报告书。

第四十四条　公司及其董事、监事、高级管理人员，应当对定向发行说明书、发行情况报告书签署书面确认意见，保证所披露的信息真实、准确、完整。

第四十五条　公众公司定向发行股份购买资产的，按照本章有关规定办理。

第六章　监督管理

第四十六条　中国证监会会同国务院有关部门、地方人民政府，依照法律法规和国务院有关规定，各司其职，分工协作，对公众公司进行持续监管，防范风险，维护证券市场秩序。

第四十七条　中国证监会依法履行对公司股票转让、定向发行、信息披露的监管职责，有权对公司、证券公司、证券服务机构采取《证券法》第一百八十条规定的措施。

第四十八条　中国证券业协会应当发挥自律管理作用，对从事公司股票转让和定向发行业务的证券公司进行监督，督促其勤勉尽责地履行尽职调查和督

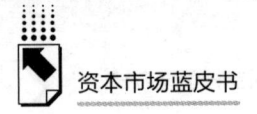

导职责。发现证券公司有违反法律、行政法规和中国证监会相关规定的行为，应当向中国证监会报告，并采取自律管理措施。

第四十九条 中国证监会可以要求公司及其他信息披露义务人或者其董事、监事、高级管理人员对有关信息披露问题作出解释、说明或者提供相关资料，并要求公司提供证券公司或者证券服务机构的专业意见。

中国证监会对证券公司和证券服务机构出具文件的真实性、准确性、完整性有疑义的，可以要求相关机构作出解释、补充，并调阅其工作底稿。

第五十条 证券公司在从事股票转让、定向发行等业务活动中，应当按照中国证监会的有关规定勤勉尽责地进行尽职调查，规范履行内核程序，认真编制相关文件，并持续督导所推荐公司及时履行信息披露义务、完善公司治理。

第五十一条 证券服务机构为公司的股票转让、定向发行等活动出具审计报告、资产评估报告或者法律意见书等文件的，应当严格履行法定职责，遵循勤勉尽责和诚实信用原则，对公司的主体资格、股本情况、规范运作、财务状况、公司治理、信息披露等内容的真实性、准确性、完整性进行充分的核查和验证，并保证其出具的文件不存在虚假记载、误导性陈述或者重大遗漏。

第五十二条 中国证监会依法对公司进行监督检查或者调查，公司有义务提供相关文件资料。对于发现问题的公司，中国证监会可以采取责令改正、监管谈话、责令公开说明、出具警示函等监管措施，并记入诚信档案；涉嫌违法、犯罪的，应当立案调查或者移送司法机关。

第七章 法律责任

第五十三条 公司以欺骗手段骗取核准的，公司报送的报告有虚假记载、误导性陈述或者重大遗漏的，除依照《证券法》有关规定进行处罚外，中国证监会可以采取终止审查并自确认之日起在36个月内不受理公司的股票转让和定向发行申请的监管措施。

第五十四条 公司未按照本办法第三十一条、第三十三条、第三十九条规定，擅自转让或者发行股票的，按照《证券法》第一百八十八条的规定进行处罚。

第五十五条 证券公司、证券服务机构出具的文件有虚假记载、误导性陈述或者重大遗漏的，除依照《证券法》及相关法律法规的规定处罚外，中国证监会可视情节轻重，自确认之日起采取3个月至12个月内不接受该机构出具的相关专项文件，36个月内不接受相关签字人员出具的专项文件的监管措施。

第五十六条 公司及其他信息披露义务人未按照规定披露信息，或者所披露的信息有虚假记载、误导性陈述或者重大遗漏的，依照《证券法》第一百九十三条的规定进行处罚。

第五十七条 公司向不符合本办法规定条件的投资者发行股票的，中国证监会可以责令改正，并可以自确认之日起在36个月内不受理其申请。

第五十八条 信息披露义务人及其董事、监事、高级管理人员，公司控股股东、实际控制人，为信息披露义务人出具专项文件的证券公司、证券服务机构及其工作人员，违反《证券法》、行政法规和中国证监会相关规定的，中国证监会可以采取责令改正、监管谈话、出具警示函、认定为不适当人选等监管措施，并记入诚信档案；情节严重的，中国证监会可以对有关责任人员采取证券市场禁入的措施。

第五十九条 公众公司内幕信息知情人或非法获取内幕信息的人，在对公众公司股票价格有重大影响的信息公开前，泄露该信息、买卖或者建议他人买卖该股票的，依照《证券法》第二百零二条的规定进行处罚。

第八章 附则

第六十条 公众公司向不特定对象公开发行股票的，应当遵守《证券法》和中国证监会的相关规定。

公众公司申请在证券交易所上市的，应当遵守中国证监会和证券交易所的相关规定。

第六十一条 本办法施行前股东人数超过200人的股份有限公司，依照有关法律法规进行规范，并经中国证监会确认后，可以按照本办法的相关规定申请核准。

第六十二条 本办法所称股份有限公司是指首次申请股票转让或定向发行的股份有限公司；所称公司包括非上市公众公司和首次申请股票转让或定向发行的股份有限公司。

第六十三条 本办法自 2013 年 1 月 1 日起施行。

B.19
关于发布《证券公司开展中小企业私募债券承销业务试点办法》的通知

中证协发〔2012〕120号

各证券公司：

为规范证券公司开展中小企业私募债券承销业务，服务实体经济，促进中小微企业发展，中国证券业协会（以下简称协会）根据《中华人民共和国公司法》、《中华人民共和国证券法》等法律、法规，制定了《证券公司开展中小企业私募债券承销业务试点办法》（见附件），现予发布实施。

附件：证券公司开展中小企业私募债券承销业务试点办法

2012年5月23日

《证券公司开展中小企业私募债券承销业务试点办法》

第一章 总则

第一条 为规范证券公司开展中小企业私募债券承销业务，服务实体经济，促进中小微企业发展，根据《中华人民共和国公司法》、《中华人民共和国证券法》等法律、法规，制定本办法。

第二条 证券公司接受非上市中小微企业委托，承销该企业以非公开方式发行公司债券（以下简称私募债），适用本办法。

第三条 证券公司开展私募债承销业务，应当遵循平等、自愿、诚实信用原则。

担任私募债承销商的证券公司及其业务人员应勤勉尽责，严格遵守执业

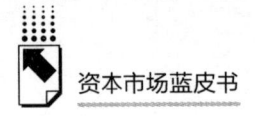

规范和职业道德，按规定和约定履行义务。

第四条 担任私募债券承销商的证券公司应按照本办法和相关约定督促发行人履行信息披露义务，协助发行人制定偿债保障措施和投资者保护机制，保护投资者的合法权益。

第五条 证券公司开展私募债券承销业务，应当建立完备的投资者适当性制度。参与私募债券认购和转让的投资者应为具备相应风险识别和承担能力的合格投资者，证券公司应当了解和评估投资者对私募债券的风险识别和承担能力，充分揭示风险。

第六条 证券公司应要求投资者在首次认购私募债券前签署风险认知书，承诺具备合格投资者资格，知悉债券风险，进行独立的投资判断，并自行承担投资风险。

第七条 中国证券业协会（以下简称"证券业协会"）依据本办法对证券公司开展私募债券承销业务实施自律管理。

第二章 试点方案备案

第八条 证券公司开展私募债券承销业务试点，应符合下列条件：

（一）经中国证券监督管理委员会（以下简称"中国证监会"）批准可以从事证券承销业务，并已开展债券承销业务；

（二）最近一年证券公司分类评价 B 类（含）以上；

（三）净资本不低于 10 亿元人民币；

（四）各项风险控制指标符合中国证监会的有关规定；

（五）最近一年没有重大违法违规行为，未被中国证监会立案稽查，未受到中国证监会行政处罚；

（六）已制定开展私募债券承销业务试点实施方案和健全的业务规则，具备开展试点所需的专业人员和技术设施；

（七）证券业协会规定的其他条件。

第九条 证券公司开展私募债券承销业务试点，应当将下列材料报证券业协会备案：

（一）公司关于开展私募债券承销业务试点的说明；

（二）开展私募债券承销业务试点实施方案及相关业务规则；

（三）公司董事会关于开展私募债券承销业务的决议；

（四）证券业协会要求的其他文件。

第十条 证券业协会负责组织对证券公司试点实施方案进行专业评价。通过专业评价后，证券公司方可开展私募债券承销业务。

第三章　尽职调查

第十一条 证券公司担任私募债券的承销商，应对发行人及其担保人的情况进行尽职调查，形成尽职调查报告。

尽职调查包括但不限于以下内容：

（一）发行人的基本情况和实际控制人情况；

（二）经营范围和主营业务情况；

（三）公司治理和内部控制情况；

（四）财务状况及偿债能力；

（五）信用记录调查；

（六）所募资金用途；

（七）增信措施安排和提供信用增进服务的机构资信状况（若有）；

（八）或有事项及其他重大事项情况。

第十二条 证券公司承销私募债券，应遵循审慎原则，履行必要的立项、内部审核程序。

证券公司在内部审核中应重点关注以下事项：

（一）发行人公司治理和内部控制制度是否存在重大缺陷；

（二）发行人提供的财务会计文件有无虚假记载；

（三）发行人对已发行的债券或者其他债务是否有违约或者迟延支付本息的事实，且仍处于继续状态；

（四）发行人是否存在重大违法行为或严重损害投资者合法权益和社会公共利益的其他情形。

第十三条 证券公司应建立尽职调查工作底稿制度，尽职调查工作底稿应归入公司私募债券承销业务档案予以妥善保存。

第四章 债券承销

第十四条 证券公司应与发行人签订《私募债券承销协议》（以下简称"承销协议"），明确双方的权利和义务。

承销协议的内容包括但不限于：

（一）发行人、证券公司的基本情况；

（二）承销方式和承销费用；

（三）发行人对其所提供资料的真实性、准确性和完整性的声明；

（四）发行对象的范围和条件；

（五）私募债券名称、发行金额、期限、发行价格或利率确定方式；

（六）募集资金的用途；

（七）信息披露的范围、方式和具体标准；

（八）私募债券的转让场所、转让方式、转让范围及约束条件；

（九）私募债券增信措施情况（若有）；

（十）信用评级和跟踪评级的具体安排（若有）；

（十一）保密条款；

（十二）证券业协会规定的其他内容。

第十五条 证券公司应协助发行人制作债券募集说明书及相关附属文件。

第十六条 证券公司不得采用广告等公开以及变相公开方式承销私募债券。每期私募债券的投资者合计不得超过200人。

第十七条 证券公司在承销过程中，不得以提供透支、回扣等不正当手段诱使投资者认购私募债券。

第十八条 证券公司对在承销活动中获得的内幕信息和商业秘密应当予以保密，不得利用内幕信息和商业秘密获取不当利益。

第十九条 私募债券存续期间，证券公司应持续关注发行人和提供增信服务的机构的情况，及时掌握其风险状况及偿债能力，督促发行人按有关约定履行还本付息义务。

证券公司应按照本办法和相关约定协助、指导和督促发行人履行信息披露义务。

第五章　风险控制与合规管理

第二十条　证券公司应建立健全开展私募债券承销业务的管理制度、业务流程和操作规范，明确内部职责分工，规范开展私募债券承销业务。

第二十一条　证券公司应建立健全私募债券承销业务的风险管理制度，加强业务开展过程中的风险识别、评价和管理；建立相应的风险控制指标体系和动态监控机制。

第二十二条　证券公司应采取有效措施，对私募债券承销业务的相关管理制度、重大决策和业务方案进行合规审查，对业务开展情况进行合规监督，并按本办法规定和公司内部规章制度，进行定期或不定期的合规检查。

证券公司应建立健全必要的隔离墙制度，防范私募债券承销业务过程中可能存在的内幕交易，管理利益冲突。

第二十三条　证券公司应建立健全私募债券承销业务档案管理制度，加强对尽职调查工作底稿、尽职调查报告、承销协议等业务档案的管理。私募债券承销业务档案保存期限在私募债券到期后不少于5年。

第六章　自律管理

第二十四条　证券业协会对证券公司的私募债券承销业务进行定期或不定期检查。证券公司及其相关业务人员违反本办法规定，证券业协会视情节轻重采取相关自律惩戒措施，并记入证券公司诚信信息管理系统或证券从业人员诚信信息管理系统。

第二十五条　证券公司及其相关业务人员开展业务，存在违反法律、法规行为的，证券业协会将移交中国证监会或其他有权机关依法查处。

第七章　附则

第二十六条　本办法由证券业协会负责解释。

第二十七条　本办法经中国证监会批准后生效，自发布之日起施行。

B.20 后　记

加快建设和发展我国场外交易市场，逐步完善多层次资本市场体系，是拓宽中小微型企业融资渠道的重要举措，也是今后一段时期我国金融改革与发展的一项重要任务。目前，场外交易市场的顶层设计还不明晰、场外交易的法律地位仍未明确、立法规范层次较低、立法与监管严重滞后、《证券法》和《公司法》中存在诸多限制场外交易市场发展的规定，等等。这些问题已明显制约了场外交易市场的发展。另外，近两年部分交易所出现了诸多的违规行为，侵害了相关主体的合法利益，扰乱了金融市场秩序，引起了国家的高度关注。国务院于2011年11月发布了《国务院关于清理整顿各类交易场所切实防范金融风险的决定》（国发〔2011〕38号），对各类"交易所"进行清理整顿。随后，出台了《国务院办公厅关于清理整顿各类交易场所的实施意见》（国办发〔2012〕37号）和《关于规范证券公司参与区域性股权交易市场的指导意见（试行）》（证监会公告〔2012〕20号）等文件。中国场外交易市场的立法工作拉开了序幕。

要进一步推动场外交易市场的持续、健康、稳定发展，立足市场实践建立健全我国场外交易市场法律制度，已是目前亟须研究解决的重大课题。基于这样的背景，资本市场蓝皮书课题组确定了今年的选题。继《中国场外交易市场发展报告（2009~2010）》、《中国场外交易市场发展报告（2010~2011）》和《中国场外交易市场发展报告（2011~2012）》出版之后，我们今年又编写了以"中国场外交易市场立法与实践"为主题的第四本资本市场蓝皮书——《中国场外交易市场发展报告（2012~2013）》。

回顾总结近几年的研究，《中国场外交易市场发展报告（2009~2010）》对中国场外交易市场的过去、现在、未来进行了系统的考察；《中国场外交易市场发展报告（2010~2011）》对场外交易市场组织模式、市场结构模式、交易模式、融资模式及监管模式的发展脉络、演变的节点及其演变的原因进行了深入细致的分析；《中国场外交易市场发展报告（2011～2012）》以场外交易市场建设推动中小企业持续、快速、健康发展为主题，对如何依托场外交易市场推动中小企业可持续发展进行了全面性、系统性和针对性的研究。可以说，前三卷的出版为我们今后研究场外市场提供了比较丰富的参考资料。在此，特向业界各位领导、专家学者的指导和支持表示感谢，正是你们深入到场外交易市场建设一线，通过直接或间接方式了解我国场外交易市场的发展现状，收集有关数据和资料；多次召开专家座谈会、论证会，集思广益、多方听取意见，并认真撰稿，才有蓝皮书的连续出版。

考虑到今年的选题以"中国场外交易市场立法与实践"为主题，蓝皮书课题组扩大研究团队，特邀请资深资本市场研究专家、国务院发展研究中心金融研究所所长张承惠，最高人民检察院民事行政检察厅副厅长文先保，中国法学会证券法学研究会会长郭锋，南开大学法学院院长左海聪教授，南开大学法学院万国华教授，西南政法大学经济法学院院长盛学军教授，西北政法大学经济法学院院长强力教授，四川省社会科学院周友苏教授，浙江大学光华法学院李有星教授，中央财经大学法学院曾筱清教授，厦门大学法学院肖伟教授担任课题组顾问和研究员。特别是，部分专家学者还不吝赐稿，对本书的出版给予莫大的支持和帮助。

为了做好本课题的研究，提高本册发展报告的学术水平、质量和影响力，2012年9月25日，天津股权交易所在天津滨海新区举办了中国场外交易市场立法与实践专题研讨会，200多名来自政府金融监管机构、研究机构、高等院校和交易机构的专家学者和实务工作者参加了研讨会。与会者就我国场外交易市场的发展现状、存在的问题以及场外市场立法的理念、原则和主要内容进行了较充分的探讨，并提出了宝贵意见，研讨会取得了良好的效果。此次研讨会的部分演讲稿和论文也被编入了本册发展报告。

在本课题研究和编写过程中，天津产权交易中心的领导，天津股权交易所董事长高峦、总裁初明强、执行总裁钟冠华、副总裁韩家清和方传磊对课题的研究给予了大力支持和帮助。特别是，天津产权交易中心副主任、天津股权交易所执行总裁钟冠华作为本书的直接负责人，对本书的结构和内容进行了认真

的策划,并对全书进行了细致而系统的修改。周友苏、强力、李有星、郑鋐、肖伟、蒋大兴、王莹莹、杨东峰、惠建军、霍明、喻琼、蓝冰、秦川川、薛智胜、彭虹、陈向聪、张前东、马丽、罗栩、韩金飞等人作为本期报告的主要编撰者,对本书的编写付出了艰辛的劳动。

在此,向你们一并表示感谢!

希望业界领导、专家学者、读者能够继续关心资本市场蓝皮书——《中国场外交易市场发展报告》,不足之处,也恳请专家和读者批评指正。

资本市场蓝皮书课题组
2012 年 12 月 30 日

权威报告　热点资讯　海量资源

当代中国与世界发展的高端智库平台

皮书数据库 www.pishu.com.cn

皮书数据库是专业的人文社会科学综合学术资源总库，以大型连续性图书——皮书系列为基础，整合国内外相关资讯构建而成。包含七大子库，涵盖两百多个主题，囊括了近十几年间中国与世界经济社会发展报告，覆盖经济、社会、政治、文化、教育、国际问题等多个领域。

皮书数据库以篇章为基本单位，方便用户对皮书内容的阅读需求。用户可进行全文检索，也可对文献题目、内容提要、作者名称、作者单位、关键字等基本信息进行检索，还可对检索到的篇章再作二次筛选，进行在线阅读或下载阅读。智能多维度导航，可使用户根据自己熟知的分类标准进行分类导航筛选，使查找和检索更高效、便捷。

权威的研究报告，独特的调研数据，前沿的热点资讯，皮书数据库已发展成为国内最具影响力的关于中国与世界现实问题研究的成果库和资讯库。

皮书俱乐部会员服务指南

1. 谁能成为皮书俱乐部会员？
- 皮书作者自动成为皮书俱乐部会员；
- 购买皮书产品（纸质图书、电子书、皮书数据库充值卡）的个人用户。

2. 会员可享受的增值服务：
- 免费获赠该纸质图书的电子书；
- 免费获赠皮书数据库100元充值卡；
- 免费定期获赠皮书电子期刊；
- 优先参与各类皮书学术活动；
- 优先享受皮书产品的最新优惠。

3. 如何享受皮书俱乐部会员服务？

（1）如何免费获得整本电子书？

购买纸质图书后，将购书信息特别是书后附赠的卡号和密码通过邮件形式发送到pishu@188.com，我们将验证您的信息，通过验证并成功注册后即可获得该本皮书的电子书。

（2）如何获赠皮书数据库100元充值卡？

第1步：刮开附赠卡的密码涂层（左下）；

第2步：登录皮书数据库网站（www.pishu.com.cn），注册成为皮书数据库用户，注册时请提供您的真实信息，以便您获得皮书俱乐部会员服务；

第3步：注册成功后登录，点击进入"会员中心"；

第4步：点击"在线充值"，输入正确的卡号和密码即可使用。

卡号：6117076402110129
密码：

（本卡为图书内容的一部分，不购书刮卡，视为盗书）

皮书俱乐部会员可享受社会科学文献出版社其他相关免费增值服务
您有任何疑问，均可拨打服务电话：010-59367227　QQ:1924151860
欢迎登录社会科学文献出版社官网（www.ssap.com.cn）和中国皮书网（www.pishu.cn）了解更多信息

法律声明

"皮书系列"(含蓝皮书、绿皮书、黄皮书)由社会科学文献出版社最早使用并对外推广,现已成为中国图书市场上流行的品牌,是社会科学文献出版社的品牌图书。社会科学文献出版社拥有该系列图书的专有出版权和网络传播权,其LOGO( )与"经济蓝皮书"、"社会蓝皮书"等皮书名称已在中华人民共和国工商行政管理总局商标局登记注册,社会科学文献出版社合法拥有其商标专用权。

未经社会科学文献出版社的授权和许可,任何复制、模仿或以其他方式侵害"皮书系列"和LOGO( )、"经济蓝皮书"、"社会蓝皮书"等皮书名称商标专用权的行为均属于侵权行为,社会科学文献出版社将采取法律手段追究其法律责任,维护合法权益。

欢迎社会各界人士对侵犯社会科学文献出版社上述权利的违法行为进行举报。电话:010-59367121,电子邮箱:fawubu@ssap.cn。

社会科学文献出版社